学前教育专业规划教材

学前儿童语言教育

XUEQIAN ERTONG YUYAN JIAOYU

主　编　夏　巍

副主编　高　蕊　邓家英

编　委　马春琴　杜　巧　吴明丽　李林烛

刘一春　董发贵　徐聖艺

西南师范大学出版社

国家一级出版社　全国百佳图书出版单位

图书在版编目(CIP)数据

学前儿童语言教育 / 夏巍主编. — 重庆 : 西南师范大学出版社,2018.6(2019.9重印)

ISBN 978-7-5621-9295-4

Ⅰ. ①学… Ⅱ. ①夏… Ⅲ. ①学前儿童 - 语言教学 - 幼儿师范学校 - 教材 Ⅳ. ①G613.2

中国版本图书馆CIP数据核字(2018)第099294号

学前儿童语言教育

XUEQIAN ERTONG YUYAN JIAOYU

夏 巍 主 编

责任编辑: 熊家艳

装帧设计: 尚品视觉 CASTALY 周 娟 钟 琛 何欢欢

排　　版: 重庆大雅数码印刷有限公司·夏 洁

出版发行: 西南师范大学出版社

地址:重庆市北碚区天生路2号

市场营销部:023-68868624

邮编:400715

印　　刷: 重庆长虹印务有限公司

幅画尺寸: 185 mm×260 mm

印　　张: 19

字　　数: 360千字

版　　次: 2018年8月 第1版

印　　次: 2019年9月 第2次印刷

书　　号: ISBN 978-7-5621-9295-4

定　　价: 49.00元

学前教育专业规划教材

ZONGXU 总序

党的十九大报告指出,我国社会主要矛盾已经转化为人民日益增长的美好生活需要和不平衡不充分的发展之间的矛盾。在学前教育领域,就是人们日益增长的对高质量学前教育的需要和学前教育质量不平衡不充分发展之间的矛盾。目前幼儿教师的专业性薄弱成为制约学前教育发展的关键因素。为了满足社会对优质学前教育人才的需要,我国必须建立健全应用型学前人才培养机制。2010年,《国务院关于当前发展学前教育的若干意见》中指出“师资队伍不健全”是学前教育薄弱环节的主要表现之一,提出要“完善学前教育师资培养体系”;2014年,《国务院关于加快发展现代职业教育的决定》再次强调:“在学前教育、护理、健康服务、社区服务等领域,健全对初中毕业生实行中高职贯通培养的考试招生办法。”可见,师资培养已经成为当前学前教育发展的重中之重。

教材建设是幼儿教师教育改革的重要环节,直接影响着未来幼儿教师的专业素养。我们立足于学前教育师资培养的实际,着眼于夯实学生的基本理论和基本能力,培养符合时代要求、具有良好专业素养的新型幼儿教师,力求体现时代性、科学性和实践性,组织编写了本套教材。教材的特色体现在以下几个方面:

1.编写队伍上,阵容强大,经验丰富

本套教材的主编、副主编及参编人员来自各级各类院校、教研机构以及一线名园,均长期从事相关专业工作,有着扎实的理论基础和丰富的实践经验。

2.内容选择上,以生为本,适应学情

教材编写强调以学生为中心,融合"教材即学材"的理念,符合职业教育的培养目标与学生认知规律,适应学生的学习能力和自主学习的需要。

3.呈现形式上,创新模式,易教利学

融入多种板块(如学习目标、学习重难点、知识结构图、案例导入、本章小结、思考与练习)和学习材料(资料链接、人物介绍、拓展阅读),部分学科采取以项目执行来设置教学单元,增强了可读性,易教利学。

4.配套资源上,立体建设,拓展资源

配合教学中的教、学、做、测各环节,采用不同的技术手段,开发了多样的教学资源,具体包括PPT、典型案例、题库、名师名课视频等等,为教学提供全面支持。

总之,本系列教材注意了课程结构,反映了各门课程结构之间的联系和衔接,内容分配合理,既相互联系又相互区别,在帮助学生尽快掌握幼儿教育的基本理论和从事幼儿教育工作最基本的工作技能等方面做了有益的探索。

最后,要感谢参与本系列教材编写和审稿的各位老师所付出的大量辛勤劳动,也要感谢西南师范大学出版社职业教育分社的编辑们对本系列教材的支持和编辑工作。由于编写时间紧、人员能力有限等原因,本套教材还存在一些不足。在使用本教材的教师和学生的关心和帮助下,我们会不断改进和完善这套教材,促进我国学前教育专业的教学改革和课程建设,提高人才培养质量,进而促进学前教育质量的提升。

2018年6月

QIANYAN 前言

语言教育活动是幼儿园五大领域活动之一，围绕该领域内容进行活动设计与指导是师范院校学前教育专业学生必须掌握的一项基本技能。“学前儿童语言教育”是专门研究学前儿童语言发展及其教育的课程。它旨在让学生了解学前儿童语言发生发展的一般规律和相关理论，掌握学前儿童语言教育不同类型活动的设计与组织技能，懂得如何开展语言教育活动的指导与评价。在此基础上，提升学前教育专业学生语言教育的专业知识，增强他们从事语言教育活动的专业技能，提高学前教育专业学生国家教师（幼儿园教师）资格考试（简称“国考”）通过率，使其具备幼儿教师从业资格。

2013年8月，教育部印发了《中小学教师资格考试暂行办法》的通知，所有申请幼儿园教师资格的人员必须参加全国统一的教师资格考试，这给许多开办学前教育专业的高校带来了挑战。2017年10月，教育部印发了《普通高等学校师范类专业认证实施办法（暂行）》的通知，其中在学前教育专业标准中提到要“选用优秀教材，吸收学科前沿知识，引入幼儿园课程改革和幼儿发展与教育研究最新成果、幼儿园优秀教育教学案例，并能够结合师范生学习状况及时更新、完善课程内容”。如何提高学前教育专业学生的“国考”过关率，让高校向专业认证标准靠拢，提高学生设计与组织语言教育活动的能力，练就扎实的语言教育教学基本功？我们在全面贯彻《幼儿园教育指导纲要（试行）》和《3—6岁儿童学习与发展指南》精神的基础上，吸收当前国内外学前儿童语言教育研究的新成果和一线优秀的语言教育案例及素材，编写了本教材。本教材既可以供学前教育专业的学生使用，也可以作为幼儿园一线教师和幼儿家长的参考资料。本书在编写过程中力求体现以下特色：

第一，内容选择上，以生为本，适应学情。教材编写强调以学生为中心，融合“教材即学材”的理念，符合学前教育的培养目标与学生认知规律，适应学生的学习能力和自主学习的需要。结合案例，深入浅出地讲解语言领域的理论知识。

第二，呈现形式上，创新模式，易教利学。改革教材编写体例，创新内容呈现形式。融入多种板块（如学习目标、知识结构图、本章小结、思考与练习）和学习材料（案例分析、资料链接、拓展阅读），且遵循语言教育的特色，引入一些生动的童言稚语，引发学生的学习兴趣，激发学生探究语言的兴趣。此外，在每章结束时设立“小憩驿站”，让学生能够在课程结束时聆听幼儿园一线教师讲述的绘本故事，寓教于乐，劳逸结合。

第三，使用目标上，配合“国考”，提高过关率。编排教材练习题时紧密结合“国考”，突出考点，体现“国考”题型，加入历年教师资格考试真题和模拟题，并附权威解析和答案，提高学前教育专业学生“国考”通过率。

第四，配套资源上，立体建设，拓展资源。配套建设课程教学资源，如教学大纲、教学PPT、教学讲义、“国考”练习题、幼儿园优秀语言教育活动设计案例与视频、语言教育活动素材（绘本、绘本故事录音等），为教学提供全面支持和增值服务。

全书共分为十一章，其中第一章至第三章是学前儿童语言教育的基本理论，主要阐述了语言教育的概念、意义、研究现状，语言发生发展的基础及语言学习的相关理论，语言教育活动的特点、类型、原则与方法等；第四章至第十章介绍不同类型学前儿童语言教育活动的设计与指导；第十一章是关于学前儿童语言教育活动的评价。

本书由西华师范大学的夏巍老师主编，由西华师范大学的高蕊老师和贵州铜仁学院的邓家英老师担任副主编，由川北幼儿师范高等专科学校的马春琴老师，南充职业技术学院的杜巧老师，四川幼儿师范高等专科学校的吴明丽老师，泸州职业技术学院的李林烛、刘一春老师，广东常春藤国际幼儿园董发贵老师和西华师范大学学前教育专业研究生徐聖艺担任编者。其具体编写分工为：夏巍编写第一、三章；高蕊编写第六、七章；邓家英编写第九、十一章；马春琴编写第五章；杜巧编写第四章；李林烛、刘一春编写第二章；董发贵编写第八章；吴明丽、徐聖艺编写第十章。徐聖艺为本书提供了大量的教师资格考试真题模拟训练资料，广汉市雒城镇第一幼儿园黄加（黄豆豆）老师为本书提供了丰富的绘本音频材料。最后，全书由主编统稿定稿。

本教材在编写过程中，借鉴了国内外许多专家、学者的著作和文献，教材中的案例来自全国各地优秀幼儿教师的教育实践和本书编者们日常生活与教学实录资料。在此，对这些著作、文献、案例及教学实录资料的原作者表示衷心的感谢！

由于本教材涉及内容较广，加之编者水平有限，难免存在不足之处，敬请广大读者提出宝贵意见，以便修订时完善。

MULU 目录

第 1 章
学前儿童语言教育概述

妈妈发现儿子这段时间常常把发音相似的中文字进行等同理解和运用。比如，把“最爱”的“最”理解成“犯罪”的“罪”，把“星星”的“星”理解成“猩猩”的“猩”。这也带给妈妈思考：儿子正处于语言发展的飞速时期，语言中语音和语义之间的联系让语言变得如此耐人寻味，给孩子的语言学习添了些许困惑，多了几分挑战，如果能对学前儿童开展一定的语言教育，会对孩子的语言发展和社会交往有极大的促进作用。那么什么是语言教育呢？要解决这个问题，首先要明晰与之相关的几个基本概念。

【学习目标】

1.知识目标:掌握学前儿童语言教育的基本概念,了解学前儿童语言教育的意义,知晓国内外学前儿童语言教育研究现状。

2.能力目标:能区分语言教育的相关概念,并结合实际分析语言教育的作用。

3.情感目标:萌发探究学前儿童语言的兴趣。

【学习重难点】

1.学习重点:理解学前儿童语言教育的基本概念,了解学前儿童语言教育的意义。

2.学习难点:明晰学前儿童语言教育研究现状。

【知识结构图】

- **学前儿童语言教育概述**
  - 学前儿童语言教育的基本概念
    - 语言的相关概念
    - 语言的本质
    - 学前儿童语言教育的概念
  - 学前儿童语言教育的意义
    - 促进学前儿童语言的发展
    - 促进学前儿童认知与思维能力的发展
    - 促进学前儿童社会性的发展
    - 促进学前儿童美感的发展
    - 促进学前儿童情绪情感的发展
  - 国内外学前儿童语言教育研究现状
    - 国家政策的落实
    - 教学实践的关注
    - 不同教育理念的融入

第一节
学前儿童语言教育的基本概念

语言不仅将人类与地球上其他动物区别开来，而且是人类社会最基本的信息载体，是人类思维和表达思想的重要手段。在我们的日常生活中，语言所担任的重要角色几乎没有其他事物可以代替。语言是我们相互交流思想和感情最重要的工具，它对人类而言至关重要。

一、语言的相关概念

（一）语言和言语

语言是由语音、词汇或字形、语法所构成的体系，语音表达出语言的形式，词汇传递语言的意义，语法阐述出语言的关系。语言是在社会中形成的符号系统，作为沟通工具而产生并存在，是人类最重要的交际工具，人们也借助语言传递人类的文明成果。

言语是人们在社会交往中运用语言的过程。言语交际的过程实际上是言语产生和言语理解的过程。在使用语言的过程中，人们可能是在说，也可能是在听、写或者读，所以言语大到可以说长篇大论，小到简单的一个字，例如家里来客人道一声“坐”即可。

语言和言语在日常生活中常常混用，但它们是两个彼此不同又紧密联系的概念。语言，英译为“language”，言语，英译为“course”，从两个词语的英文翻译可以看出，语言更多是静态的，而言语代表一种过程，是动态的。语言和言语相互影响、相互依存：一方面，言语活动是在遵循语言规则、掌握语言的基础上进行的，如果一个人无法使用语言，就不会产生言语活动了；另一方面，语言是在人们的言语活动中形成、发展的，语言是无法离开言语的。

(二)第一语言、第二语言与外语

第一语言指一个人从小就接触到的语言,它可以从最亲近的人身上习得,也可以从最熟悉的周围环境中自然学到并用于日常生活交流,有时我们习惯称第一语言为母语或本族语。

第二语言并非指人们日常所说的外语,而是指在较多民族聚集的地区或国家,各民族均有自己的语言,在这种复杂的环境中,为了更好地交流,人们还需要学习一种非本族语言。例如我国西藏、新疆等少数民族地区,儿童除了要学习本民族的语言,还要学习汉语,以便与外界进行更好的沟通与交流。

外语也非本族语言,是人们用于与外国人进行交流的语言。尤其在国际化水平日益提升的今天,外语被人们看作一种非常有用的语言工具,许多先进的软件技术、进口药品、进口化妆品等都促使人们开始学习外语,以提升自我的知识水平。此外,很多专业工作者通过阅读国外文献来了解国外研究动态,提高自己的科研水平。闲暇之时,人们看看外文电影、听听外文歌曲,了解异国文化,欣赏异国风情,可以提升自我生活品质。

二、语言的本质

究竟何为语言?这个问题很难给出完美的答案,从不同的学科角度会有不同的释义,不同的学者也对其有不同的理解。就语言的本质,有以下几种代表观点。

(一)语言——符号的代表

符号是一个社会全体成员共同约定的用来代表某种现象或表示某种意义的记号或标记。语言是一种符号,因为它按照约定俗成的方式代表和指称某一种现实现象。比如我们一听到“狗”这个词就知道它指的是会“汪汪”大叫、食肉、用四条腿走路、可以帮助人类看守家园的动物。语言符号是由音、义的结合构成的。“音”是语言符号的物质表现形式,“义”是语言符号的内容,只有音和义相结合才能指称现实现象,构成语言的符号。例如“狗”这个符号,“gǒu”是它的语音形式,“会‘汪汪’大叫、食肉、用四条腿走路、可以帮助人类看守家园”是和这个音结合在一起的意义,构成符号的内容。

语言作为符号的本质特点揭示了两点:语言是社会成员共同约定的,因而它不是自发产生的,儿童需要在丰富的社会语言环境和后天的专门学习中才能掌握这种约定俗成的符号系统;语言的符号指向性表明其在固定社会群体中的唯一不可替代性。不同的国家、不同的民族和不同的地区可能存在不同的语言和文字，甚至产生不同的方言。为了促进不同区域、不同国家间的交流与合作，儿童需要学习除自身民族语言以外的语言。

（二）语言——信息传递的桥梁

语言是人类社会信息传递第一性的、最基本的手段。人们进行言语活动主要是为了表达自己的某种想法，传递某种信息。比如运用语言表达自己的情感，包括祝贺、感谢、道歉、喜爱、生气等；表明自己的态度，如让步、赞成、否定、支持等；还可对事物进行陈述、判断、推理等。当然，信息传递的方式除了语言以外，还有身势语等非语言形式，但其独自传递的信息有限，大多时候仍需借助语言来传递信息。我们常会看到婴儿可能由于饥饿、疼痛、疲倦等不愉快的感觉或有其他需要而大哭大闹，但此时婴儿还不会使用语言，因此常让家长感到头疼，其需求也可能得不到满足。当儿童能用语言表达出自己的想法以后，便能将自己的想法正确地传递给家长，这便是语言作为信息传递桥梁作用的重要体现。

童言童趣

片段一（2016.4.19）：

儿子吃火锅时问："妈妈，你今天高不高兴？"

妈妈："我很高兴啊。你呢？高不高兴？"

儿子："我很高兴，因为有你陪在我身边……"

片段二（2016.5.1）：

妈妈："你要把爸爸送给美女吗？"

儿子："嗯，可以。"

妈妈："那把妈妈送给帅哥好不好？"

儿子摇头大声说："不！不行！"

妈妈："为什么不行呢？"

儿子："就是不行。妈妈，我就是帅哥！"

片段三（2017.2.12）：

妈妈："你还有两天就要上幼儿园了。"

儿子："好惨哦！"

妈妈："为什么？"

儿子："我觉得幼儿园一点儿都不自由！"

童言分析：片段一中孩子借助语言表达了妈妈的陪伴对自己心情的影响；片段二中孩子与妈妈的对话表达了妈妈在儿子心目中的重要性，同时希望妈妈也认可自己；片段三中孩子用语言表达了自己对上幼儿园这件事情的深切感受，负向的情绪其实是想传递给家长信息：他一点儿也不想上幼儿园。当孩子能用语言清楚表达自己的想法后，成人就可以很容易地了解到孩子内心的所思所想，语言的信息传递促进了亲子间的交流与沟通。

（资料来源于主编个人家庭日志记录）

（三）语言——社会交往的必需

语言是一种社会现象，它伴随着人类社会的产生而产生，随着社会生活的变化而发展。语言的发展能帮助人们了解世界、了解他人，并更好地认识自己，促进人的社会性发展。人们可以依靠语言更广泛地开展人际交往，建立或保持某种社会关联。没有语言，人类无法交际，人与人之间的联系便会中断。语言是组成社会必不可少的一个重要因素，也是人类和动物相区别的重要特征之一。因为有了语言，儿童在社会交往中可以借助其来表达自己的情绪与想法，这样便降低了儿童游戏活动时产生误会、打闹的概率。比如当儿童想要玩同伴的玩具时，不是直接抢过玩具，而是事先用语言征得同伴的同意，用商量的语气询问："我很喜欢你的玩具，可以借给我玩一会儿吗？"这样的语言交流不仅让同伴有一定的心理准备，而且在对方得到尊重的前提下更容易得到同伴的许可，减少了同伴互动时的纷争。同样，当儿童能用语言清晰表达自己的想法时，家长也能及时了解儿童的认知与感受，促进儿童与家长之间的交往，有利于家庭亲子关系的和谐。

（四）语言——思维的工具

语言不但是人类的交际工具，同时也是人类思维的工具。语言离不开思维，如果没有思维、没有思想，人与人之间的交流无从谈起，语言的存在也失去了意义。同样，思维过程也离不开语言，需要借助语言来进行比较、分析、综合等一系列活动，并形成思想，利用语言把它储存在头脑中，再借助语言把思想表达出来，传达给听者，使其产生共鸣，同时产生自己的思想。比如，儿童对客观事物的思考会受到语言的影响。我们常常会看到这样的情景：一个 4 岁的孩子在搭建积木时，一边搭建一边自言自语道："先是一座楼房，楼房的这边是一座小桥，小桥下面是一条小河，小河里要有一条小船……”儿童正在用语言计划着自己的行动顺序和过程。有的儿童在计算时间时，边掰小手指边说：“今天星期一，明天星期二，后天星期四，不对不对，后天星期三”，出声的思考让儿童提醒自己说错了，需要更正。这些都说明思维是需要借助语言来进行的。维果茨基认为，儿童运用语言来计划、引导、管理自己的行为，这种用以自我调节的语言运用被称作“私人语言”，它是儿童早期一种重要的思维工具。①

语言和思维不分先后，二者互相依存，共同发展。有什么样的思维水平，就有什么样的语言水平，反之亦然，一个社会不可能发展到语言和思维脱节的地步。语言水平很高而思维水平很低，或思维水平很高而语言水平很低，这都是不可想象的，也是不可能的。

语言从本质上来说不仅是一种符号的代表，信息传递的重要工具，同时也是人们进行交流与思维的重要工具。儿童通过语言来表达自己的想法并了解他人传达的意思，帮助自身记住各个物体的命名，能够通过对物体的描述，更加快速地掌握新事物的概念。在学前阶段开展语言教育活动会对儿童的社会性、思维等方面产生积极影响，家长和老师应格外注意在学前期为儿童语言发展营造良好环境。

童言童趣

然然一天天地大了起来，每次从幼儿园接回她，总会发现她有很多的变化：个子见长，也瘦了一些，清秀了一些，尤其是心思多了一些。她会冷不丁地跟我说：“我不喜欢你，我不爱你了，再也不跟你好了。”并且在早晨醒来时拒绝我亲她，会对我非常不耐烦，会用脚踹我，抬手打我，气得我一天也不想再理她。

然然在不高兴的时候，时常这样对我说：“我不喜欢爸爸，不爱爸爸。”我问为什么。她就说你是男人。

终归我是不能跟她一般见识。于是就带她出去散步，然后再给她买根冰棍。这个时候然然会搂着我的脖子说：“爸爸，我告诉你一个秘密。我们老师说，女儿小时候不跟爸爸好，长大了就跟爸爸好了。”

①约翰.W.桑特洛克.儿童发展[M].桑标，王荣，邓欣媚，译.上海：上海人民出版社，2009：199.

童言分析：可以看出案例中然然的每一句话其实都不是出自真心，而是在对老师话语进行思考和理解的基础上做出的一种反馈。然然将这种思考和理解不仅表现在了口头言语上，还化作了具体行动。如果然然没有对老师的话进行认真思考并加以自己的理解，那么案例中的那些趣味镜头就不会得以呈现，然然也不会用反语的方式对爸爸进行反击。孩子的句句“真”言受到了其对语句认知和理解的影响，教师的语言深刻地影响着孩子的思维，孩子的思维又反过来影响其语言的外在表达。语言和思维相互依存，相互影响。

（资料来源 刘书宏.你不就是希望我快乐吗[M].海南：南海出版公司，2004.）

三、学前儿童语言教育的概念

（一）语言教育

语言教育是一种有目的、有计划地增强人们语言理解、培养人们语言运用能力并发展人们语言交际能力的活动。这种活动包括对文字形态、语音、语法、词汇等的学习，对倾听与表达能力的训练，对良好阅读习惯和写作能力的培养等。

（二）双语教育

如果儿童同时习得两种语言，这种双语称为同时双语。如一个个体（儿童或成人）在已经习得本族语言后习得第二语言，这是先后双语。这类双语中后一语言的习得也称为第二语言习得。最常见的是，儿童出生在双语社区，他们同时学习两种语言。在这些社区中，双语完全是一种要求。[①]

双语教育是对儿童进行两种语言的教育，虽不一定同时习得，但都需要营造两种语言共同使用的环境，并发展儿童两种语言运用的能力。在双语教育中，这两种语言是老师与学生交流的媒介，而不仅仅是学习内容，其中一种语言不是学生常用的第一语言，而可能是学生所在地区的非本族语或外语。例如：在我国西藏、云南等地区，学生学习的是本族语言与普通话。在我国东北部地区，学生学习的第二语言则多是俄语或韩语。现在，为了让学生更好地运用两种语言进行

① D·W.卡罗尔.语言心理学[M].缪小春等，译.上海：华东师范大学出版社，2007：302.

交流，与国际接轨，成为满足未来发展需求与面向世界的人才，许多国家和地区已经开始普及双语教育。

（三）学前儿童语言教育

广义的学前儿童语言教育是以学前儿童为研究对象，对他们语言发生发展的现象与规律、语言学习与运用过程，以及家长如何在家庭中开展语言教育活动，教师在幼儿园如何进行语言教育活动设计与指导等进行探究的一门应用性科目。学前阶段的语言教育主要是给学前儿童提供自由、宽松的语言交往环境，提高学前儿童语言学习的兴趣，训练倾听与表达的能力，培养良好的语言阅读习惯，提升文学作品欣赏的水平，为其进入小学后的语言学习打下坚实的基础。狭义的学前儿童语言教育专指幼儿园的语言教育，幼儿园语言教育属于幼儿园五大领域内容之一，它以语言学、学前心理学、学前教育学等学科为基础，以《幼儿园教育指导纲要（试行）》（后简称《纲要》）和《3—6岁儿童学习与发展指南》（后简称《指南》）中语言教育的目标、内容与建议为导向，专门探讨儿童语言学习的规律与特点、儿童语言的教育及幼儿园语言教育活动的设计和指导等。

第二节 学前儿童语言教育的意义

语言是交流和思维的重要工具。语言的发展对学前儿童其他方面的发展有着重要的影响,只有具备了一定的语言素质,学前儿童才能在日常生活中正确运用语言来交流思想、表达情感,才能得到综合全面的发展。在学前阶段开展语言教育,帮助学前儿童获得良好的语言基础具有十分重要的意义。

一、促进学前儿童语言的发展

学前儿童语言教育活动的开展对学前儿童语言能力的发展和语言水平的提升有着极大的促进作用。

(一)提高学前儿童语言学习的兴趣

随着学前儿童词汇量的扩充和语言交往技能的提升,他们对语言的敏感性和兴趣也会逐渐提高。当学前儿童对语言产生兴趣以后,就会主动学习语言,了解更多的语言符号,掌握更佳的语言技巧,藏在学前儿童体内的语言潜能将会得到更好的发挥。适度地对学前儿童开展语言文字游戏活动,引导他们在生活情境中正确地使用语言、大胆自信地表达,可以提升学前儿童语言学习的积极性,激发他们探究语言的兴趣。这种兴趣不仅对他们当前的语言学习活动有积极影响,同时还会影响到其成年后学习和运用语言的兴趣。

童言童趣

儿子:"妈妈,我今天在幼儿园都想你了!"

妈妈:"是吗? 有多想?"

儿子:"非常想!"

妈妈:"还有吗?"

儿子："超级想！挺想！很想！特别想！更想！……"

童言分析：案例中的小朋友三岁半，正处于语言发展的关键时期，词汇变得更加丰富，语言表达的欲望也有所增强，家长和老师在日常对话中若能给予适当的引导，和孩子玩一些语言文字游戏，孩子的语言运用能力和创生能力会得到增强。

（资料来源于主编个人家庭日志记录）

（二）提升学前儿童语音的准确性

婴幼儿时期，儿童的听觉以及语言器官都基本发育成熟，已经具备了正确发音的条件。在语言学习的过程中，家长和教师有意识地给学前儿童提供语言学习和发展的良好环境，他们通过不断的言语练习，对拼音、声调的学习，以及在日常生活中与旁人的对话，锻炼自己的发音器官，并纠正自身不正确的语音，久而久之，学前儿童语音的准确性会逐渐得到提高。

（三）扩充学前儿童词汇、深化词义理解

随着语言教育的进行，学前儿童会接触到更多的词汇、语句，他们需要明白这些词语的丰富含义，了解这些词语代表的事物。例如，当儿童学习"西瓜"这个词语时，他们需要认知的不仅是西瓜表面的特征：绿色带有黑色条纹，里面的瓜肉是红色的，还有黑色的籽；同时还要了解西瓜的味道，它吃起来很甜；最后还要将西瓜进行归类，它属于水果。这样，学前儿童才算是真正理解了"西瓜"这个词的含义。在词汇的学习中，学前儿童经常会将同音字词混淆使用，闹出许多笑话。在学前儿童学习语言的过程中，成人可以利用特殊语言场景对儿童进行适当的辨别认知教育，让他们逐渐明白同音词汇在不同语境下的不同意义，深化学前儿童对词义的理解。

童言童趣

妈妈："儿子，快听，警车的声音！"

儿子（两岁9个月）："警车来干吗呀？"

妈妈："来抓犯人了。"

儿子："不吃'饭'会干吗呀？"（儿子所谓的"饭人"）

继续追问："把饭撒到地上会干吗？"

妈妈："你觉得会怎样呢？"

儿子："警察就会来把桌子擦干净，把'饭'人带走，警察要把不乖乖吃饭的人带走！"

（资料来源于主编个人家庭日志记录）

（四）增强学前儿童阅读能力与语言表达能力

当学前儿童词汇量增加，掌握的词汇类型变得丰富，对词义的理解变得越来越清晰时，他们运用语言进行表达的欲望亦会有所增强。这不仅体现在日常生活的对话中，还表现在学前儿童的阅读活动中。他们可以在成人的带领下阅读不同类型的文学作品，对画面进行自己的思考与理解，并能运用语言将自己的想法充分地表达出来。例如，在对绘本《我爸爸》①进行阅读活动的过程中，老师针对爸爸变成鱼的图片（如图1-1和图1-2）提出了一个问题："爸爸怎么变成了鱼？"孩子们提出了自己的思考与看法。有的孩子说："爸爸像鱼一样会游泳。"有的孩子说："爸爸藏在了鱼的后面。"有的孩子说："因为爸爸会变魔术。"还有的孩子说："爸爸可能吃了鱼食才变成这样的。"学前儿童通过自己的思考用不同的语词和句式将爸爸和鱼的关联表达得生动形象，语言的引导增强了学前儿童表达的意愿，培养了他们良好的表达能力。

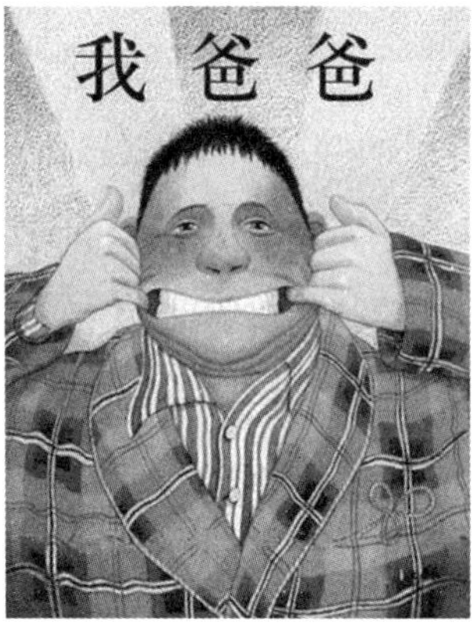

图1-1 《我爸爸》绘本封面

图1-2 《我爸爸》中爸爸变成鱼的画页

二、促进学前儿童认知与思维能力的发展

学前儿童在掌握语言以前，会将感到好奇的物体拿到手中摸一摸，或是拿到嘴里咬一咬。随着语言的发展，他们可以通过语言间接地认识不能直接感知的

① 安东尼·布朗.我爸爸[M].余治莹，译.石家庄：河北教育出版社，2007.

事物，认识的范围开始逐步扩大，认知的内容也开始逐渐加深。在语言学习的过程中学前儿童会接触到大量的语言材料，这些语言材料里包含着丰富的知识。

如绘本《来喝水吧》①，当中出现了三种文字，每一页上都有中文、阿拉伯数字、英文（图 1-3）；每一页不同动物名词出现的同时，都会出现这种动物喝水的拟声词，儿童通过阅读不仅可以学习数量词、拟声词，还能感受轻松愉快的对话方式。绘本中每一页来喝水动物的数量，从 1 到 10 不断增加，而青蛙的数量却在减少，但是每一页喝水的动物和青蛙数量相加起来一定是 21。此外，每一页还隐藏了许多动物，有的容易被发现，有的不容易被发现，考验儿童的观察力（图 1-4）；每一页来喝水的动物和隐藏动物都来自世界上的某一个国家，这一信息隐藏在每页的远景中，只有通过仔细观察、推理和联想，才能发现其中的奥秘（图 1-5）。最后，绘本揭示了一个事实：由于人类的活动，有些动物灭绝了，再也回不来，从而引发儿童思考应该如何保护我们赖以生存的地球（图 1-6）。这样的语言教育内容不仅能够让学前儿童认知到许多事物，打开眼界，而且通过教师专门组织的语言教育活动，儿童可以发展多方面的能力，如观察能力、辨识能力、联想能力、计算能力等。

图 1-3　绘本《来喝水吧》内页（一）

图 1-4　绘本《来喝水吧》画页中的隐藏信息

图 1-5　绘本《来喝水吧》画页中隐藏的国家信息

图 1-6　绘本《来喝水吧》内页（二）

① 葛瑞米·贝斯.来喝水吧[M].影子，译.武汉：长江少年儿童出版社，2015.

语言教育不仅拓展了学前儿童的认知领域，而且对他们思维的发展有着重要的影响。当儿童在阅读作品时，他们要感知、理解并评价作品，在这样的过程中，他们的注意力、感知力、分析和评判等思维能力会得到锻炼和提高；同样，在语言输出的过程中，学前儿童想把话语表达得更准确、清楚、完整和连贯，也离不开感知、记忆、思维、想象等过程的积极参与。丰富多样的语言教育活动可以培养学前儿童良好的思维品质。儿童在认知事物的同时观察事物特征，比较事物异同，概括并逐步形成事物的概念，借助语言进行抽象思维，这一过程锻炼了他们的思维能力。

三、促进学前儿童社会性的发展

当学前儿童逐渐熟练运用语言时，会更多地使用语言与旁人进行交流，而有效、有序的语言交流活动都要遵循一定的规则。比如讲话时要有礼貌，说话要清晰，肢体语言要恰当使用，语气、语调运用要适宜不同的场合等，这些用语规范都需要儿童在与人交往、沟通的过程中逐步掌握。这样的沟通能帮助学前儿童增强社会交往的适应性，减少以自我为中心的言行。在此基础上，学会调节自我的语言能力，将自己的情感、习惯等与社会行为准则接轨。

此外，学前儿童语言的进步，能增强他们对外部世界、对他人、对自己的认识，并开展良性的人际关系。在学会用语言表达自己的情感与想法后，儿童会受到更多人的欢迎与喜爱，让他们获得更大的满足感，能够更加自信地参与社会交往活动。

学前儿童文学作品中有很多反映社会生活的内容。这些内容涉及同伴交往、社会适应、社会规范、自尊自信等方面。教师围绕作品开展相应的语言教育活动，学前儿童可以在情境故事的融入中学习如何与人友好相处，如何看待自己、对待他人，如何遵守社会规范、适应社会生活并树立起自尊心与自信心。如绘本《11只猫做苦工》，作者以诙谐滑稽、富有悬念的笔调描写了小猫旅行过程中遇到的警示场景："禁止采摘""危险，禁止通过此桥""禁止攀爬树木"等，让儿童在阅读故事的同时明白遵守社会规范的重要性。故事结尾是"11只小猫齐心协力一起战胜巨大怪物"的情景，在教师的引导下，还可以启迪儿童明白团结协作才能战胜困难的道理。这样的语言阅读活动有助于学前儿童社会性的发展。

四、促进学前儿童美感的发展

儿童时期是人一生中最富有感受性、想象力和创造力的时期。生活中，我们常会看到儿童不经意中完成了审美创造。如在果麦编写的《孩子们的诗》中，有孩子把灯比喻成了火，将黑夜烫了一个洞；把纸币飘比作了风在算钱等。孩子们的诗用孩子最熟悉的语言写成，表达不仅真诚而灵动，且富有天马行空的想象力，他们用外在的语言形式将内心对美的感受自然唯美地表现出来，语言的表达让孩子们心中的美更具体更形象。学前儿童语言教育内容的美不仅有文字的美、语言的美，还有情感的美、人物形象的美、意境的美等，这些美都需要在教师的有效引导下慢慢去欣赏、感受和体验，在共情的语言学习过程中逐步形成美感。

灯把黑夜／烫了一个洞——姜二嫚，七岁

春天来了／我去小溪边砸冰／把春天砸得头破血流／直淌眼泪——铁头，八岁

要是笑过了头／你就会飞到天上去／要想回到地面／你必须做一件伤心事——朵朵，五岁

纸币在飘的时候，我们知道风在算钱。——王子乔，六岁

你问我出生前在做什么／我答 我在天上挑妈妈——朱尔，八岁

（资料来源 果麦《孩子们的诗》[M]. 杭州：浙江文艺出版社，2017.）

五、促进学前儿童情绪情感的发展

情绪可以定义为情感、感情，它是个体在一种状态或者交互作用中产生的，对个体的幸福来说是很重要的状态。情绪是由反映个体状态或当前相互作用的愉快或者不愉快的行为来表现的。情绪也能采取更为特定的形式，如高兴、害怕、生气等等，这取决于当前相互作用如何影响个体。①通常，情绪和情感两个词可以通用，但在某些场合它们表达的内容却有所不同。情绪更加外露、强烈和短暂，如：狂喜、愤怒、悲伤等。情感则是具有深沉体验的感情，更稳定和持久，如爱、恨、责任感等。

情绪发展在儿童早期的一个最重要变化就是谈论自己及他人情绪的能力、理解情绪的能力逐渐提高。在2至4岁，儿童用于描述情绪的词汇数量明显增加。②成人可以和学前儿童谈话、讨论，帮助他们应对紧张、悲伤、生气、痛苦或内疚等情绪。在用语言表达情感的瞬间宣泄不良情绪，释放内心的压力和不安，调

①约翰.W.桑特洛克. 儿童发展[M]. 桑标，王荣，邓欣媚，译. 上海：上海人民出版社，2009：288.

②同上：295.

控自身的情绪。比如当有孩子看到同伴摔倒后嘲笑同伴时，教师可以用语言来引导他站在同伴的角度思考同伴的感受。当孩子被教师请到讲台展示却犹豫不决时，教师可以用语言鼓励孩子："你可以的，老师相信你！"在语言提示的作用下，孩子的紧张和不安可以得到适当的缓解。

语言教育不仅有助于学前儿童调控自身的情绪，还可以促进孩子们情绪情感恰当而充分的表达。比如在进行绘本《猜猜我有多爱你》的语言教育活动时，学前儿童通过教师的语言示范引导，可以创编出"妈妈的头发有多长我就有多爱她""妈妈做的饭菜有多香我就有多爱她""爸爸的力气有多大我就有多爱他"等丰富的词句。通过语言教育，学前儿童的语言理解能力逐渐加强，词汇逐渐丰富，运用的句式也越来越多种多样。

语言教育除了对学前儿童自身发展有很重要的意义外，还具有一定的文化意义和社会现实意义。语言是文化的重要组成部分，文化的创造离不开语言，语言是文化信息的载体和容器。学前儿童语言教育具有传递文化的功能。许多儿童文学作品中有一些关于本国文化、传统道德、风俗习俗等方面的内容。教师运用这些作品开展适宜的语言教育活动，挖掘作品中的文化价值和教育价值，对学前儿童开展启蒙教育，不仅传承了文化，同时还可以在道德情操方面对学前儿童进行熏陶。

语言教育是为培养合格公民与社会主义事业接班人服务的。国家对人才的世界观、价值观、人生观的教育需要渗透在语言教育中，语言教育在幼儿园教育中具有基础性和关键性地位，五大领域的教育都离不开语言的指导和示范作用。教师在日常教学活动中的语言运用对学前儿童更是具有一定的引导作用，潜移默化地影响着学前儿童的三观。语言教育为国家和社会培养合格人才打下坚实的基础。同时，随着科学技术的飞速发展，人机交互越来越频繁，口语的远距离交际和间接交际为社会发展赢得了时间、速度和效益，未来社会对人语言能力的要求将越来越高。学前阶段是儿童语言发展的关键时期，语言教育应当抓住这一时期，为培养全面发展的人才奠定坚实基础。

第三节 国内外学前儿童语言教育研究现状

近年来，学前教育领域呈现出一些高频词，如“绘本”“早期阅读”“戏剧教学”“语言领域教学知识”“全语言教育”等，也出现了一些热点新名词，如“语言资源观”“学业语言”“读写萌发”“多模态教学法”等。这些名词都与学前儿童语言教育密切相关，可见，国内外学者一直比较关注学前儿童语言教育的发展。国外的研究侧重于语言学的研究，比较关注语言发展理论，探讨语言教育对儿童早期教育的影响；国内的研究则主要集中在对幼儿园语言教育活动实践方面的探索。各国对语言教育方面的研究集中体现在以下几个方面：

一、国家政策的落实

许多国家依据自身情况颁布了一系列纲领性文件，这些文件都涉及学前儿童语言教育的问题。如美国《从出生到8岁儿童早期教育适宜发展方案》，对儿童语言发展的具体目标，从不同的年龄阶段提出了不同的要求。对于6—8岁儿童主要培养口头阅读、书写、人际交流的能力，并利用灵活的形式培养儿童对这些语言活动的兴趣。[①]《英国基础阶段教育（3—5岁）课程指南》中指出语言教育的具体目标：“要求儿童学习‘与他人交往、协商制订计划，在会话中能轮流发言’；要求儿童喜欢倾听，对所听到的内容给予相关的评价、提问和行动；要求儿童语言表达要清晰，并带有自信和控制，能运用礼貌用语。”[②]日本在引进西方先进教育思想的同时对学前教育进行了制度化改革，并于1899年颁布了幼儿园第

①袁会晴.大班幼儿家庭语言教育研究[D].西安：陕西师范大学，2015.

②赵春英.幼儿语言教育问题及对策研究——以沈阳市幼儿园为例[D].沈阳师范大学，2007.

一个综合而详细的法规——《幼儿园保育及设备规程》，明确规定了学前课程内容，规定保育项目中关于语言教育的内容为唱歌、谈话。在加纳有一个以“儿童不能等待”为题的0—6岁儿童发展计划，对该阶段的孩子进行系统的教育，其中包括儿童语言教育。该计划已经列入国家行动计划。[①]我国2001年颁布的《幼儿园教育指导纲要(试行)》对儿童语言教育领域的目标、内容及指导要点等都做了清楚的说明。2012年颁布的《3—6岁儿童学习与发展指南》更为详细具体，它根据儿童不同的年龄阶段，从倾听与表达、阅读与书写准备两大层面对儿童的语言教育提出了不同的发展目标和教育建议。

纲领性文件的颁布不仅强调了学前儿童语言教育的重要性，同时也为学前儿童语言教育的顺利开展与实施提供了强有力的制度保障，为幼儿园开展语言教育活动给出了更多方向性指导和有效性建议。

二、教学实践的关注

除对高校语言教育课程改革的关注外，国内关于学前儿童语言教育的研究很多还集中在对幼儿园一线教学实践方面的探讨，主要包括以下几个层面：

(一)关注教师言语行为

有研究者以某一幼儿园的9名语言活动教师为研究对象，采用课堂观察、访谈和案例分析相结合的方法，从教师的组织性言语行为、讲述性言语行为、提问性言语行为以及反馈性言语行为等方面获取了幼儿教师在儿童语言教育活动中的言语行为表现并进行分析，提出对策：教师应立足儿童的心理发展特点，加强教学用语的趣味性和可理解性；根据具体教学场景，加强教师教学用语的情境性；关注儿童受教育的向师性，加强教师用语的规范性；构建师幼对话机制，加强师幼言语的互动性。[②]另有研究者对语言教育活动中教师课堂提问进行了调查，发现：在儿童语言教学活动中教师过多采用封闭式提问，开放式提问明显不足；问题设计随意，缺乏科学依据；教师发问多，师幼对话少。建议教师合理选取提问方式，激发儿童的求知欲望；根据儿童的最近发展区设置问题域，丰富语言内容；优化提问语言，开展课堂对话。

(二)探索各种类型活动

①邢智辉.情感视域下的幼儿语言教育研究[D].大连：辽宁师范大学，2013.

②张芳芳.幼儿语言教育活动中教师言语行为研究[D].临汾：山西师范大学，2014.

为追求语言教育活动的生动性、趣味性与有效性，已有研究关注语言教育活动开展的形式，探讨采用何种方式能更好地促进儿童语言能力的发展。目前有代表性的几种活动为：早期阅读、绘本教学、戏剧表演、故事教学（民间故事与童谣童话）等。

关于早期阅读的研究，主要关注的是幼儿园和家庭环境中早期阅读的现状、儿童早期阅读兴趣培养和能力发展、早期阅读教学中教师行为等。也有研究者对早期阅读的实施过程进行了研究，并从幼儿园早期阅读实施过程中的影响因素（教师、儿童、读本、课堂现场、园所等）出发提出教育建议。[①]还有学者对早期阅读中的理解教学进行了探讨，对早期阅读中“阅读材料的选择策略、提问策略的有效性、拓展教学手段、多方位配合等”[②]问题提出了教育建议。已有研究发现，在早期阅读教学活动中：“教师导读行为过多，其引导难以满足幼儿个性化发展的需求，教师对幼儿阅读结果的评价和反馈行为出现频次最少”，提出“教师应树立整合性的阅读教学观，帮助幼儿完成知识建构，教师要提升自己的阅读教学专业水平。”[③]

近年来，绘本日益受到各界教育家和一线教育工作者的重视，研究主要集中在对绘本教学价值、绘本教学内容、绘本教学环境与策略、绘本教学现状等方面。教育实践工作者指出绘本教学能培养孩子的语言涵养，增加对孩子的审美熏陶，给予孩子生活启迪，滋养孩子情感，激活孩子思维并开拓孩子的视野。[④]在绘本教学内容选择方面，Chrysanthi Skoumpourdi，Ifigenia Mpakopoulou 通过实验研究发现，教师通过让儿童阅读能呈现立体图形的绘本，有助于儿童早期数学形象思维的构建，并为儿童小学数学学习奠定良好基础[⑤]。Eva Maagerφ，Guri Lorentzen Φstbye 基于社会符号学、生态学、美学理论指出，教师对哲学类绘本的适当选择，能让儿童理解成长与获得、生命与死亡、人与自然关系的同时获得对友谊、生命及伦理规范的理解。[⑥]Cyd Skinner 通过对市场大量绘本进行研究后指出，近八成

①陈春凤.关于幼儿园集体早期阅读活动实施过程的质化研究[D].南京：南京师范大学，2011.

②林讳琪.学龄前儿童早期阅读理解教学的行动研究——以北京某幼儿园为个案[D].北京：中央民族大学，2015.

③杜丽花.幼儿园早期阅读教学中教师教学行为研究[D].重庆：西南大学，2015.

④刘江艳.幼儿园绘本教学的价值与实施策略[J].学前教育研究，2015：70-72.

⑤ Chrysanthi Skoumpourdi，Ifigenia Mpakopoulou. The Prints：A Picture Book for Pre-Formal Geometry[J]. Early Childhood Educ J. 2011. 39(3):197-206.

⑥ Eva Maagerφ, Guri Lorentzen Φstbye. Do Worlds Have Corners? When Children's Picture Books Invite Philosophical Questions [J].Children's Literature in Education. 2012，43(4): 323-337.

绘本中主人翁角色性别偏重男性，不利于儿童建立正确的性别角色认同观，建议教师、家长在挑选绘本时应针对儿童性别特点科学甄别。[1]研究者通过对上海市幼儿园教师在教学活动中选用图画书状况进行实证调查，发现了问题并提出建议：在选用绘本时考虑的因素首先应为“图画是否符合幼儿兴趣”，其次为是否“与教学主题相吻合”，最后才是“选择自己感兴趣并具有感染力的绘本教材”。[2]在教学环境上，研究提倡将自然角环境、益智区环境、表演区环境、美工区环境等与绘本阅读相融合，发展儿童多方面的能力。在策略上提倡以多元整合视角出发，将绘本巧妙地融入幼儿园五大领域模块，使儿童在绘本教学中得到全面发展。另有研究者对绘本教学的现状进行了探讨，发现教师对绘本教学的认知还不够透彻，对绘本教学目标定位不准确，师幼互动效率不理想，绘本教学评价方式不够科学[3]等问题。

在戏剧表演方面，有研究者系统分析了幼儿园戏剧活动的现状、问题及对策，提出应树立正确的儿童戏剧教育理念，丰富戏剧活动的组织形式，增加儿童参与戏剧活动的体验，注重教师对戏剧活动的反思与评价。[4]有一线教育实践工作者运用绘本对儿童创意戏剧表演进行了探索。[5]也有学者在对大班戏剧主题活动“花木兰”的行动研究基础上，深入分析了戏剧活动的内容、类型和运行，并提出戏剧教学应“树立正确的契约意识、增强契约的游戏性、正确使用戏剧活动的契约。”[6]

在对故事教学的研究方面，有研究者探讨了民间故事教学的原则、策略，并分析了教学中的问题，着重探索了家庭儿童民间故事教育。[7]还有学者从具身认知理论的视角出发，收集、整理活动案例，亲历活动现场，访谈相关人员，对幼儿园故事教学活动设计进行研究，总结了故事教学活动存在的问题及原因，寻求幼儿园故事教学活动设计的有效策略。[8]故事教学中，教师要遵循儿童发展规律，

---

① Cyd Skinner. Gender and Language in Best-selling Children's Picture Books: Who gets to speak?[D]. Minnesota: North Central University. 2013.

②杨爱娟.图画书在幼儿园集体教学活动中选用状况调查[D].上海：华东师范大学，2010.

③汤雅黎.幼儿园绘本教学的现状调查及改进策略研究——以湖北省武汉市为例[D].黄石：湖北师范大学，2016.

④焦敬涵.幼儿园戏剧活动的现状、问题及对策——以济南市几所幼儿园为例[D].济南：山东师范大学，2015.

⑤徐美娥.利用绘本进行幼儿创意戏剧表演的探索[J].学前教育研究，2015(2)：64-66.

⑥曹璐璐.幼儿园戏剧主题活动契约的行动研究[D].南京：南京师范大学，2014.

⑦刘丽萍.幼儿民间故事教育研究——民间故事用于幼儿语言教育的实践探索[D].济南：山东师范大学，2009.

⑧郑孝梅.具身认知理论视野下幼儿园故事教学活动设计策略研究[D].信阳：信阳师范学院，2017.

选取适宜的故事，并对文本精心加工，做好语言形式的转换。教师讲故事时要善于运用表演技巧，注意与儿童对话交流，以增强教育效果。选取、加工、表演、交流，是故事教学的基本策略。①

（三）完善语言教育目标

许多国家都十分重视儿童的语言发展，制订了学前儿童语言领域的教育目标来指导儿童语言教育活动，促进儿童语言能力的不断提高。有研究者对中英儿童语言教育目标进行了对比，发现两国的语言教育目标都强调了语言是儿童思维与交流的工具，要为儿童创设良好的语言环境，注重对儿童早期阅读能力的培养。但不同国家有不同国情与文化，英国以知识技能为重，中国以情感态度为取向。英国突出时间连续性，中国突出年龄阶段性。英国突出儿童的"学"，中国关注教师的"教"。研究者还提出，在制订学前儿童语言教育目标时应更注重目标的全面性与整合性，重视儿童思维的全面发展，突出儿童的主体性。②张明红在对学前儿童语言教育目标层次结构进行分析时提出，目标要落实到每个儿童身上，必须注意几个关键问题：如何将高层次目标准确地转化为低层次目标；教师如何在教学实践过程中把握各个层次目标的内涵及相互关系；教师如何根据目标来选择相应的教育内容和方法，从而确保目标的实现。③

（四）整合领域教学内容

幼儿园的语言教育活动试图改变传统单一的教学内容，从而开始探索整合教学模式。有研究者提出"教师要树立科学的整合观；要理解和掌握语言领域核心能力的发展；语言教育目标的设计要注意预设与生成的关系；要构建语言教育渗透其中的整合活动体系；构建'主题'和'领域'相结合的整合模式，以促进儿童语言运用能力的发展。"④整合教学模式被开始在实践中大力推广，如《情景阅读——新课程背景下的绘本教学》（由上海教学名师应彩云和她的团队共同打造），是由幼儿园教师自己创编的早期阅读课程，该课程将早期阅读活动与其他领域的学习活动有机地整合在一起，符合儿童整体学习的特征。而绘本的故事情境与儿

---

①马磊，付瑜.幼儿语言教育中"故事教学"的实践策略探索[J].郧阳师范高等专科学校学报，2015，35(4)：116-119.

②李招凤.中英幼儿语言教育目标比较研究[J].教育文化论坛，2016，8(4)：106-109.

③张明红.学前儿童语言教育与活动指导[M].上海：华东师范大学出版社，2014：116.

④马雪琴，马富成.整合课程状态下的幼儿语言教育问题探析[J].内蒙古师范大学学报(教育科学版)，2012，25(6)：88-90.

童生活中常见的主题与经验相整合，让儿童在潜移默化中学会表达、学会阅读、学会创造。这种渗透式的语言教育活动，有助于促进儿童与教师、儿童与同伴之间的有效语言交流，对儿童语言的发展有特殊的价值，应在日常生活、自由游戏中随机渗透。”[①]

在教学实践方面，研究者们还探讨了语言教育环境对学前儿童语言学习效果的影响，并倡导为儿童提供丰富的语言教育环境来促进儿童语言能力的发展。此外，实践研究还特别提出对学前儿童语言教育活动应采用多种方法实施多元评价。

三、不同教育理念的融入

在教育理念方面，研究者探讨了“语言资源观”，认为语言不仅是人们思维与交际的工具，而且是一种高价值资源，具有再生性、可转移性、共享性等特征。语言是学前儿童认知、情感发展及整个生活的综合折射，语言与儿童生活、其他领域的发展之间的关系是相互映射、相互渗透。语言不仅仅是学前儿童学习的工具与对象，而且有着超越工具的意义。[②]近年来，学前儿童读写萌发得到了广泛关注。研究者们对读写萌发进行了探讨与分析，提出开发具有中国特色标准化的儿童读写筛查与评估量表，并加强对家庭阅读环境、学校读写萌发课程以及读写萌发干预模式等方面的相关研究。[③]

有研究者还将“多模态理论”应用到语言教育领域，对以牛津阅读树为代表的英语故事文本进行编码、统计、分析，构拟了汉语零基础故事文本的编写框架。[④]默会知识理论也被应用到了儿童语言教育中，研究者认为默会知识本质上是一种理解力、领悟力和领悟者的判断力、整合力，如眼光、鉴别力、趣味、技巧、创造力等。在语言教育的过程中，语言学习离不开对字、词、句和音、形、义等“细节”的学习，因此儿童语言教育的大纲制订、任务设计、活动安排等诸多教学层面要充分考虑儿童的主体地位和个性特征，充分发挥儿童在学习过程中对各种知识与经验的领悟和整合能力。[⑤]周兢等人提出了语言教育的新取向，即重视儿童学业语言的发展。学业语言是一种可以通过口头语言进行交流，但是具有书面

①秦振飙.幼儿语言教育与活动指导[M].武汉：武汉大学出版社，2016：62.

②郑荔.“语言资源观”与学前儿童语言教育[J].学前教育研究，2014，10：11-16.

③王波，王芳.儿童读写萌发的研究进展[J].中国特殊教育，2013(4)：91-97.

④潘晟.基于语言教学的多模态故事文本分析[D].上海：华东师范大学，2017.

⑤张放放.默会知识论与儿童语言发展和教育[J].幼儿教育(教育科学版)，2007(2)：16-19.

语言特征的语言。学前儿童的学业语言发展具有自身的年龄特点。幼教工作者应认识到阅读是促进儿童学业语言发展的重要方法，应在阅读基础上开展拓展性讨论，关注说明性讲述活动，帮助学前儿童系统使用学业语言进行表达。①

从近年来学前儿童语言教育研究的现状来看，政策文件的颁布使学前儿童语言教育有了强有力的制度保障，但具体政策在教育实践中落实程度如何，是否存在一定的难度，有待研究者进一步关注。已有研究对幼儿园语言教学活动的目标、内容、活动形式及教师言语行为做了深入的探讨，但对语言教学活动中儿童的言语表现、师幼互动现状、语言环境创设等关注不够，语言教学实践方面的研究还有待从经验的总结转向理论的提升。值得肯定的是，许多新的教育理念的融入为学前儿童语言教育研究注入了新鲜的活力，带来了更多崭新的视角，推动着语言教育研究朝着更好的方向发展。

【本章小结】

语言不仅将人类与地球上其他动物区别开来，它还是符号的代表、信息传递的桥梁、社会交往的必需和思维的重要工具。学前儿童语言教育是以学前儿童为研究对象，对他们语言发生发展的现象与规律、语言学习与运用过程进行研究，对家长如何在家庭中开展语言教育活动，教师如何在幼儿园进行语言教育活动设计与指导等进行探究的一门应用性科目。在学前阶段开展语言教育，对学前儿童获得良好的语言基础具有十分重要的意义。学前儿童语言教育不仅能够促进学前儿童语言、认知、思维、社会性、美感及情绪情感等多方面的综合发展，同时还具有传递文化、培养新时代人才的功能。

纵观近年来国内外学前儿童语言教育研究的现状，国家政策文件的颁布使学前儿童语言教育的顺利开展与实施有了强有力的制度保障。幼儿园一线工作者们对语言教学实践展开了深入调查和研究。新的教育理念的融入为学前儿童语言教育研究注入了新鲜的活力，带来了更多崭新的视角，推动着语言教育研究朝着更好的方向发展。

①周兢，陈思.学前语言教育的新取向：重视儿童学业语言的发展[J].学前教育研究，2014(6):39-44.

思考与练习

1.请结合实际谈谈学前儿童语言教育的意义。

2.思考国内外学前儿童语言教育研究热点有哪些。

【考查要点】

语言教育贯穿于幼儿园各个领域活动，语言的发展对学前儿童其他方面的学习与发展有着重要的影响，熟悉学前儿童语言教育的概念、意义和相关研究热点与趋势对于了解学前儿童语言教育这门学科显得尤为重要。学前儿童语言教育在历年考试中多以活动设计题型呈现，实践应用性较强。本章内容在历年考试中涉及不多，主要考查语言的概念、本质，学前儿童语言教育的作用和对语言领域热点词汇的理解。

【真题链接】

一、单选题

(　　)是人与动物的本质区别。(2015年)

A.物种　　B.饮食习惯　　C.人类语言　　D.兴趣爱好

【答案】C。

二、多选题

在幼儿园语言教育中，以下哪些途径可以促使儿童产生社会性交往与互动？(　　)(2016年)

A.口头交流　　B.书面交流　　C.手势交流

【答案】AC。

三、简答题

你认为还可以从哪些途径促进学前儿童语言教育的趣味性？(2016年)

【答案】(1)寓语言学习于游戏中；(2)创设丰富多样的语言教育环境；(3)将语言学习融入家庭一日生活中；(4)采用绘本阅读、戏剧表演、故事教学等不同形式多样化开展语言教育活动。

【真题模拟】

一、单选题

1.早期读写教育属于(　　)。

A.社会教育　　B.科学教育　　C.艺术教育　　D.语言教育

2.儿童学习语言的关键期是(　　)。

A.0—1岁　　B.1—3岁　　C.3—6岁　　D.5—6岁

二、多选题

语言的本质包含(　　)。

A.符号的代表　　B.信息传递的桥梁

C.社会交往的必需　　D.思维的工具

三、简答题

学前儿童语言教育对学前儿童发展的价值何在?

【思考实训】

思考:

通过第一章的学习,我学到了什么?究竟什么是语言?什么是语言教育?什么是学前儿童语言教育?学前儿童语言教育有什么意义?近年来学前儿童语言教育领域有哪些研究热点?我还有哪些困惑?我还想了解什么?

实训:

1.每位同学课后搜集身边儿童的经典语录,课堂中进行交流分享,提升对学前儿童语言探究的兴趣。

2.小组合作查阅文献,搜集案例说明学前儿童语言教育的意义。

3.观摩一个语言教育活动视频,分组讨论语言教育是如何促进学前儿童发展的。

4.课后拓展阅读,了解学前儿童语言教育研究热点。

【推荐阅读】

[1] 果麦.孩子们的诗[M].杭州:浙江文艺出版社,2017.

[2] 周国平.女儿四岁了,我们开始聊哲学[M].北京:电子工业出版社,2016.

[3] 诺姆·乔姆斯基.语言与心智[M].熊仲儒,张教荣,译.北京:中国人民大学出版社,2015.

[4] 列夫·维果茨基.思维与语言[M].李维译.北京:北京大学出版社,2010.

[5] 约翰.W.桑特洛克.儿童发展[M].桑标,王荣,邓欣媚,译.上海:上海人民出版社,2009.

[6] D·W.卡罗尔.语言心理学[M].缪小春等,译.上海:华东师范大学出版社,2007.

[7] 劳拉.E.贝克著.儿童发展[M].吴颖等,译.南京:江苏教育出版社,2002.

【小憩驿站】

扫描二维码,聆听黄豆豆老师为大家讲述《大海边的小房子》。

第2章

学前儿童语言发展与教育的理论

牛牛是幼儿园中班的小朋友,4岁前一直由爷爷奶奶照看,父母因工作原因没有时间照顾她。牛牛经常一个人在家玩耍,很少与别人接触,因为她说话不清楚,怕被别人嘲笑。在班里她不爱说话,不爱玩游戏,一个人默默地坐在小椅子上。当有小朋友靠近她时,她会选择不理会或者推开他们。牛牛有时候也会静静地注视老师和小朋友的活动,时而哈哈大笑……案例中的小朋友为什么会有如此表现?究竟哪些因素在影响着学前儿童语言能力的发展?学前儿童语言学习有着什么样的特点?通过本章的学习,你一定会有所了解。

【学习目标】

1.知识目标：了解学前儿童语言发生发展的基础，熟悉学前儿童语言习得的理论流派，掌握学前儿童语言学习特征与语言教育观。

2.能力目标：能够运用语言发展相关理论分析学前儿童语言发展特点和语言学习特征，区分不同的语言教育观。

3.情感目标：萌发探究学前儿童语言发展理论的兴趣。

【学习重难点】

1.学习重点：学前儿童语言学习特征与语言教育观。

2.学习难点：学前儿童语言发生发展的基础。

【知识结构图】

- **学前儿童语言发展与教育的理论**
  - 学前儿童语言发生发展的基础
    - 生理基础
    - 心理基础
    - 社会基础
  - 学前儿童语言习得的理论流派
    - 先天决定论
    - 后天环境论
    - 先天与后天相互作用论
  - 学前儿童语言学习特征与语言教育观
    - 学前儿童语言学习特征
    - 学前儿童语言教育观

第一节
学前儿童语言发生发展的基础

语言是人类特有的一种高级神经活动形式，是人类沟通交流的工具。语言的发展是一个复杂且漫长的过程。学前儿童语言的发生发展受到一系列因素制约，依赖于一定的条件。学前儿童语言发生发展的基础主要有：生理基础、心理基础、社会基础。

一、生理基础

学前儿童语言的发生发展深受生理因素的制约，生理因素为学前儿童语言的发展提供了可能性。学前儿童语言发生发展的生理基础包括正常的发音器官、健全的听觉系统和成熟的语言神经中枢。这三个方面是保证语言发生发展最基本的条件，缺一不可。

（一）正常的发音器官

语音的发生必须要有正常的发音器官作为基础条件。人的发音器官包括肺、气管、喉、声带、口腔、鼻腔、咽腔、牙齿、舌和唇等。这些器官的功能和结构完整，语言才会发生发展，否则会出现口吃、吐字不清等语言障碍。

（二）健全的听觉系统

健全的听觉系统是语音发生的保障。5个月的胎儿具备听觉能力，6个月以上的胎儿对外界的声音有所反应。[①]儿童第一个具有真正意义的词产生之前，已经能够听懂很多成人的语言，语言理解先于语言的产生。婴儿语言发展的基本规律是先听懂，后会说。因此，学前儿童准确发音和流畅说话的前提是要有良好

①唐林兰，陈小艳.学前儿童发展心理学[M].西安：陕西师范大学出版总社有限公司，2013：100-101.

的听觉能力。

(三)成熟的语言神经中枢

学前儿童语言的发生发展还必须依赖健全的大脑神经系统，儿童的语言活动受到大脑语言神经中枢的支配。儿童将感知到的语言通过感觉器官输送到大脑神经中枢，语言神经中枢处理后，由神经传出到发音器官，儿童才可以进行语言表达。在这一过程中，若儿童的语言神经中枢发育不成熟，将导致不能完整接收和处理语言信息，也不能灵活地进行口语表达。因此儿童要和他人进行无障碍的语言交流，大脑生理结构必须是完整、成熟的状态。

拓展阅读

早发现，早治疗

调查显示，新生儿先天性听力障碍发病率为1‰～2‰，随着年龄增长，永久性听力障碍发病率持续增加，5岁前听力障碍发病率上升到2.70‰，青春期则高达3.5‰。专家提醒，儿童耳聋多见于药物中毒性耳聋。目前已发现的耳毒性药物已达100多种，最常见的有链霉素、卡那霉素、庆大霉素、小诺米星等抗生素，还有奎宁、氯喹等药物。这些药物会毒害内耳毛细胞和听神经，导致中重度以上的感音神经性听力损失。

学前期是语言发展的关键时期，儿童听力障碍的早期发现和早期干预至关重要，如发现儿童存在听力障碍，应尽早给孩子选配合适的助听器。

（资料来源 田乃伟.儿童听力障碍会影响语言发育[N].家庭医生报，2016：3.有改动）

二、心理基础

影响学前儿童语言发生发展的心理因素早已受到教育学家和心理学家的关注，其中学前儿童的认知发展和个性特征尤为重要。

(一)认知发展

认知是指人类对客观世界的认识。通过自身动作和语言表达，学前儿童才能更好地认识客观世界。皮亚杰认为儿童语言能力和认知能力有着密切联系，语言能力的发展常常受到认知能力的制约。[①]周围环境会刺激儿童感知觉器官，

①匡芳涛.儿童语言习得相关理论述评[J].学前教育研究，2010(5)：44-49.

同时儿童也会主动学习观察和感受到这些刺激，这样儿童就对环境中的事物有了基本的认识。当儿童掌握一定数量的语句后，以语言为主的人际交往便开始出现。例如，儿童认识"香蕉"这个词语，他可以通过视觉看到香蕉的形状和颜色，也可以通过味觉和嗅觉感受到香蕉的味道，靠触觉分辨出香蕉皮肉的质感，还可以听到别人说出"香蕉"这个词语。在语言发展过程中，儿童只有掌握了一些比较基本的概念，对周围环境有了初步认识，才会准确理解和运用语言。因此，学前儿童语言的发展随着认知水平的发展而发展。

（二）个性特征

除了认知发展因素以外，儿童的个性特征也会影响学前儿童语言的发生发展。一般来说，儿童的气质、性格、能力等个性特征差异明显，导致语言发展也存在差异。

性格外向、活泼好动、喜欢交往、好奇心强的儿童，其语言发展水平较高。因为这类儿童对周围事物非常感兴趣，经常会加以注意和模仿，接受新事物能力较强，容易适应新环境，敢于表现自己，因此这类儿童运用语言表现的机会较多。相反，性格安静内向、沉默寡言、反应缓慢的儿童往往缺乏自信，失去许多语言学习的机会，缺少成就感和自豪感，这些将影响语言学习的积极性和主动性。

三、社会基础

学前儿童语言发生发展需具有一定的社会基础。影响学前儿童语言学习的社会基础包括学前儿童的社会生活环境、成人的语言观念和对待儿童的态度。

（一）社会生活环境

学前儿童语言潜力能开发到何种程度深受环境的影响。学前儿童在某种充满语言交流的环境中，能够潜移默化地进行语言学习，不断提高自身语言学习的能力。学前儿童的社会生活环境主要有家庭环境、社区环境和幼儿园环境。

学前儿童最先接触到的环境就是家庭，父母是儿童语言学习的启蒙老师，对学前儿童语言发展具有重要影响。父母应该经常和孩子聊天、做游戏、逛公园，带着孩子认识周围世界，积极地为孩子说话创造机会，耐心倾听孩子说话，鼓励他们大胆表达自己的想法，促使他们在温暖、舒心的家庭环境中增强语言能力。

社区是由一个个家庭组成的相对较广阔的环境。在这个环境中，学前儿童可以接触到更多的事物和信息，感受到集体的力量，体验更多的情绪情感，形成最初的道德感，与更多的人进行语言交流。

学前儿童进入幼儿园学习后，教师为其提供真实而丰富的语言情境，创设运用语言交流的交往情境。儿童在幼儿园可以充分发挥自己的所学所想，并在教师的引导下，和其他儿童一起进行活动。例如，在讲述活动中，教师引导儿童学习如何在全班面前比较清楚地表达自己的看法。在早期阅读活动中，儿童有机会接触到书面语言。幼儿园此类专门的语言教育活动能够帮助儿童提高语言表达能力，为进入小学学习书面语言打下基础。

（二）成人的语言观念

成人语言观念是指成人对语言的态度和看法，如对书面语言和口语的重视程度，对普通话和地方方言的地位排序，对本族语言和外来语种的情感等。成人正确的语言观念能推动儿童语言的发展。

过去，人们有一种“重视书面语言，轻视口语表达”的观点。这和学前儿童的身心发展特点和规律完全不符合，不利于儿童获得语言能力。在学前期，儿童在语音、词汇、语法结构和口语表达能力方面正在快速发展，但书面写作能力还处于欠缺状态。因此，在学前期应该注重培养儿童的口语能力，引导儿童进行早期阅读。

（三）对待儿童的态度

学前儿童的情绪会影响到他们的语言学习，而成人对儿童表现出来的喜怒哀乐，同样会影响到儿童语言学习的意愿和情绪。因此，在儿童语言能力发展过程中，成人的关爱和鼓励显得尤为关键。经常得到父母关爱和表扬的儿童会更愿意用语言表达自己，从而积累丰富的语言经验。相反，那些没有得到父母的尊重和关爱的儿童往往不愿与人交流，语言发展一般较为缓慢。由此可见，成人给予学前儿童大量的关爱和鼓励，多与其交流，有助于发展儿童的语言能力。

第二节 学前儿童语言习得的理论流派

学前儿童为什么能在短短几年内掌握各种复杂而抽象的语法规则？儿童的语言知识和能力是先天形成的还是后天习得的？在语言学习过程中儿童是主动创造者还是被动学习者？学前儿童的认知与语言发展有何关系？这些问题已成为当代心理语言学家和发展心理学家争论的焦点。学者们对这些问题有着不同的解释，从而形成了学前儿童语言习得的各种理论流派。每一流派对儿童语法规则系统的解释都不同，其中影响最大的三大理论流派是先天决定论、后天环境论和先天与后天相互作用论。

一、先天决定论

先天决定论强调人的先天语言能力，重视遗传因素对学前儿童语言发展的决定性作用，否定学习和环境是语言获得的关键因素。其中影响较深远的两大先天决定理论分别是乔姆斯基的LAD理论和勒纳伯格的自然成熟说。

(一)LAD理论

LAD理论，即转换生成说，又称先天语言能力学说。是由乔姆斯基在其《句法结构》一书中提出的一种语言理论。他认为语言发展主要依靠儿童本身的内在因素，即一种特殊的语言能力。语言习得的过程就是通过先天语言获得装置的复杂加工而成，不是后天学习的结果。乔姆斯基认为儿童会积极主动地利用规则去理解和创造语言，强调儿童语言学习的主动性和创造性。①

LAD理论提出后，引发了人们对学前儿童语言获得理论的思考，使人们注意

①丁晖，戴卫平.乔姆斯基的语言天赋论[J].广西社会科学，2008(7)：144-147.

到儿童本身内在因素在语言获得中的作用。但是这一理论也存在局限：

第一，儿童是否具有先天语言的获得装置，这只是一种假设。

第二，忽视了后天学习和环境的作用，忽视了人际交往在儿童语言发展中的作用。

第三，儿童学习语言的过程并不容易，十分艰难，具有自己的特点和模式。

（二）自然成熟说

自然成熟说是由勒纳伯格提出的一种儿童语言学习理论。他认为儿童的语言发展受到发音器官和大脑中枢神经系统的制约。随着年龄的增长，学前儿童发音器官和大脑中枢神经系统达到一定的成熟状态，当受到外界条件的刺激时，儿童潜在的语言生理机能会转化为实际的语言能力。因此，勒纳伯格认为学前儿童语言的发展由先天遗传因素决定，但其明显忽略了环境和学习对儿童语言获得的重要影响。

二、后天环境论

后天环境论以巴甫洛夫的经典条件反射理论和两种信号系统学说、华生的行为主义理论为理论基础，强调后天的环境和学习对儿童语言发展起着决定性作用，否定儿童在获得语言过程中的主动性和创造力。根据语言获得理论强调的侧重点不同，又可以分为模仿说、强化说和中介说三种。

（一）模仿说

1924年著名心理学家阿尔波特正式提出儿童语言获得机制的理论，他认为儿童获得语言是通过模仿成人。后来社会学习理论代表人物班杜拉认为，学前儿童在没有强化的条件下主要是通过对各种社会语言的观察和学习而发展语言能力的。怀特赫斯基等人对传统的模仿说进行了改造，并提出“选择性模仿”的新概念，他们认为儿童对成人语言的模仿具有创造性和选择性。儿童在发展语言能力的过程中，往往会将已掌握的语言知识应用于新的情境之中，重新组合成新的语言内容，表达新的看法。学前儿童在获得语言的过程中，存在着多种类型的模仿，包括即时性模仿、延迟模仿和选择性模仿。各种类型的模仿相继出现，使儿童能迅速掌握和运用语言。

童言童趣

学 舌

乐乐2岁6个月大了，在大约三十天时，她见谁学谁说话。

妈妈：“乐乐，请你不要打扰我，到外面活动活动好吗？”

乐乐：“乐乐，请你不要打扰我，到外面活动活动好吗？”

妈妈：“乐乐，讲完故事去睡觉好吗？”

乐乐：“乐乐，讲完故事去睡觉好吗？”

奶奶：“乐乐，你尿完没有？”（奶奶带她去小便）

乐乐：“乐乐，你尿完没有？”

老师：“乐乐，你真勇敢，真棒。”

乐乐：“乐乐，你真勇敢，真棒。”

财务室，乐乐想玩一件办公用品。她问出纳。

乐乐：“阿姨，可以让我玩吗？”

出纳：“哦，让我看看有用吗？”

乐乐：“哦，让我看看有用吗？”

出纳：“哦，没用，你可以玩。”

乐乐：“哦，没用，你可以玩。”

童言分析：在日常语言建设的敏感期，儿童模仿口语、练习口语，感觉语言的音韵，不断重复使用语言。这是儿童学习语言的方式。家长或老师一定要注意自己的口头语言，要说文明的、规范的、准确的、富有美感的口语。

（资料来源 孙瑞雪.捕捉儿童敏感期[M].天津：新蕾出版社，2004.有改动）

（二）强化说

从巴甫洛夫的经典条件反射理论和两种信号系统学说到斯金纳的操作性条件反射理论，都认为语言是一系列刺激反应的连结，语言的获得就是条件反射的建立，而在这一过程中，强化起着关键性作用。斯金纳把语言看成一种行为，认为儿童发展语言能力是通过食物或成人的语言声音、动作手势等强化进行的。他认为儿童的语言行为如果受到成人的鼓励和表扬，那么这种语言行为将会保持和加强，最终形成一种语言习惯。反之，这种语言行为将逐渐消退。

（三）中介说

中介说，即传递说，行为主义理论的“刺激-反应”中，又增加了新的刺激，引起新的反应[①]。美国加利福尼亚大学心理学教授汤勒曼早在1935年就提出了“中介变因”的概念，后来，一批心理学家如莫勒、斯坦茨等人把这一概念应用到了儿童语言研究中，形成了“中介说”。这一学说在行为主义理论“刺激-反应”的链条下又增加了“传递性刺激-传递性反应”的中介。他们认为，一个新的词语或者一句新的话语都具有新的刺激性质，可以引发新的条件反射。学前儿童在获得语言能力的过程中，往往会因为外界新的语言刺激而产生新的语言行为。

童言童趣

关于生命

啾啾问爸爸：“什么是生命？”

爸爸举例说：“人是生命，动物也是生命。动物就是会动的……”

啾啾打断爸爸，指着屋里的一盆植物说：“那不是生命。汽车是生命。”

爸爸笑了，赶紧解释说：“会动的不一定是生命，比如汽车；不会动的也不一定不是生命。生命就是活着，能从小长到大的，比如植物。”

爸爸说完，问啾啾：“蚊子是不是生命？”

啾啾有些犹豫，也许因为她从未见过蚊子从小长到大。

爸爸对啾啾说：“活着的东西会死。看一个东西是不是生命，最简单的方法就是看它会不会死。”

啾啾好像明白了，说：“蚊子会死，是生命。”

爸爸再问：“那汽车呢？”

四岁的啾啾笑了，说：“汽车不是生命，怎么会死呀？”

童言分析：爸爸的名词释义带给了啾啾新的思考，有了新的语言反馈。新的语言刺激让孩子有了新的语言行为，在新的语言情境下进行事物的辩证推理。成人可以在与孩子的日常对话中给予儿童适当的新词汇或语句刺激，激发儿童主动推理思考，构建自身新的语义系统。

（资料来源 周国平.女儿四岁了，我们开始聊哲学[M].北京：电子工业出版社，2016.）

①欧阳新梅.中介理论视角下的幼儿园语言教育[J].青岛大学师范学院学报，2010，27(2)：9-12.

三、先天与后天相互作用论

以皮亚杰为代表的认知学派，在先天决定论和后天环境论之外，提出了先天与后天相互作用论。他们主张从认知结构的视角来研究语言发展，认为认知结构的形成和发展是主体和客体相互作用的结果。

(一)认知相互作用论

认知相互作用论者认为认知结构是获得语言的基础，语言结构随着认知结构的发展而发展。皮亚杰认为语言是认知结构的一个部分，是许多符号功能中的一种。儿童语言的获得具有创造性，语言是在儿童自身和环境相互作用中逐渐发展起来的。

认知相互作用论从主客体之间的相互作用来说明认知发展和语言发展的关系，过分强调认知发展是语言发展的基础，忽视了语言发展对认知发展所起的反作用，也忽略了人际交往与儿童语言发展的关系。

童言童趣

汽车长大

然然说坐小车总是头晕，嫌我开得不稳。她说坐公共汽车就稳得多，而且头也不晕。我只好对付着说，是的，是的，都怪爸爸的车子太小，没有公共汽车大。

然然又问我："爸爸，那你的车什么时候长大？"

童言分析：然然之所以会问爸爸的车什么时候长大，是在对爸爸现象解释的认知理解基础上进行的推理。语言是思维的物质外壳，随着认知的发展而发展。爸爸认为车大一点不会头晕，然然于是产生了类推。然然的语言推理与爸爸的对话交流密切相关。孩子在与成人的对话交往过程中创生了成人意想不到的有趣提问。

(资料来源 刘书宏.你不就是希望我快乐吗[M].海南：南海出版公司，2004.)

(二)社会相互作用论

20世纪70年代以后，以布鲁纳、班杜拉为代表的一些国外心理学家特别重视儿童和成人语言交往的实践。他们认为语言获得不仅需要先天语言能力，而且语言发展受到生理成熟度、认知和社会等因素的影响，认为儿童和成人的语言互动是语言获得的决定性因素，只有在实际交往中，儿童才会习得语言结构。社会相互作用论认为儿童和他人的语言环境是一个动态系统，儿童在这个环境中不是一个被动的接受者，而是一个主动的参与者。

第三节 学前儿童语言学习特征与语言教育观

学前儿童对环境中的语言刺激十分敏感，因此，其语言学习独具特色：具有主动建构性、综合性和循序渐进性，充满个性化。基于对学前儿童语言学习特征的了解，幼儿教师应树立科学的语言教育观，即完整教育观、整合教育观和活动教育观。

一、学前儿童语言学习特征

（一）语言学习具有主动建构性

学前儿童学习各种语言符号及其构建组织方式的过程不是完全被动的，成人不能期望那种"一教就会"的立竿见影的效果。一方面，学前儿童对于周围人们提供给他们的语言范型进行选择，只有那些他们能理解、能模仿的语言范型才会被他们所注意，并有意识地进行练习；另一方面，学前儿童在直接模仿成人语言的同时，总是会根据自己的需要进行创造性、变通式的模仿，会将听到的句子稍加变动，变成自创的语言进行表达。在语言交际环境中，当学前儿童有交往的需要时，他们才主动地搜索记忆中的词汇和句子，尝试着进行表述。而且，在有交际需要的情形下，当学前儿童因词汇贫乏或语法错误引起交谈对方产生理解障碍时，儿童才会感觉到学习新词的紧迫性，才会有意识地利用这种交际环境与机会向别人学习，主动模仿新词、新句。

（二）语言学习充满个性化

通过学前儿童在模仿语言过程中表现出来的选择性和变通性，我们可以看出儿童语言习得是一个个性化学习的过程。每个儿童都在依据已有经验和已积累的语言与周围人交往，并从他人的语言中学习新的语言成分。即使为儿童提供完全相同的语言范型，来自不同家庭的儿童模仿的结果也大相径庭。在日常生活中，即使是同一情境、同一话题我们也很少见到两个说话完全相同的人。每个人的语言表达会表现出特定的语言习惯，包括口头禅、习惯性的音调等。人们喜欢谈论的主题与内容也往往因人而异。学前儿童比较喜欢谈论他们感兴趣的事物，儿童对事物的喜好和兴趣又极具个性化，这使得学前儿童对语言表达的兴趣充满了个性色彩。有的儿童喜欢各式各样的车，就对各种车名称和专业术语感兴趣，于是在这些儿童所掌握的词汇中，有大量与“车”相关的词汇和句子，甚至远远超过成人所掌握的这类词汇。

（三）语言学习具有综合性

语言学习的综合性是由语言本身的特点所决定的。语言是一种符号，总要反映一定的事物。学前儿童学习语言时，必然要弄懂语言的含义，也就是要理解词语所代表的一类事物，它反映事物哪些方面的特征，表达怎样的思想和感情等。因此，学前儿童学习语言的过程往往和他们认识事物的过程相联系。例如，只有当儿童对西红柿的各个方面的特征都有所认识，并知道西红柿属于蔬菜时，才有可能真正理解“西红柿”这个词的含义。学前儿童通过日常交往和各种教育活动获得大量语言信息，这些语言内容涉及儿童生活的各个方面，而且语言领域的学习与其他领域的学习紧密联系在一起。以科学教育为例，学前儿童往往是在教师的语言指导下进行各种科学探索活动的。他们在科学探索过程中不断与同伴和老师就有关的科学知识和科学方法展开讨论。当他们发现某种科学知识或取得某种探索结果后，他们又会用语言把自己的发现表达出来，和同伴互相交流。在此过程中，学前儿童获得了相关的科学概念、科学术语，而且在与老师及同伴的对话交流中，会用完整连贯的语言报告自己的探索过程和结果，同时还获得了更多语言学习的机会，提高了自身语言表达的能力。这种科学探索活动为学前儿童提供了很好的语言学习契机，使他们获得了更多的语言经验。在此意义上，我们很难说这种活动究竟是科学教育，还是语言教育，它表现出极为明显的综合性特点。

（四）语言学习具有循序渐进性

学前儿童学习和掌握语音、词汇、句子，都需要一个过程：从有到无，从不理解到部分理解再到完全理解，由不完整到完整的过程，积少成多，逐步形成，逐步完善。儿童对语言的掌握、词义的理解、语法的运用还不够成熟，常常出现理解错误、表达错误的情况，这是儿童语言发展过程的年龄特点。教师和家长在与学前儿童交谈时要照顾到他们的年龄特征。父母对孩子说话的方式和对成人说话方式应当有所区别，如多用短句，多做描述，语速比较慢，语音比较清晰。当父母听不懂孩子的话时，反应不能像对待成人那样直接，而应亲和地鼓动孩子做一些补充或解释。如果教师也能像家长对待自己的孩子一样对待所有学前儿童，那将有助于提高学前儿童说话的积极性，促进其语言学习。

二、学前儿童语言教育观

随着时代的不断进步和社会的高速发展，社会对人才的需求日新月异。为适应时代的需要，教育必须具有超前性，教育观念必须与时俱进。

（一）完整教育观

完整教育观强调学前儿童语言学习的目标是完整的、内容是全面的，活动过程是真实的、形式是多样的。如幼儿园的语言教育目标涵盖听、说、读、写等方面，包含情感、能力和认知三维目标，培养儿童听说能力，形成良好的听说行为习惯，以及训练早期阅读和书写的技能等。幼儿园语言领域学习内容除了口语，还有书面语言，教师既要教会儿童理解和运用日常生活用语，也要引导儿童学习文学语言。此外，语言必须在一定的情境中使用才能真正得到发展和体现，因此教师需要为儿童创设真实的双向交流情境，使语言教育活动的过程成为师幼共同建设、积极互动的过程。语言教育活动形式可以多样化，活动环境中多为儿童提供动脑、动口、动手的学习材料，让儿童成为主动的学习者。

（二）整合教育观

哲学上将“整合”解释为“由系统的整体性及其系统核心的统摄、凝聚作用而导致的使若干相关部分或因素合成为一个新的统一整体的建构、序化过程”①。可见，“整合”强调的是依据一定的系统目标，系统各要素相互协调，共同为一个整体服务，并形成新体系的过程。就儿童语言学习而言，我们应树立整合教育观，把语言领域目标渗透到各个领域中，渗透到日常生活、人际交往、游戏、体育活动中，把语言教育融入幼儿园一日生活的各个环节。在家庭、社会中，引导儿童多听、多说、多看、多练，在实际语言交往中发展儿童的语言能力。

具体来说，整合语言教育观表现在目标、内容和方式上。整合的语言目标中

①王春燕.对当前幼儿园整合课程的思考[J].早期教育，2003(8)：4-5.

既要包含促进儿童的情感、能力和认知的发展，还要包含促进儿童除语言领域外其他领域的发展，即要把学前儿童语言教育目标放入儿童整体发展之中去考虑。整合的语言教育内容要满足儿童多元化发展，使语言教育立体化，体现社会知识、认知知识和语言知识的整合。整合的语言教育可以随时随地进行，教育环境和手段灵活多变，方式要满足儿童主动运用语言与人、事、物进行交往的需求。

（三）活动教育观

活动是儿童发展的主要动力和源泉。活动教育观将活动作为语言教育的基本形式，强调师幼共同参与。教师要引导儿童在实践中动脑、动口、动手，从而使其成为主动的语言学习者。

皮亚杰指出，活动是儿童认知发展的主要动力。儿童语言的发展有赖于认知发展。孩子正处于从直接行动思维向具体形象思维发展的阶段，对客观事物的认识依赖于自身的各种操作活动。在亲身体验中增强语言操作，获得愉快的情绪。在活动中，儿童因词语匮乏而遭遇交流障碍，会激发儿童主动学习语言的兴趣，变被动为主动。教师在设计和组织语言教育活动时，应注意儿童主体性的发挥，重视儿童的兴趣度和参与度，灵活转变角色，促进儿童积极参与和良性发展。教师在语言活动中的主导作用表现在活动开展的三阶段中：在活动开始前，为儿童创设良好的语言教育环境，准备充分的语言材料；在活动过程中，运用提示、提问、示范、暗示等方法，指导儿童正确操作材料，因势利导；在活动结束时，教师要及时点评，总结儿童活动的成果。

【本章小结】

学前儿童语言发生发展的基础是由多方面决定的，主要包括生理基础、心理基础和社会基础。学前儿童语言习得的三大理论流派是先天决定论、后天环境论和先天与后天相互作用论。学前儿童语言学习是主动建构、个性化、综合化、循序渐进、逐步积累的过程。颇具影响力的几种学前儿童语言教育观有完整教育观、整合教育观、活动教育观。

思考与练习

1.学前儿童语言的发生需要哪些条件？

2.简述学前儿童语言学习的特征。

3.谈一谈你印象最深刻的语言教育观。

【考查要点】

学前儿童语言教育贯穿幼儿园的各个领域活动，并且对儿童发展有着重要的影响。熟悉学前儿童语言发展的基础、学前儿童语言习得的理论流派、学前儿童语言学习特征与语言教育观，对设计与实施幼儿园语言教育活动具有十分重要的指导意义。这一章节在历年考试中主要考查学前儿童语言发展的基础、儿童语言习得的理论流派代表与观点、学前儿童语言学习特征和代表性的语言教育观。

【真题模拟】

一、单选题

1. 影响学前儿童语言学习的社会基础不包括(　　)。

A.社会生活环境　　B.成人的语言观念

C.对待儿童的态度　　D.遗传基因

2.关于语言习得理论，以下哪位人物是先天决定论代表？(　　)

A.斯金纳　　B.班杜拉　　C.乔姆斯基　　D.维果茨基

3.以下哪一种语言教育观强调要把语言教育渗透在其他领域和一日生活中？(　　)

A.整合教育观　　B.四范畴说　　C.完整教育观　　D.活动教育观

二、名词解释

整合语言教育观

三、简答题

1.学前儿童语言的发展可从哪些方面促进其认知的发展？

2.整合语言教育观的基本内涵是什么？

【思考实训】

思考：

通过第二章学前儿童语言发展与教育的理论的学习，我学到了什么？究竟学前儿童语言发展的基础有哪些？语言习得的三大理论流派的代表人物有哪些，观点分别是什么？学前儿童语言学习有何特点？目前具有影响力的语言教育观有哪些？

实训：

1. 小组合作搜集案例说明学前儿童语言发展的基础、学前儿童语言习得受到哪些因素影响？

2.案例分析运用。

在班里，有两个这样的孩子：

乐乐，活泼好动，性格开朗，平时喜欢与老师和小朋友交往。但是，每当老师和小朋友指出他犯的错误时，他总是百般辩解，不肯认错。

思思，聪明安静，思维活跃，但不善于表达和交往，特别在人多的时候，更加不善言辞。

针对这两个孩子，教师应该怎么做才能帮助他们发展自己的语言能力？

【推荐阅读】

[1]张俊燕，杨莹.儿童语言教育[M].西安：陕西师范大学出版总社有限公司，2014.

[2]刘金花.儿童发展心理学[M].上海：华东师范大学出版社，2013.

[3]唐林兰，陈小艳.学前儿童发展心理学[M].西安：陕西师范大学出版总社有限公司，2013.

[4]卢伟.学前儿童语言教育活动指导[M].上海：复旦大学出版社，2013.

[5]孙瑞雪.捕捉儿童敏感期[M].北京：中国妇女出版社，2010.

[6]周兢.学前儿童语言教育[M].南京：南京师范大学出版社，2001.

【小憩驿站】

扫描二维码，聆听黄豆豆老师为大家讲述《环游世界，做苹果派》。

第 3 章

学前儿童语言教育活动概述

在幼儿园大班毕业家长会上，老师正在给家长们分享孩子们在幼儿园三年来的表现。当老师介绍到语言教育时，有家长质疑："孩子学会拼音了吗？马上要读小学了，我怕孩子不会拼音会栽跟头。""孩子究竟在幼儿园学会了多少汉字？我看我儿子连自己的名字都还写不好，笔画也是错误的。"

很多家长一想到幼儿园的语言教育，就认为是教师给儿童讲故事，引导儿童背儿歌、读书识字，或是上语文课，那么究竟什么是学前儿童语言教育活动？语言教育活动有哪些特点？语言教育活动的实施途径、原则与方法有哪些？通过本章的学习，你一定会有所了解。

【学习目标】

1.知识目标：了解学前儿童语言教育活动的概念、构成要素与特点，理解并掌握语言教育活动的基本类型、实施途径与设计原则，掌握语言教育活动组织与实施的方法。

2.能力目标：能有效设计学前儿童语言教育活动的目标，正确选择语言教育活动的内容和方法，并能将原则渗透于活动中。

3.情感目标：乐意尝试不同类型语言教育活动的设计。

【学习重难点】

1.学习重点：掌握学前儿童语言教育活动组织与实施的途径、原则与方法。

2.学习难点：能有效设计学前儿童语言教育活动的目标并将原则灵活渗透在活动的设计与实施中。

【知识结构图】

学前儿童语言教育活动概述

- 学前儿童语言教育活动的特点与构成要素
  - 概念
  - 特点
  - 构成要素
- 学前儿童语言教育活动的基本类型与实施途径
  - 基本类型
  - 实施途径
  - 指导要求
- 学前儿童语言教育活动设计与实施的原则
  - 面向全体，关注个体的原则
  - 教师有效引导，儿童主动学习的原则
  - 经验的连续性与挑战性原则
  - 相互渗透与整合的原则
- 学前儿童语言教育活动组织与实施的方法
  - 讲解法
  - 演示法
  - 示范模仿法
  - 视、听、讲、做结合法
  - 游戏法
  - 表演法
  - 讨论法
  - 练习法

第一节 学前儿童语言教育活动的特点与构成要素

第一章中,我们已经探讨了学前儿童语言教育的概念,它是以学前儿童为研究对象,对其语言发生发展的现象与规律、语言学习与运用过程进行研究,对家长如何在家庭中开展语言教育活动,教师如何在幼儿园进行语言教育活动设计与指导等进行探究的一门应用性科目。那么什么是学前儿童语言教育活动呢?语言教育活动又由哪些部分构成,具备什么特点呢?

一、学前儿童语言教育活动的概念

活动以实现预定目的为特征,是由一系列动作构成的系统。活动总要指向一定的对象并由需要来推动完成。这里的学前儿童语言教育活动特指幼儿园的语言教育活动。它贯穿于幼儿园一日生活,是教师在整合教育过程及生活中引导儿童主动参与,获得丰富的语言经验,促进儿童语言能力全面发展,使儿童健康愉快成长的一种动态系统。

幼儿园语言教育活动属于幼儿园五大领域活动之一,幼儿教师以《纲要》和《指南》中语言教育的目标、内容与建议为导向,设计和实施不同类型的语言教育活动,在活动中发展儿童语言倾听与表达能力,培养儿童良好阅读习惯,提升儿童文学作品欣赏能力,为儿童进入小学学习提前做好准备。

二、学前儿童语言教育活动的特点

学前儿童的身心发展特点和语言学习特点决定了学前儿童语言教育活动必须具备以下特点：

（一）目的性：有完整计划与明确目标

学前儿童语言教育活动是一项有完整计划的活动，它紧密贴合活动目标，并依据学前儿童身心发展情况及儿童语言发展的实际情形和趋势，参考学前儿童的兴趣点，有计划地安排和组织语言教育。语言教育活动能有序训练学前儿童的语言能力，为儿童提供丰富的语言经验知识，让学前儿童主动汲取语言知识的精髓。

《纲要》对学前儿童语言教育所要达到的目标做了如下规定："乐意与人交谈，讲话礼貌；注意倾听对方的讲话，能理解日常用语；能清楚地说出自己想说的事；喜欢听故事、看图书；能听懂和会说普通话"。这主要是针对学前教育阶段语言教育的总体目标。对于不同年龄段的学前儿童，《指南》又有着具体的目标要求。每一次语言教育活动制订目标时需要同时参考总体目标与年龄阶段目标，才能目的明确地开展语言教育活动，保证语言教育活动的有效进行。

（二）渗透性：渗透于一日生活与游戏

学前儿童语言学习与发展的首要任务是学会积极地运用语言，并在交流过程中理解语义，流畅地进行表达。学前儿童需要有与人交流、接触的机会，才能在日常生活中不断地练习，增加自己的语言经验。因此，学前儿童语言教育活动需要渗透在儿童的日常生活、学习与游戏中。教师与家长都要为学前儿童提供支持与激励，要保护学前儿童对于语言交往的主动性与积极性，让他们在实际情境中获得语言经验。

（三）整合性：整合领域内容和活动形式

对于学前儿童来说语言既是学习的内容，也是学习其他知识所要借助的工具。在教育活动过程中，能够将五大领域整合在一起，对学前儿童整体的学习是非常有益的。例如我们可以在学前儿童学习语言的过程中，使用绘画、唱歌等手段提升学前儿童对语言的兴趣，从而促进学前儿童语言的学习。在同一个语言教育活动设计中，将不同活动形式进行组合，让学前儿童在集体活动与小组活动、正式教育活动与个别选择性活动中感知、体验、操作、表达、创编等，促进学前儿童更好地获得语言经验。

(四)建构性:孩子在活动中主动建构知识并习得语言经验

蒙台梭利认为学前儿童的语言是发展而来的,而不是教出来的。学前儿童在学习语言的过程中并不是完全被动的状态。当学前儿童身处语言交际的环境中,他们会主动在脑海中搜集相关词汇、句子,并努力地表达。在这个过程中,学前儿童会表现出积极的学习态度,并主动建构脑海中的知识。我们应为学前儿童创设一个良好的语言环境,让他们在环境中积极地与环境互动,建构知识,获得丰富的语言经验。

三、学前儿童语言教育活动的构成要素

一项专门的学前儿童语言教育活动应由目标、内容、组织与实施(包含途径、原则、方法与指导要求)、评价这几部分构成。

(一)学前儿童语言教育活动的目标

学前儿童语言教育活动目标是学前教育总目标的重要组成部分,是学前阶段实施语言教育的标准和总方向,是学前教育工作者进行语言教育活动设计的总指导思想。

1. 目标制定的依据

学前儿童语言教育活动目标是语言教育活动设计与实施的方向和准则,关系着整个语言教育活动实施的效果。目标的制订应反映我国现阶段的价值取向,适应我国生产力发展对人才培养的要求,同时符合《纲要》和《指南》的要求,适量考虑地方文化特色,最重要的是遵循学前儿童身心发展的特点与规律。

2. 目标的结构内容

学前儿童语言教育活动目标体系具有一定可供分析的结构:从纵向角度看,语言教育活动目标具有一定的层次结构;从横向角度看,语言教育活动目标具有独特的分类结构。

(1)学前儿童语言教育活动目标的层次结构。

学前儿童语言教育活动与学前教育总目标保持一致,分为三个层次:总目标、年龄阶段目标和具体活动目标。

首先,学前儿童语言教育活动的总目标是学前儿童语言教育总的任务要求,

是针对学前儿童的语言发展提出的，语言教育的总目标需要通过一系列的语言教育活动过程来实现。学前阶段的语言教育都应以总目标为指导思想。如《幼儿园工作规程》提出幼儿园保育和教育在语言发展方面的目标是“培养幼儿运用语言进行交际的基本能力”，因此在具体的语言教育活动目标设计中，无论如何创新设计，归根结底离不开培养儿童运用语言进行交往的能力的目标。

其次，学前儿童语言教育活动的年龄阶段目标是根据学前儿童语言教育总目标确立的。学前儿童某个年龄阶段的教育活动目标是总目标在各年龄阶段的具体化。如《指南》在语言领域“阅读与书写准备”目标中第2个子目标“具有初步的阅读理解能力”，对不同的年龄阶段的具体要求是不一样的。

表3-1　目标2　具有初步的阅读理解能力①

3—4岁	4—5岁	5—6岁
1.能听懂短小的儿歌或故事 2.会看画面，能根据画面说出图中有什么，发生了什么事等 3.能理解图书上的文字是和画面对应的，是用来表达画面意义的	1.能大体讲出所听故事的主要内容 2.能根据连续画面提供的信息，大致说出故事的情节 3.能随着作品的展开产生喜悦、担忧等相应的情绪反应，体会作品所表达的情绪情感	1.能说出所阅读的幼儿文学作品的主要内容 2.能根据故事的部分情节或图书画面的线索猜想故事情节的发展，或续编、创编故事 3.对看过的图书、听过的故事能说出自己的看法 4.能初步感受文学语言的美

由表3-1可知，每一年龄阶段的具体目标都建立在上一阶段阅读理解能力发展的基础之上。随着儿童年龄的增长，对其阅读理解能力的要求也随之提高。如5—6岁大班儿童，不仅要求其能说出故事情节，还要能根据已有情节猜想故事发展，或续编、创编故事。续编、创编对学前儿童来说是较高一级语言表达能力和逻辑思维能力的展现，学前儿童不仅需要掌握大量的词汇，同时还要能准确地运用词汇有逻辑地编述故事。

最后一层次是学前儿童语言教育活动的具体目标，它是指在某一具体的学前儿童语言教育活动中所需要达到的目标。这一层次的活动目标一般由教师自己根据教材和所教班级儿童的年龄特点及已有知识经验等情况制订相应的目标。这一层次的目标可以指专门的语言教育活动目标，如讲述活动、谈话活动、早期阅读活动的目标等；也可以是渗透在其他领域中的语言教育活动目标，如音乐欣赏活动中要求儿童能够在聆听音乐后大胆表达自我感受，或在绘画活动中

① 李季湄，冯晓霞.《3—6岁儿童学习与发展指南》解读[M].北京：人民教育出版社，2013：304.

让儿童在完成创作后讲述自己的作品，或在体育活动中要求儿童听清指令完成动作等。

（2）学前儿童语言教育活动目标的分类结构。

《纲要》中提出语言领域的目标为："乐意与人交谈，讲话礼貌；注意倾听对方讲话，能理解日常用语；能清楚地说出自己想说的事；喜欢听故事、看图书；能听懂和会说普通话"。《指南》指出学前儿童语言教育的目标为："认真听并能听懂常用语言；愿意讲话并能清楚地表达；具有文明的语言习惯；喜欢听故事，看图书；具有初步的阅读理解能力；具有书面表达的愿望和初步技能"。综上，学前儿童语言教育活动的分类目标应包含以下几点：

第一，培养学前儿童倾听的习惯。倾听是学前儿童学会感受、理解语言的表现，也是儿童不可缺少的一种行为能力。只有当学前儿童学会倾听，才能理解语言的内容，学习运用语言的方式。《纲要》在语言领域明确提出了"注意倾听对方讲话，能理解日常用语"的目标和"养成儿童注意倾听的习惯，发展语言理解能力"的要求。学前儿童倾听能力的重点应放在对汉语语音、语调的感知和对语义内容的理解上。培养学前儿童有意识地倾听、理解性地倾听和辨析性地倾听。

第二，培养学前儿童的表述能力。表述是以一定语言内容、语言形式以及语言运用方式表达和交流个人观点的行为，是学前儿童语言学习和语言发展主要表现之一。只有懂得如何向别人清晰表达自己想法的人，才能与他人实现真正意义上的语言交际。对于儿童来说，学前阶段是培养表述行为的关键时期，教育儿童的重点应是如何恰当使用口语表达，不断提升表述水平。这个过程需要教师的积极引导。

第三，培养学前儿童欣赏文学作品的能力。欣赏文学作品是让学前儿童感知文学作品的魅力并尝试艺术性地建构语言方式的行为，这种行为不仅是艺术与语言的结合体，也反映了书面语言对学前儿童语言发展的重要意义。让学前儿童感知不同文学作品的独特风格，欣赏并理解文学作品是学前儿童语言学习的重要内容。

第四，培养学前儿童早期阅读的行为。早期阅读行为是指学前儿童从口头语言向书面语言过渡的前期阅读准备和前期书写准备行为。《纲要》明确指出要"利用图书、绘画和其他多种方式，引发儿童对书籍、阅读和书写的兴趣，培养前阅读和前书写技能"。可见早期阅读行为培养的关键在于激发学前儿童阅读和书写的兴趣，了解图书和文字的重要性，愿意阅读图书和辨认汉字，养成良好的阅读习惯，同时掌握相关的阅读和书写准备技能等，为学前儿童进入小学做准备。

3. 目标的设计与表述

目标的设计与表述是学前儿童语言教育活动设计中至关重要的一步，它的恰当与否直接关系到整个教育活动实施的成效，它对语言教育活动内容的选择、重难点的把握、方法的运用等都起着指导性的作用。

(1)学前儿童语言教育活动目标的设计。

教师在设计学前儿童语言教育活动目标时应遵循以下原则：

①目标设计的着眼点在学前儿童的发展。

学前儿童语言教育活动的设计应遵循儿童已有的身心发展水平和知识经验背景，符合儿童语言学习发展的规律，这是设计的起点同时也是落脚点，活动的设计最终是为了促进学前儿童身心发展，让儿童享受活动过程，在活动中健康快乐地体验与成长。

②目标设计在方向上要与总目标和年龄阶段目标保持一致。

教师制订的具体的语言教育活动目标必须以总目标和年龄阶段目标为准绳，将概括性的目标具体细化到每一个活动中，落实到每一个儿童身上。教师要根据学前儿童的身心发展水平和年龄特征，有步骤地循序渐进地提出目标，让学前儿童在活动过程中日积月累、潜移默化地习得语言经验。

③目标设计应包含认知、情感、能力三个方面。

学前儿童语言教育活动目标按照布卢姆教育目标的分类方法分为认知、情感、能力三个方面。语言教育活动的认知领域目标应包含学前儿童对词汇、句型、简单语法等的掌握；情感方面应是培养学前儿童耐心倾听的态度、愿意表达自己需要和想法、敢于大胆讲述自身经历或图片故事等；能力方面包括运用语言进行交流、理解作品内容、能续编和创编故事等。

案例分析

摇篮

蓝天是摇篮，摇着星星宝宝，
白云轻轻飘，星宝宝睡着了。
大海是摇篮，摇着鱼宝宝，
浪花轻轻翻，鱼宝宝睡着了。
花园是摇篮，摇着花宝宝，

风儿轻轻吹，花宝宝睡着了。

中班诗歌《摇篮》语言活动目标设计：

1.认识到诗歌中“蓝天－星星”“大海－鱼”等事物的关联性；

2.能够根据句式“……是摇篮，摇着……宝宝，……轻轻……，……宝宝睡着了”续编儿歌；

3.乐意与同伴交流对大自然美好事物的感知与认识。

分析：以上活动目标是按照布鲁姆提出的目标分类来进行设计的，围绕诗歌内容，结合中班儿童年龄特点，对儿童提出了认知、能力、情感三方面的目标。目标1是语言认知层面的，目标2属于语言能力的培养，目标3是情感方面的升华，三条目标层层递进，循序渐进地促进儿童知、行、情发展。

④目标设计需考虑语言教育活动的类型。

不同类型的学前儿童语言教育活动所要实现的目标均有所侧重，教师在设计活动目标时应考虑不同教育活动类型的特点，设计适宜的目标。比如，早期阅读活动着重培养学前儿童良好的阅读习惯，激发儿童前阅读和前书写的兴趣；讲述活动偏重于培养学前儿童感知、理解、讲述对象的能力，以及独立构思和清楚完整表达情感的能力；英语教育活动则偏重于激发学前儿童的英语学习的兴趣和提升学前儿童语音的敏感性。如果是以文学作品、绘本故事等为载体开展的综合活动，目标设计将整合多个领域内容。

案例分析

大班绘本《像狼一样嚎叫》活动目标：

1.能专注地阅读绘本，感受故事主人翁自由自在的心情；

2.尝试用身体动作表现节奏：×× ×× | ×× ×××；

3.在合作游戏中体会和朋友一起自由自在的乐趣。

分析：从以上活动目标可以看出这一绘本活动是作为一个综合活动来开展的，目标整合了语言、健康、艺术、社会领域的内容。如目标1是以语言目标为主，目标2是健康与艺术的整合，目标3则更多地强调社会领域的合作。这样的目标设计涵盖的内容丰富，在这样的整合目标设计下儿童能得到多方面能力的促进与发展。

(2)学前儿童语言教育活动目标的表述。

具体而有针对性的目标能够为语言教育活动提供方向性的指导,因此,正确表述学前儿童语言教育活动目标尤为重要。从表述的方式上来说,行为目标的表述方式在学前儿童语言教育活动目标设计中应用较多。行为目标是具体的可操作性目标,它指向语言教育活动结束后学前儿童所发生的认知、情感、能力等方面的变化。学前儿童语言教育活动行为目标表述包含以下四个方面:

①行为主体。

行为主体即行为的实施者。学前儿童语言教育活动的实施者可能是教师也有可能是学前儿童自身。目前,在以儿童为主体的教育活动理念下,学前儿童语言教育活动大多以儿童为行为主体,因此活动目标表述时站在学前儿童角度来描述的占大多数。若活动偏高控性,教师则为活动的主要实施者。

②行为动词。

行为动词是描述行为主体所要达成的可观测、可操作的具体行为。在设计语言教育活动目标时,常用以下一些行为动词来进行表述:

站在学前儿童角度描述的有:能、会、领会、理解、了解、熟悉、感知、知道、喜欢、爱、可以、发现、体验、尝试、认识、学会、愿意、乐意、敢于……

站在幼儿教师角度描述的有:引导、培养、指导、引发、发展、加强、调动、发挥、增进、增强、丰富、促进、提高、提升、激发、鼓励……

③行为的条件或情境。

它是指完成行为所需要的相关条件或特定情境。如"在了解……的基础上""在……的情境下""在……的前提下"等。

④行为的表现水平或标准。

这一点是对学习结果的描述,指的是用以评量学前儿童学习表现或学习结果所达到的程度。如:"学会仿编句式'……是……吹的泡泡'""能用恰当的重叠词如'大大的''红红的''甜甜的'等描述故事中出现的事物""感受儿歌中'静悄悄'与'热闹'的氛围,体验儿歌中的不同意境"等。

学前儿童语言教育活动目标具体表述的要求有:

①涵盖面广,应包括知识的学习、能力的训练和情感态度方面的培养;

②需具体、明确、操作性强,避免过于笼统、概括和抽象;

③目标要有代表性,每一条均是单独的内容,不应有交叉重叠,下层目标需与上层目标关系密切;

④不宜出现活动过程、方法与手段;

⑤每一条目标必须保证行为主体描述上的统一；

⑥目标要考虑学前儿童身心发展的特点和个体差异性，应难易得当；

⑦每条目标要紧扣教育活动主旨内容，不能偏离主题创设目标。

案例分析

大班语言活动“动物职业介绍所”活动目标：

教师甲：

1.引导儿童理解故事情节，了解不同动物特性；

2.能够运用正确的语句续编故事；

3.激发儿童爱父母的情感。

教师乙：

1.理解故事情节，了解动物特性与“职业”的内在联系；

2.学习运用“因为……所以……”的句式表述自己为小动物找工作的理由；

3.愉快地融入故事情节，明白父母工作的辛劳，更爱爸爸妈妈。

分析：两位教师针对语言活动内容都对目标进行了认知、能力、情感三方面的设计，每一条目标不重复。但是教师甲设计的能力目标相对比较宽泛，不够具体明确，且三条目标的行为主体不一致，第一和第三个目标均是站在教师的角度表述的，第二个目标却是站在儿童的角度。比较而言，教师乙的目标设计均是站在儿童的角度表述的，不仅具体且操作性强。

（二）学前儿童语言教育活动的内容

学前儿童语言教育活动内容是实现语言教育目标的重要手段。它包括教给学前儿童语音、语调、词汇、句式、语法等，教会他们学会根据所处情境正确使用语言；激发儿童的阅读兴趣，培养他们良好的阅读习惯和前书写能力；鼓励学前儿童在文学作品的阅读中欣赏与感受文学语言的美等。

1.内容选择的依据

学前儿童语言教育活动的内容不是随意制定的，它需要依据学前儿童语言教育的目标；遵循学前儿童身心发展尤其是语言发展的规律；考虑不同活动类型和不同活动领域的特点。因此，在选择学前儿童语言教育活动内容时需要注意以下几点：

（1）舍掉与语言教育目标不一致的内容。

案例分析

中班谈话活动

三八妇女节快到了，今天中班组织了一次谈话活动“我爱我的好妈妈”。教师为了引发儿童的谈话兴趣，特意创设了一个引入话题“妈妈平时怎么陪你们的？”有一个小朋友接过老师的引入语马上答道：“妈妈经常带我逛超市，给我买好吃好玩的，有旺旺雪饼、浪味仙、薯片……”话音刚落，孩子们开始七嘴八舌地探讨妈妈给自己买了什么好吃的。教师没有及时转移话题，大概有将近二十分钟的时间班上孩子们都在探讨妈妈给自己买的好吃的好玩的东西。当孩子们抢着表达得差不多了，教师才开始出示妈妈勤劳做家务、照顾小宝宝等方面的图片，让小朋友们围绕图片看图说话并说一说自己的妈妈是怎样做的。说了不到两幅图就到课堂活动结束的时间了，教师赶忙说了一句：“小朋友们都说得很好，放学回去亲亲你们的好妈妈，帮助妈妈做家务吧。”一节谈话活动就这么结束了……

分析：该案例中的教师为了让儿童融入情境，激发孩子们的谈话欲望，用了一个提问引入活动。但一名儿童的回答引发了其他孩子的表达意愿，孩子们虽然都在积极地回应与表达，但其内容偏离了教师预先设置的谈话主题，偏离了这次谈话活动的主要目标。虽然整个活动看似热闹且调动了儿童的积极性，但教师将大部分时间花在了好吃好玩的主题上，并没有围绕“我爱我的好妈妈”的话题展开讨论和进行引导，主次颠倒，影响了整个谈话活动的目标达成。这种情况下，教师应当马上转移话题，将孩子谈话的内容接过来然后转至本次活动的主题内容，保持与谈话活动目标的一致性，只有这样才能有效实现谈话活动的教育目标，才能让此次的教育内容发挥更大的作用。

教师在选择语言教育内容时，一定要紧紧围绕该节活动的语言教育目标，尤其是重点要达成的目标来进行。这样，活动的内容才能为目标的达成有效服务，真正促进学前儿童语言能力的发展。

（2）舍下儿童不感兴趣和难懂的内容。

案例分析

大班《望庐山瀑布》古诗欣赏活动

日照香炉生紫烟，遥看瀑布挂前川。

飞流直下三千尺，疑是银河落九天。

今天大一班的语言活动是古诗《望庐山瀑布》。教师首先出示挂图，说明诗歌《望庐山瀑布》诗词的意思：香炉峰在阳光的照射下生起紫色烟霞，远远望见瀑布似白色绢绸悬挂在山前，高崖上飞腾直落的瀑布好像有几千尺，让人恍惚以为银河从天上泻落到人间。接着让儿童跟着朗诵诗歌，一句一句地跟读，然后让儿童一起从头至尾大声朗读。最后请大声想象亲自去看到瀑布后是什么感受……

分析：上述整个诗歌欣赏活动气氛沉闷，儿童不仅不感兴趣且表达的机会很少，几乎是一遍接一遍地跟着教师念诗，小学化倾向严重。中国古诗本身很好，但古诗的文言词汇大多精炼难懂，如三千尺、落九天等，这些都需要读者借助语言的夸张表现手法和一定的抽象逻辑思维才能理解。大班儿童虽然抽象逻辑思维开始萌芽，但总的来说还是以具体形象思维为主，晦涩的古诗已经超出了他们当前的认知和理解水平，因此不宜在这个阶段让儿童学习。儿童即使学会朗诵了，也只是依葫芦画瓢，不能真正理解古诗背后的意义，过不了多久就会遗忘。

学前儿童的年龄特征决定了兴趣是支配他们学习的最大动力，有了兴趣，孩子们就会有主动参与活动的愿望和积极的态度。因此学前儿童语言教育活动的内容必须考虑学前儿童的兴趣点和思维发展特点。教师可运用以下三种策略来协调语言教育内容与学前儿童兴趣之间的关系：

其一，教师预设一些既能促进学前儿童发展，又是儿童感兴趣的内容。

其二，观察学前儿童，及时捕捉儿童的兴趣点，由学前儿童感兴趣的事物生成活动内容。《纲要》中要求我们“善于发现幼儿感兴趣的事物、游戏和偶发事件中所隐含的教育价值，把握时机，积极引导”。

其三，对一些促进学前儿童发展确有必要，但难以直接引发学前儿童兴趣的内容，教师要善于运用学前儿童感兴趣的方式引导他们参与活动。如儿童不太喜欢刷牙，教师运用有趣的绘本（《我的牙齿，你的牙齿》《牙齿的故事》《沃森太太想要你的牙》等)和朗朗上口的儿歌就可以取得较好的效果。

(3)舍弃脱离学前儿童实际生活的内容。

《纲要》中指出教育活动内容应该“既贴近幼儿的生活来选择幼儿感兴趣的事物和问题,又有助于拓展幼儿的经验和视野”。一些远离本地区本民族学前儿童生活实际的内容应当慎重选择,如果要选,也必须基于儿童一定的知识准备,创设条件让学前儿童有一定的感知和了解后再围绕此类教育内容开展活动。

案例分析

儿歌《冬爷爷》

冬爷爷从不端架子,戴着一顶冰帽子。

冬爷爷从来不怕冷,长着一把冰胡子。

喊来了北风变魔术,风儿呼呼吹哨子。

让清亮的小河结了冰,变成了一面大镜子。

溜冰的小朋友飞了来,就像一群小燕子!

冬爷爷,高兴了,摸了摸自己的红鼻子。

再变把雪花轻轻撒,大地盖了白毯子。

小朋友高兴得跳起来,用白雪堆了个老爷子。

那就是咱们的冬爷爷,笑眯眯还是老样子:带了个铁桶当帽子,红萝卜就是红鼻子!

分析:《冬爷爷》这首儿歌题材虽然深受小朋友的喜爱,但是许多南方地区的小朋友从来没接触过下雪的天气,学前儿童的思维又以具体形象思维为主,必须借助具体的感知经验来认识和思考问题。儿歌中的很多场景学前儿童因为没有生活经验因此无法展开想象,理解起来也很困难。且这首儿歌相对较长,学前儿童由于年龄小没有办法长时间集中在一件事情上,要让儿童在一次儿歌学习活动中初步掌握儿歌的具体内容确实有些困难。如果在没有见过雪的地方选择这首儿歌开展语言教育活动不仅不切合儿童生活实际,且超过了学前儿童的能力接受范围。

(4)舍去不符合学前儿童发展规律和特点的内容。

《纲要》中指出:“幼儿园教育应尊重幼儿的人格和权利,尊重幼儿身心发展的规律和学习特点”。要会选择难度适中的学前儿童语言教育活动内容,必须掌握学前儿童的年龄特点。

如看图讲述活动，不同的图片就代表了不同的内容。对于不同年龄阶段的儿童，选择的图片肯定不一样。小班儿童由于语言刚刚发展，思维简单，不能要求他们说出一个复杂的故事，因此不能选择过于复杂的图片，单张图片即可。图片人物要少，形象要突出，与背景形成明显对比，使儿童易于观察与描述出事物的显著特征，如画有人、动物、植物以及一些常见物品的图片。对于中、大班的儿童来说，语言得到了一定的发展，注意的稳定性与坚持性也得到了很大的提高。这个时候的儿童不仅能观察到图片的主要内容，而且也会注意到图片的细节，因此，为中、大班儿童选择的单张图片可以相对复杂一些，不仅有人物，而且有情节，画面较为丰富，有一定的背景和细节内容。儿童除了要讲出图片上所描绘的对象及特征，还要将图片上的细节描述出来。此外，还可以为大班儿童选择故事情节推进明显的多张图片，如简单的连环画等，让儿童按顺序将多张图片的内容用完整、连贯的语句表达出来。甚至还可以将图片顺序打乱，让儿童自由排图进行讲述，发展他们的想象讲述与创造讲述的能力。

2. 内容的结构定位

学前儿童语言教育活动的内容可以分为专门的语言教育活动内容和渗透的语言教育活动内容。

（1）专门的语言教育活动内容。

专门的语言教育活动是根据既定的语言教育活动目标，有计划有组织地安排学前儿童进行语言系统学习的过程。主要包括以下五个方面：

第一，普通话教育。对学前儿童进行普通话教育，既是推行相关国家政和规定，也是实现儿童自身发展的需要。普通话是我国通用语，每一个中国公民都应该重视对普通话的学习。学前阶段是儿童形成口语、发展口语的重要阶段，儿童学习普通话会更加得心应手。

第二，词汇教育。首先要丰富学前儿童的词汇量，词汇是构筑语言的基础，儿童掌握的词汇越多，交际能力也会越强。其次，要帮助学前儿童正确理解词义，儿童缺乏生活经验，因此在理解词义的过程中难免会出现偏差。

第三，口语交际训练。口语交际训练分为两种。第一种为对话训练，首先，教师要为学前儿童提供日常谈话的机会，即多与儿童交流，帮助儿童领悟谈话规则的含义；其次，教师要通过谈话活动对儿童进行对话训练，围绕儿童感兴趣的话题展开谈话。第二种为独白言语训练，由于儿童缺乏生活经验，教师要主动指导学前儿童构思讲述内容，并用连贯的语言清楚完整地表达出自身的经历及感受。

第四，文学教育。首先，教师可以指导学前儿童阅读不同体裁的文学作品，让儿童在倾听、理解的过程中感受多种文学体裁的差异；其次，教师指导学前儿童创造性地运用文学作品的语言，例如，让学前儿童通过表演的形式演绎文学作品中的内容，还可以指导儿童仿编文学作品，学前儿童组织语言的能力会在多次练习中得到提升。

第五，读写教育。读写教育是为学前儿童入学后的书面文字学习做准备。教师要指导学前儿童阅读图书，在阅读过程中可以适当提出一些简单的问题，让学前儿童带着问题去看书和思考。此外，教师可以对学前儿童进行适当的识字准备教育、书写准备教育，为儿童进入小学后学习拼音以及汉字结构打下基础。

(2)渗透的语言教育活动内容。

渗透的语言教育活动内容主要是将语言教育渗透在学前儿童的日常生活、人际交往和游戏活动中，为学前儿童提供充分而广泛的学习和运用语言的机会。有时也可在其他领域的教育活动中渗透语言领域的教育内容，对学前儿童进行语言方面的随机教育，使儿童能在真实的生活与学习场景中运用语言。只有将渗透的语言教育活动内容与专门的语言教育活动内容结合起来，彼此配合，相互补充，才能把学前儿童的语言学习落到实处。

第二节
学前儿童语言教育活动的基本类型与实施途径

语言教育活动目标的制订与内容的选择是学前儿童语言教育活动设计的重要环节，但语言教育活动要得以顺利开展，还离不开活动的有效组织与实施。不同的语言教育活动类型，其组织与实施的要求各不相同。按语言教育内容和形式的不同，专门的语言教育活动一般分为学前儿童早期阅读活动、文学作品欣赏活动、谈话活动、讲述活动、听说游戏活动、语言区角活动、英语教育活动几种类型。

一、学前儿童语言教育活动的基本类型

（一）学前儿童早期阅读活动

早期阅读活动是指学前儿童通过图片、文字符号和成人生动的语言讲述来理解儿童读物，培养良好阅读习惯和能力的一种语言活动。它需要合适的环境、多样的阅读材料，常与幼儿园其他教育活动联系在一起，是一种整合性的教育活动。早期阅读活动能促进学前儿童语言、认知、社会性等方面的发展。

（二）学前儿童文学作品欣赏活动

学前儿童文学作品欣赏活动，是围绕适宜学前儿童阅读且优秀的儿童文学作品来设计和组织的语言教育活动。这种活动不仅仅局限于欣赏作品，还可围绕作品展开师幼互动，进行儿童剧表演，帮助学前儿童理解文学作品。儿童文学作品蕴含丰富的思想感情，围绕其开展活动能帮助发展学前儿童的语言理解与表达能力，扩充学前儿童的知识储备，促进他们想象力与创造力的发展，培养儿童的美感。

(三)学前儿童谈话活动

学前儿童谈话活动是教师引导儿童围绕一定话题、以交谈为主要形式启发学前儿童认知与思考的一种语言活动。学前儿童谈话活动要求谈话话题具有趣味性;谈话内容具备生活性;谈话活动应有宽松氛围并能得到教师间接的指导。学前儿童谈话活动能使儿童习得谈话规则,促进儿童口语表达能力和思维的发展,帮助学前儿童建立良好的人际关系,让他们更加关注周围的生活。

(四)学前儿童讲述活动

学前儿童讲述活动是学前儿童凭借一定的讲述对象,在相对正式的语言环境下运用连贯的语言独立表达出自己对于事物理解的一种活动。学前儿童讲述活动的讲述内容有一定的指向性;讲述的语言是独白语言;讲述的情境较为正式。这类活动能让儿童养成倾听的习惯,提升学前儿童独白语言能力,让学前儿童学会如何认识事物并能促进他们想象力与思维的进一步发展。

(五)学前儿童听说游戏活动

学前儿童听说游戏活动是以培养儿童倾听和表达能力为主,活动内容主要集中在听和说的理解与表达方面,将语言教育融入游戏之中,吸引学前儿童积极参与和愉快体验的一种语言活动。在听说游戏活动中,教师会制订相关游戏规则,学前儿童在遵守规则的情况下愉快参与其中。听说游戏活动深受学前儿童的喜爱,它能寓教于乐,满足儿童的学习需要,激发学前儿童学习语言的兴趣,提高学前儿童倾听与口头表达的能力。

(六)学前儿童语言区角活动

学前儿童语言区角活动是教师根据教育目标,将学前儿童感兴趣的语言活动材料与内容融合,有计划地创设环境,促进儿童与环境、材料及同伴互动的一种活动。语言区角中没有上课那种严肃的氛围,学前儿童可以自由自在地与同伴玩耍,整体氛围轻松愉悦。活动中教师会放置大量图画书供学前儿童观看,还会摆放一些画报、剪贴工具供儿童使用。在语言区角中,学前儿童有大量与同伴交流的机会,并且可以自主自愿地进行个性化学习。这类活动可以极大地调动学前儿童学习的积极性,有效促进儿童语言能力和人际交往等方面的发展。

(七)学前儿童英语教育活动

学前儿童英语教育活动是教师为儿童提供一种较为正式的英语学习环境,

指导学前儿童进行英语学习，趣味化地感知英语语音、语调，感受异国文化，引导其运用英语大胆进行交流与表达的一种活动。学前儿童英语教育活动能有效促进儿童语言的发展，激发学前儿童探索第二语言的兴趣，形成良好的发音习惯和初步的英语思维，提升学前儿童的语言交际能力。

二、学前儿童语言教育活动的实施途径

学前儿童语言教育活动可以在多种途径中得以实施，凡是有涉及语言方面的活动都可以用来对学前儿童进行语言教育。

（一）在日常生活中进行语言交流

幼儿园有晨间活动、午休后的阅读活动等，教师可以充分利用这些时间与学前儿童沟通交流，了解学前儿童的语言发展水平。在自然的语言情境下，教师更容易发现学前儿童真实的语言表达能力，例如儿童的发音是否准确，表达是否流畅。

其次，教师在日常交往中，可以有针对性地与儿童交谈。例如胆子较小、性格内向的学前儿童，教师可以多与他们沟通，鼓励他们大胆表达自己的想法。

再次，教师要多为学前儿童展示正确的语言示范。例如在吃饭的时候，教师可以介绍今天的饭菜："海带莲藕汤，里面有绿色的海带、白色的藕，颜色多好看呀！再闻一闻，一股清香味。海带和藕里有许多营养，小朋友们吃了身体会变得更健康。"教师丰富的词汇能让学前儿童潜移默化地学习与掌握更多的词汇。

（二）在游戏过程中开展语言教育

游戏的方式能调动起学前儿童学习语言的主动性、积极性。听说游戏不仅能锻炼儿童的听力、理解能力还能发展儿童的口语表达能力。在结构游戏中，学前儿童可以思考建构的主题以及建构过程，最后用语言表述出自己的成果，这些都为学前儿童语言发展提供了机会。在表演游戏中，学前儿童通过阐述剧中人物的台词，运用生动的语调表现自己的情感，促进学前儿童语言能力的发展。

（三）专门的语言教育活动

日常的语言教育活动具有随意性、偶然性，而专门的语言教育活动具有指向性、计划性，有目的地促进学前儿童的语言发展，并依据目的与教学计划选择相应的教育内容。

专门的语言教育活动是在教师指导下进行的语言学习过程。在过程中，教师要留意学前儿童已有的语言经验，将新的语言经验提供给儿童，通过不断的学习，让学前儿童将新的经验转化为已有的经验。

专门的语言教育活动主要包括谈话活动、讲述活动、文学作品欣赏活动、早期阅读活动、听说游戏活动等，这些活动分别为学前儿童提供不同的语言情境，让儿童的语言发展更加全面。

（四）其他领域教育活动中的随机语言教育

1. 在科学教育活动中随机渗透语言教育

在科学探索活动中，学前儿童交流语言信息的方式有两种：描述与讨论。学前儿童可以在描述的时候提出自己的观点，也可以与其他小朋友一同探讨操作过程及方法。例如，学前儿童可以做一些观察的活动，观察后，大家在一起交流自己所观察到的现象，并在教师的引导下将所有的发现梳理并用流畅的语句表达出来。

数学教育活动需要学前儿童有灵敏的反应与精准的语言表达能力。教师可以采用语言游戏的形式调动学前儿童的积极性，提升他们对数学学习的兴趣。例如，小班数学活动中，要求儿童学会4以内的点数，教师可以创设一幅松树图片，上面有4只小松鼠分别在做不同的事情，然后引导儿童描述有几只松鼠？它们分别在干吗？孩子们会说："有的在吃松果；有的在挠痒痒；有的在爬树；有的在摘松果。一共有4只小松鼠，它们玩得很开心。"通过这样的语言引导，不仅提高了儿童学习数学的兴趣，也发展了他们的语言表达能力。

2. 在艺术教育活动中随机渗透语言教育

艺术教育活动包括音乐教育活动和美术教育活动。当学前儿童学习一首歌曲时，旋律的变化与节奏的快慢都让其感受着歌曲的情感。教师可以让学前儿童根据歌词内容及对歌曲的理解，改编出一个故事，提高学前儿童的欣赏能力及语言能力。当进行美工活动时，教师要抓住儿童喜欢玩、喜欢创造的特点，让学前儿童试着去讲述自己作品的内容。

3. 在社会教育活动中随机渗透语言教育

人际交往和社会适应是社会领域活动学习的主要内容。学前儿童在与成人和同伴进行社会交往的过程中少不了对语言这一交往工具的灵活运用。同时，在需要进行社会角色扮演的一些区角活动中，学前儿童要顺利地完成角色的任务，必须要与同伴一起模仿社会中成人的语言和行为，同伴之间的互动更是需要借助语言来完成。教师可鼓励学前儿童在社会交往中学会倾听同伴谈话，并大胆说出自己想法，与教师、同伴一起分享社会角色游戏中的快乐体验。

4. 在健康教育活动中随机渗透语言教育

健康教育活动中的体育活动常常会要求学前儿童听清教师指令做动作。在这一过程中，学前儿童不仅要集中注意听老师发出的指令要求，而且还要准确地将指令转化为正确动作进行体育技能展示，这也锻炼了儿童的语言倾听能力。教师在进行动作示范后，可以让学前儿童来转述动作要领，或在活动结束后分享活动体验等，从而培养学前儿童的口语表达能力。

（五）良好语言教育环境的创设

1. 图书角的创设

幼儿园的每个班级都应当设立图书角。图书角要选择在教室中光线较为充足的地方，并布置出舒适的环境，可以铺一张地毯和一些靠枕，让学前儿童能在地上坐着阅读。图书角的摆设还应考虑是否便于学前儿童取放，是否排除安全隐患等。要让学前儿童能在图书角随意挑选书籍，书籍的投放还要根据儿童的兴趣与需要来选择和添置，学前儿童较为喜欢的同一本书可以多备几本。教师要主动为学前儿童介绍图书角的书籍，引起儿童阅读的兴趣，还可以带领学前儿童集体阅读，教授他们正确的读书方法与技能。

2. 语言角的创设

语言角的创设是为了让学前儿童有更多练习口语的机会。在语言角中，教师可以准备一些儿童画报，让学前儿童自由讲述，锻炼表达能力。条件较好的幼儿园还可准备一些先进的音频、视频设备等，让学前儿童能根据自身需要，收听儿童文学作品，让学前儿童在丰富的语言环境中受到良好的语言熏陶。

三、学前儿童语言教育活动组织与实施的指导要求

《纲要》中语言领域的指导要点提出：“发展幼儿语言的关键是创设一个能使他们想说、敢说、喜欢说、有机会说并能得到积极应答的环境；发展幼儿语言的重要途径是通过互相渗透的各领域的教育，在丰富多彩的活动中去扩展幼儿的经

验，提供促进语言发展的条件；教师与幼儿的个别交流、幼儿之间的自由交谈等，对幼儿语言发展具有特殊意义”。围绕以上要点，在学前儿童语言教育活动的组织与实施中需要注意以下几点：

（一）关注学前儿童日常生活中的语言交往，创设适宜的语言教育环境

学前儿童学习与发展语言的重点是让学前儿童积极使用语言，在交往中逐渐理解他人的想法并学会表达。因此，教师不能忽视生活中的这些细节，要积极地为学前儿童创设无所不在的语言环境，要支持、鼓励儿童与他人交谈，保护儿童谈话的主动性、积极性，让学前儿童在真实的语言情境中获得丰富的语言经验。

（二）尊重学前儿童语言学习的个体差异性，选择合适的方式组织活动

儿童的语言学习具有个别化的特点，教师与儿童的个别交流、儿童之间的自由交谈等，对儿童语言发展具有特殊意义。因此，教师要注意学前儿童语言学习的个体差异性，加强与学前儿童的个别交流，选择合适的方式组织语言活动，在尊重儿童语言学习特点的基础上采用多种灵活的教学方法激发学前儿童语言学习的兴趣，让他们保持学习的积极性，在轻松的氛围中习得语言。同时关注个别有语言障碍的儿童，积极地帮助他们提高语言能力。

（三）注重领域间的相互渗透，扩展学前儿童语言经验

学前儿童语言的发展与其情感、经验、思维、社会交往能力等其他方面的发展密切相关。在开展学前儿童语言教育活动时，要注意将语言领域的教育内容与其他领域的教育内容相互整合渗透。在培养学前儿童语言能力的同时提升其社会交往、艺术鉴赏、科学探索等方面的能力。在其他领域的教育活动中也要将语言融入其中，规范儿童的用语习惯，鼓励学前儿童积极表达。但是在其他领域教学活动中，要注意避免语言教育的“喧宾夺主”，应处理好各领域教学目标和内容的时间分配，有重点地开展教育活动，有效增强学前儿童的综合能力。

第三节 学前儿童语言教育活动设计与实施的原则

学前儿童语言教育活动的顺利组织与实施需要遵循一定的准则和要求，在语言教育活动中，教师应按照原则有效地进行设计与指导。

一、面向全体，关注个体的原则

针对学前儿童身心发展的不同特点和语言学习的个性化特点，学前儿童语言教育活动在面向全体学前儿童的同时需照顾到儿童发展的个体差异性。

（一）学前儿童语言教育活动要面向全体学前儿童

面向全体受教育者，是各级各类教育都必须遵循的一条教育准则。在语言教育集体教学过程中，教师要考虑班级儿童的需要与实际水平，结合孩子的语言经验来确定语言教育活动的教学目标和选择教学内容，只有这样才能让学前儿童参与活动的积极性提高。面向全体的原则使每个孩子都能得到语言练习的机会，保障儿童话语表达的权利。

（二）学前儿童语言教育活动要照顾到儿童发展的个体差异性

在学前儿童语言教育活动中，教师既要面对全体儿童，还应考虑到学前儿童的个体差异性。例如：有的儿童不太爱说话，性格比较内向，教师可以问一些略微简单的问题，打开话匣子，提升他们的自信；有些儿童性格开朗，喜欢与别人沟通交流，教师可以向他们提一些略微有难度的开放性问题，引发他们思考，使他们获得更多语言锻炼的机会。

二、教师有效引导，儿童主动学习的原则

学前儿童的语言学习是一个主动建构的过程，只有让儿童在语言学习过程中充分发挥自主性，在此基础上教师有效加以引导，学前儿童语言教育活动的目标才能更好达成，活动效果才会更佳。

（一）教师以不同方式有效引导学前儿童语言学习

1. 教师要为学前儿童提供丰富的语言材料

教师应尽可能多地为学前儿童提供丰富的语言材料，例如各种图画书及光盘等，让学前儿童能从听、读、写等多角度感知语言，引导学前儿童表达自己的所思所想。

2. 教师要为学前儿童创设丰富的语言情境

教师需要为学前儿童创设一个宽松的氛围，让儿童在轻松愉悦的语言环境中想说、敢说、愿意说。一方面，教师不要过多限制学前儿童主动进行的语言交往，应允许学前儿童在自由活动的时间里尽情交谈；另一方面，教师要采取表演故事、儿童传话等形式激发学前儿童使用语言的主动性，从而提升其口语表达能力与交际能力。

3. 教师要综合运用多种语言教育方法

每个学前儿童都是独一无二的，每一种教育方法都不是完美的。教师要根据活动的情况与学前儿童的需求，灵活选择与运用语言教育方法。例如，在进行英语教育活动时，可以运用讲解示范、游戏和视、听、讲、做的方法，激发学前儿童英语学习的兴趣，有效促进学前儿童语言能力的发展。

4. 教师要对学前儿童的语言学习做出积极反馈

教师要细心观察学前儿童在各种活动中的表现，及时发现学前儿童语言发展的差异，懂得因材施教，时刻鼓励学前儿童正确使用语言，培养和强化良好的语言习惯与行为。同时，当发现学前儿童存在语言错误时，应及时采用温和的方式指出，避免学前儿童重复不正确的语言，产生误导。

5. 教师要鼓励学前儿童大胆表达

教育活动是学前儿童主动学习的一个过程，教师只是引导者、组织者，学前儿童才是教育活动的主体。在活动实施过程中，教师需要考虑学前儿童语言发

展的不同水平，有针对性地开展活动，积极鼓励学前儿童大胆表达自己的想法，与同伴之间展开交流。只有调动起学前儿童的积极性与主动性，让他们能够大胆展现自我，才能充分发挥出语言活动的最佳效果。

（二）学前儿童在主动学习中建构语言经验

在语言教育活动过程中，教师要始终明白学前儿童是教育活动的主体，让儿童在活动中充分发挥主体性，语言教育活动的目标才能有效达成。当学前儿童开口表达自己的想法时，教师应充分尊重儿童。有时学前儿童的想法在成人看来是天马行空的，但不应嘲笑或是严厉打断学前儿童的阐述。

教师应多关注学前儿童良好的语言行为，及时给予赞赏和鼓励。由于语言经验的不足、表达能力的有限，学前儿童在交流的过程中可能会出现表达不清楚的情况，针对儿童语言使用中的错误，不要急于直接批评指正，可以使用正确范例来加以引导，让学前儿童在积极的氛围中多表达、多练习。

三、经验的连续性与挑战性原则

学前儿童的语言会随着他们生活经验的丰富而得到进一步发展，每一次语言的发展都离不开前期积累的语言经验。同时学前儿童的语言发展存在一定的差异性，教师在组织语言教育活动时还应考虑儿童的最近发展区，适当地给学前儿童提供有挑战性的语言材料和经验。

（一）考虑学前儿童已有的语言经验

经验的连续性原则是指要保证学前儿童语言经验的连贯性。它要求教师在设计和组织语言教育活动时，以学前儿童已有语言经验为前提，在此基础上思考为学前儿童提供哪些新的语言经验，注意将新旧经验进行糅合、转换，才能让学前儿童对新的语言经验掌握得更加深刻和牢固，从而有效地促进学前儿童语言能力的发展。

（二）为学前儿童提供挑战性的语言经验

维果茨基认为，儿童的心理发展存在两种水平：一是儿童目前达到的心理发展水平；二是儿童经由成人或比较成熟的同伴的帮助能够达到的心理发展水平。这两者之间的距离即为最近发展区。教育是需要走在儿童前面的，以提升儿童现有的水平。因此，教师要在日常生活中多观察学前儿童，了解儿童的语言发展现状，根据现状提出挑战性的目标，再以此为依据为学前儿童提供挑战性的语言材料和经验，促进学前儿童的语言发展。

四、相互渗透与整合的原则

全语言的语言教育观认为学前儿童的学习是整体性学习，是开放而平等的学习，语言学习应回归真实世界。它要求学前儿童语言教育活动渗透到学前儿童的一日生活和其他领域的教育活动之中。

（一）一日生活中的相互渗透

语言是生活中必不可少的工具，日常生活也是对学前儿童进行语言教育的重要途径，教师要抓住日常生活中的机会对学前儿童进行语言教育。例如，在晨间活动的时候，教师可以让学前儿童带上自己喜欢的书籍阅读；中午吃饭的时候，教师可以为学前儿童介绍中午的饭菜；在学前儿童离园前教师还可以与个别儿童进行针对性的谈话，了解他们的想法，促进学前儿童口头表达能力的发展。

（二）领域间的有机整合

其他四大领域的教育活动虽然不是以语言为主要内容，但其中部分活动包含着大量的语言教育因素，在其他领域的教学中，应当将语言教育与其进行有机整合。这样不仅能有效促进学前儿童身心全面协调发展，同时还能提高教育活动的效率。

一方面，教师可以从语言教育目标、内容出发，通过对语言教育活动进行延伸，完成其他领域的教育目标。例如，今天教了一首关于苹果的儿歌，教师可以让学前儿童依据儿歌的歌词用橡皮泥捏出苹果的模样。这样不仅重温了一次儿歌的内容，也锻炼了学前儿童的精细动作，提高了他们的艺术审美能力。

另一方面，教师可以从其他领域的教育目标、内容出发，在教学过程中融入语言教育的因素。比如，在美术课堂中，教师可以引导学前儿童观察图画，说出图画中的物体、形状、颜色等，鼓励学前儿童与同伴积极交流。这样综合性的语言教育活动能让学前儿童获得统整性经验。

第四节 学前儿童语言教育活动组织与实施的方法

学前儿童语言教育方法是根据学前儿童语言发展规律和特点、语言发展理论、语言教育活动的目标及已有的语言教育经验总结归纳出来的，它可以帮助教师更好地组织与开展语言教育活动，提升学前儿童学习语言的兴趣，调动儿童学习语言的积极性与主动性。

一、讲解法

讲解法是教师运用学前儿童能理解的语言来解释概念，明晰事实，说明事物之间联系的一种教学方法。学前儿童思维中具体形象思维占主导，且善于模仿，因此教师在运用讲解法开展语言教育活动时要注意自身讲解语言的生动性与趣味性；讲解时配合运用直观教具演示；讲解过程中教师的普通话要标准，语言应简练准确，便于学前儿童模仿学习；讲解的内容要注意科学性和思想性，适当的时候可以引入案例启发学前儿童思考。

二、演示法

演示法是教师通过向学前儿童展示直观性的教具或实物，帮助儿童获得事物或现象的感性认识的一种教学方法。在运用这个方法的过程中，教师要注意以下几点：第一，时机恰当，即在适宜的时间点为学前儿童展示；第二，面向全体学前儿童，教师在演示过程中要关注到每一个孩子，并不时地与儿童交流，要求其注意力集中在对象上，提高学前儿童的参与度；第三，演示时，教师要对演示对象加以必要说明，指导学前儿童观察演示对象的主要特征，引导他们运用多种感官进行感知；第四，演示技巧熟练、程序正确、速度适宜，即教师在演示的过程中，要按步骤进行，让学前儿童循序渐进地接受教师所讲的内容；第五，演示需要配合讲解来进行，教师演示结束后要及时进行总结。

三、示范模仿法

示范模仿法是教师在语言教育活动过程中让学前儿童通过效仿自己的声音、语言或故事中人物的语言、形象等来进行学习的一种方法。在运用示范模仿法时要注意以下几点：

（一）教师的示范语言要标准、到位

教师对学前儿童的影响是在潜移默化中产生的，教师的一言一行儿童都听在心里、看在眼里，久而久之，也会运用于实际之中。教师的表达方式、用词、句式等都是学前儿童模仿的对象，教师的言语示范就好比是儿童语言学习的标准与模板。因此，教师在进行言语活动时，要注意自己咬字是否准确、发音是否清晰、语言是否规范、正确。教师要尽量使用较为简单的句式，便于儿童模仿其语言形式、语言内容和语言运用。对于较难一点的语言句式，教师可以用适当的肢体语言辅助书面语言进行表达。良好的语言示范才能为学前儿童创设一个良好的语言学习环境，为儿童的模仿学习打下牢固的基础。

（二）教师的示范要把握时机

教师的示范一般在语言教育活动开始之前进行。在活动进行时，若发现学前儿童还存在学习的难点或是表现力不足的情况，教师可以再向学前儿童示范一次，让儿童模仿掌握表达方法。

（三）教师要综合运用显性示范和隐性示范

显性示范是指教师提出明确要求让学前儿童进行模仿。隐性示范是指教师给予学前儿童一些暗示，再进行模仿。针对语言教育活动的难点与重点，教师可采取显性示范，直接明了地给予学前儿童可以模仿的范例，便于其学习和掌握。对于一般的语言知识，教师可以根据具体情况采用隐性示范。

（四）教师要依据学前儿童的发展水平适当运用强化原则

教师要善于观察学前儿童的语言表现，根据儿童发展的差异性因材施教，看到儿童有进步时，要及时鼓励、强化。可以让语言表现较好的学前儿童做示范，

让其他儿童模仿，强化良好的言语行为。教师要以正面引导示范为主，不要过度纠正学前儿童错误的用语行为，保护儿童学习语言的积极性和主动性。

四、视、听、讲、做结合法

依据学前儿童语言学习的特点，结合直观法和观察法，教师在组织语言教育活动时可以采用视、听、讲、做结合法。其中，“视”是指让学前儿童观察直观且具体的事物，帮助儿童获得视觉感知。一些图书、图片、场景表演等可以为学前儿童提供语言学习的材料。“听”是指教师用语言向学前儿童描述物体或是对他们进行语言提示和暗示，从而启发学前儿童，引导他们获得听觉感知，领会学习材料。“讲”是指在学前儿童感知理解后，教师引导儿童表达其观点、认识等。“做”是指教师为学前儿童留有一定的想象空间，儿童开始参与或独立地进行操作活动，在教师的引导下表达出更丰富和完整的语言。“视”“听”“讲”“做”这四个方面需要灵活地结合起来，“视”“听”的内容由教师提供，学前儿童在此基础上感知、体验与操作，最后通过“讲”的方式传达出来，促进学前儿童语言能力的发展。

在运用视、听、讲、做结合法时，教师要注意为学前儿童提供直观形象、简单熟悉的感知材料来辅助学前儿童语言学习；教会学前儿童观察的方法，并适时地进行提问引导。如在《乌鸦喝水》的儿童故事教学活动中，教师可以提前准备好杯子、小石头、水等材料，并通过语言引导儿童观察事物特点，思考事物之间的联系。当教师想要启发儿童思考乌鸦怎样才能喝到瓶中的水时，可以给学前儿童安排实际操作的环节，让他们分小组尝试，主动思考探索乌鸦采用什么办法才能喝到水，让他们在实际操作中总结经验，在实践中求真知。最后让学前儿童将小组的办法讲述出来，和其他小组的同学进行分享。这样边操作边讲述的语言学习方法可以让语言教育活动变得更加有趣味性。

五、游戏法

游戏法是指教师运用有规则的游戏，训练学前儿童正确发音，丰富儿童词汇和句式，发展儿童语言能力的一种方法。游戏是幼儿园的主要活动，它不仅能激发学前儿童学习语言的兴趣，满足其需求，还能促进儿童大脑、感官的积极活动，是学前儿童语言教育活动中运用最多的一种方法。

不管采取的是哪一种游戏都是确立了明确目标以及具体规则的，教师应当根据具体情况灵活运用。采取游戏法时需要注意一些问题：

首先，所选择的游戏要符合学前儿童的年龄特点。例如针对小班的儿童，教师不能采取纯语言训练的游戏，需要借助直观材料来开展语言游戏。随着儿童年龄的增长，游戏的难度可以适当增加，规则可以变复杂一些，让学前儿童在有趣的游戏活动中愉快地获取语言经验。

其次，游戏必须服务于语言教学，不能脱离语言教育目标来进行游戏活动。如《亲爱的小鱼》的绘本故事，讲述的是一只猫深爱着小鱼，不愿意让它忍受束缚之苦，因为爱将小鱼放归大海，给予它自由。教师在围绕绘本进行大班语言教育活动设计时提出了以下目标：在猜测和阅读中理解故事；用连贯的语言表达自己的想法；感受小猫和小鱼间浓浓的友情和爱。但是教师在组织具体的语言教育活动时，活动大部分时间都在让学前儿童模拟猫和小鱼玩故事中“猫扔帽子给鱼”的游戏，完全脱离了这次语言教育活动的目标。

六、表演法

表演法是指学前儿童在教师的指导下扮演文学作品中的人物，通过对话、动作、表情等再现作品中的情节，以此提高儿童的语言表现能力的一种方法。这种方法在使用时对教师和学前儿童的要求都较高。首先教师要了解和熟悉儿童文学作品，然后用学前儿童能够理解的语言介绍给他们。学前儿童在基本把握故事情节并体验作品中人物的内心情感后，才能在教师指导下通过朗诵、表演等多种形式来表现作品的内容与感情，以加深对文学作品的认识。教师在指导过程中，要注意学前儿童的声调、韵律、节奏等，指导儿童正确运用语言、表情、动作等扮演角色，增强对故事角色的认知和体验。此外，教师还可以鼓励学前儿童发挥自己的想象力，对作品故事进行延伸，大胆地表现故事情节，让儿童进行创造性表演。

七、讨论法

讨论法是学前儿童通过运用已有的知识经验，对一些问题发表自己的看法，与教师、同伴共同议论、相互启发的一种方法。讨论可以促使学前儿童对同一问题有不同角度的思考，在想法的相互碰撞中达成理解的一致性，深化对同一问题的认识和理解。根据讨论参与对象的不同，可以分为师生讨论、小组讨论、个别讨论三种形式。语言教育活动中的讨论要注意以下问题：

首先，教师在选择讨论话题时难易要适中，一定是学前儿童感兴趣且有一定知识经验储备的问题。如果问题太难，脱离学前儿童生活实际，儿童会无从回答，讨论不能得以顺利展开。如果太简单，则不易引发学前儿童讨论的兴趣。

其次，讨论问题必须围绕语言教育活动目标的设计，不能偏离目标来展开讨论。如在儿童诗歌《新年是什么》中，教师提问："如果我问大地新年是什么，大地会怎么说呢？""我再问花儿新年是什么，花儿又会怎么说呢？"通过讨论，学前儿童不仅学会了仿编诗歌，同时还深化了他们对事物特性的认识与把握。

此外，讨论中教师要充分尊重学前儿童，为他们创造一个无拘无束、轻松自由的交谈环境，让儿童能积极地投入话题讨论中，自在地表达自己见解，同时能对同伴表达的看法大胆质疑。教师要引导学前儿童学会倾听他人的想法，鼓励儿童表达自己的意见，不随意对学前儿童的想法做出任何判断性评价，保障学前儿童话语表达的权利，给予他们畅所欲言的空间，培养他们喜欢听别人说话、乐于表达自己想法的习惯。教师在组织讨论活动时还要注意面向全体学前儿童，帮助个别语言表达能力较弱的孩子，鼓励和引导他们积极地参与其中。

八、练习法

教师有意识地让学前儿童重复同一个语言因素，或训练儿童某方面语言技能的方法称为练习法。通过练习，学前儿童可以加深对语言学习内容的理解，牢固掌握语言知识，熟练运用语言进行交流。运用练习法的时候需要注意以下几点：首先要明确练习的目标与要求，在练习过程中不断提高要求；当学前儿童理解内容后，教师要有针对性地开展练习，不做单调重复；练习的方式应多样化，激发学前儿童学习语言的兴趣，充分调动他们练习语言的积极性。

以上所阐述的是学前儿童语言教育活动中常用的方法，教师可以结合实际及学前儿童发展现状、学习特点进行方法选择。有的时候，还可以将这些方法有机结合起来，有效促进学前儿童语言能力的发展。

【本章小结】

学前儿童语言教育活动贯穿于儿童一日生活，它具有目的性、渗透性、整合性与建构性。一项专门的学前儿童语言教育活动由目标、内容、组织与实施、评价构成。目标是语言教育活动设计与实施的方向和准则，内容是实现语言教育目标的重要手段，目标的设计和内容的选择都有一定的依据和要求。语言教育活动的顺利开展离不开活动的有效组织与实施。不同的语言教育活动类型其组织与实施的要求各不相同。按语言教育内容和形式的不同，专门的语言教育活动类型有早期阅读活动、文学作品欣赏活动、谈话活动、讲述活动、听说游戏活动、语言区角活动、英语教育活动。除此之外，学前儿童语言教育活动还可在日常生活中进行；在游戏过程中开展；在其他领域教育活动中随机渗透；在潜移默化的语言教育环境中施行。

学前儿童语言教育活动的组织与实施需关注学前儿童日常生活中的语言交往，创设适宜的语言教育环境；尊重学前儿童语言学习的个体差异性，选择合适的方式组织活动；注重领域间的相互渗透，扩展学前儿童语言经验。学前儿童语言教育活动的设计与实施应遵循以下原则：面向全体、关注个体；教师有效引导，儿童主动学习；经验的连续性与挑战性；相互渗透与整合。学前儿童语言教育活动组织与实施的方法有：讲解法，演示法，示范模仿法，视、听、讲、做结合法，游戏法，表演法，讨论法，练习法。

思考与练习

1.简述学前儿童语言教育活动目标设计的原则。

2.请对儿歌《水》进行语言教育活动目标设计。

小小的水是泪水，大大的水是海水，
跳舞的水是喷泉，健康的水是汗水，
浑浑的水是泥水，静静的水是湖水，
甜甜的水西瓜水，喷涌的水自来水。

3.在选择学前儿童语言教育活动内容时应注意哪些方面？

4.学前儿童语言教育活动组织与实施的方法有哪些？请举例说明在使用每一种方法时要注意些什么。

【考查要点】

语言教育活动是促进学前儿童语言发展的重要途径，对学前儿童语言的学习与发展有着深刻的影响。掌握学前儿童语言教育活动设计与实施的基本要素至关重要，它为语言教育各种类型活动提供了总的指导性原则与方法。本章内容在“国考”历年笔试、面试中涉及较多，主要以活动设计的方式呈现，考查学生对学前儿童语言教育活动目标的设计与表述、语言教育活动内容的选择、语言教育活动方法的使用等。

【真题链接】

一、单选题

下列属于幼儿园语言教育目标的是(　　)。(2013年下)

A.能认读拼音字母　　B.能清楚地说出自己想说的事

C.能认读一定量的汉字　　D.能正确书写常用汉字

【答案】B。

二、简答题

简述《幼儿园教育指导纲要(试行)》中语言教育的指导要点。(2012年下)

【答案】(1)语言能力是在运用的过程中发展起来的,发展幼儿语言的关键是创设一个使他们想说、敢说、喜欢说、有机会说并能得到积极应答的环境;

(2)幼儿语言的发展与其情感、经验、思维、社会交往能力等其他方面的发展密切相关,因此,发展幼儿语言的重要途径是通过互相渗透的各领域的教育,在丰富多彩的活动中去扩展幼儿的经验,提供促进语言发展的条件;

(3)幼儿的语言学习具有个别化的特点,教师与幼儿的个别交流、幼儿之间的自由交谈等,对幼儿语言发展具有特殊意义;

(4)对有语言障碍的幼儿要给予特别关注,要与家长和有关方面密切配合,积极地帮助他们提高语言能力。

三、面试题

儿歌《春雨》。(2016年)

春雨

滴答滴答,下小雨啦。
种子说:下吧下吧,我要发芽。
滴答滴答,下小雨啦。
梨树说:下吧下吧,我要发芽。
滴答滴答,下小雨啦。
麦苗说:下吧下吧,我要长大。
滴答滴答,下小雨啦。
孩子说:下吧下吧,我要种瓜。
滴答滴答,下小雨啦!

考核内容:表演;组织活动。

基本要求:(1)表演儿歌,要求普通话,语气、语调、动作、表情符合角色形象,有感染力。

(2)组织一个活动,活动能吸引幼儿参与,利于熟悉、理解儿歌。

考核目标:讲儿歌的技能、了解幼儿、交流沟通、思维品质、组织活动。

【解析】能按照基本要求流畅地进行儿歌表演,并围绕儿歌展示设计好的语言教学活动。参考教案请扫描二维码。

【真题模拟】

一、单选题

1.为了培养学前儿童的阅读习惯,提倡教师采取的做法是(　　)。

A.强制学前儿童倾听

B.以识字为主要目的

C.用阅读游戏带动学前儿童学习的兴趣

D.选择内容难度较大的阅读

2.对学前儿童语言教育活动进行设计遵循的原则不包含(　　)。

A.有针对性原则　　B.面向全体,关注个体原则

C.经验的连续性与挑战性原则　　D.相互渗透与整合原则

二、多选题

1.幼儿园语言教育活动内容选择的依据包括(　　)。

A.学前儿童语言教育活动的目标

B.学前儿童的心理和语言发展特点

C.学前儿童的新旧语言经验

D.学前儿童语言教育活动结构

2.学前儿童语言教育活动实施的方法有(　　)。

A.游戏法　　B.表演法

C.讨论法　　D.视、听、讲、做结合法

3.讲述活动对学前儿童发展的意义有(　　)。

A.让学前儿童养成倾听的习惯和提高讲述能力

B.提升学前儿童独白言语能力

C.使学前儿童更喜欢阅读书籍

D.让学前儿童学会如何认识事物

三、简答题

学前儿童语言教育活动实施方法中视、听、讲、做结合法中的"视""听""讲""做"分别指什么?

【思考实训】

思考：

通过第三章的学习，我学到了什么？究竟什么是学前儿童语言教育活动？学前儿童语言教育活动有什么特点？它有哪些构成要素？我是否会设计与表述语言教育活动的目标？是否懂得如何选择语言教育的内容？学前儿童语言教育活动的基本类型、实施途径分别包括哪些？组织与实施语言教育活动有什么指导要求，哪些原则需要我们遵循，哪些方法我们可以使用？我还有什么困惑？

实训：

1.以幼儿园大班为对象，以“我最喜欢的食物”为主题设计语言谈话活动目标。

2.小组合作选取一个语言素材，围绕该素材思考可以采用哪些方法展开活动？

【推荐阅读】

[1] 玛丽亚·蒙台梭利.蒙台梭利教育法[M].霍丽岩译.北京：北京师范大学出版社，2017.

[2] 秦旭芳，张罗斌.幼儿园环境创设——为幼儿营造会说话的环境[M].北京：科学出版社，2017.

[3] 黄瑾.幼儿园教育活动设计与指导[M].第2版.上海：华东师范大学出版社，2014.

[4] 黄秀兰.维果茨基心理学思想精要[M].广东：广东教育出版社，2014.

[5] 鄢超云.低成本有质量的幼儿园环境创设[M].北京：教育科学出版社，2013.

[6] 袁爱玲.幼儿园全语言活动设计与实施指导[M].南京：南京师范大学出版社，2008.

【小憩驿站】

扫描二维码，聆听黄豆豆老师为大家讲述《今天运气怎么这么好》。

第 4 章

学前儿童早期阅读活动设计与指导

很多人将识字等同于阅读，认为识字是阅读的基础，识字是最重要的。所以很多家长在进行早期亲子阅读的时候只看重儿童的识字，很多幼儿教师将早期阅读课上成了识字课，忽视了对儿童阅读兴趣、阅读方式和阅读习惯的培养。

那么什么是早期阅读？早期阅读的目标是什么？怎么设计和实施幼儿园的早期阅读活动呢？如何进行早期亲子阅读呢？通过本章的学习，你一定会有所了解。

【学习目标】

1.知识目标：了解学前儿童早期阅读的含义、基本特点、内容以及方式，掌握学前儿童早期阅读活动设计的基本环节及指导要点。

2.能力目标：能够根据学前儿童早期阅读的理论知识设计早期阅读活动方案并组织实施。

3.情感目标：乐意设计与实施学前儿童早期阅读活动。

【学习重难点】

1.学习重点：掌握早期阅读活动的设计要求并能设计与实施幼儿园早期阅读教育活动。

2.学习难点：早期阅读活动的目标制订和指导策略。

【知识结构图】

- **学前儿童早期阅读活动设计与指导**
  - 学前儿童早期阅读活动概述
    - 早期阅读活动的含义
    - 早期阅读活动的特点
    - 早期阅读活动的意义
    - 早期阅读活动的内容
    - 早期阅读活动的形式
  - 学前儿童早期阅读活动的设计
    - 早期阅读活动目标的确定
    - 早期阅读活动条件的创设
  - 学前儿童早期阅读活动的组织与指导
    - 早期阅读活动的实施步骤
    - 早期阅读活动的指导策略

第一节
学前儿童早期阅读活动概述

阅读，是人们通过对书面语言和其他书面符号的辨认、感知与理解，从中获取信息、获得意义的心理活动过程。那么成人的阅读和儿童的阅读有什么区别，什么是早期阅读活动呢？

一、早期阅读活动的含义

成人阅读的材料主要是文字，而对于儿童来说，除文字外，图画、成人的语言都是他们的阅读材料，都是他们文字阅读的基础。成人阅读主要依靠视觉，而对于儿童来说，他们触摸书籍、听成人讲故事、自己复述故事、发表自己对故事的意见都属于阅读的范畴。可以说，所有有助于儿童学习阅读的活动和行为，我们都可以称之为幼儿的阅读。学前期是儿童口头语言迅速发展的时期，也是儿童开始接触各种符号的时期，3—6岁是帮助儿童养成良好阅读习惯至关重要的时期。也有学者认为，早期阅读应该从零岁开始，0—3岁的早期阅读活动可以从小培养儿童的阅读兴趣和习惯，让儿童享受阅读的乐趣，为他们成长为一个良好的终身学习者打下坚实的基础。①

早期阅读是指0—6岁的学前儿童凭借变化着的色彩、图像、文字和成人形象的读讲，来理解以图为主的低幼儿童读物内容的活动过程，它是一个融合观察、记忆、思维、表达等多种认知于一体的综合过程。②

①周兢.零岁起步：0~3岁儿童早期阅读与指导[M].深圳：海天出版社，2016：6.

②张慧丽.中美图书馆儿童早期阅读研究综述[J].图书与情报，2011(2)：2-6.

二、早期阅读活动的特点

早期阅读活动是幼儿园语言活动的重要组成部分，根据学前儿童语言发展的年龄特点以及幼儿园语言活动的基本特点，学前儿童的早期阅读活动具有以下的特点：

（一）在活动和游戏中进行阅读

成年人的阅读主要通过视觉来进行，然后对所阅读的内容进行自我的思考。儿童的主要思维形式是具体形象思维，因此儿童的阅读需要各种感觉器官的协调配合，不仅要眼看、耳听，可能还需要用手指指点点，或者用嘴巴说出来，还可以通过不同的活动形式，包括绘画、肢体动作等表现出来，因此学前儿童的早期阅读活动一般都是在活动和游戏中进行的。同时，早期阅读活动又可以根据图书的内容与其他各领域的活动进行整合。例如《好饿的毛毛虫》，可以整合健康领域的合理饮食、数学领域的认识数字和星期、科学领域中毛毛虫变蝴蝶的过程等，可以从多方面挖掘内容去进行讲述。早期阅读活动不仅仅是在幼儿园进行，也需要家庭、社会的配合，以帮助儿童养成良好的阅读习惯。总之，早期阅读活动绝不是单纯的阅读，而是需要整合各个领域、各方面的资源、内容、形式，从而实现教育目标。

（二）依托各种物质材料和环境进行阅读

儿童以具体形象思维为主，并且一般是在游戏和操作中进行学习，儿童的早期阅读活动也不例外，需要在各种物质材料的支持下和各种良好的阅读环境中进行。

首先教师应为学前儿童创设宽松自由的阅读氛围。不管是家长还是教师，对儿童出现的阅读和表达行为应该进行鼓励，鼓励他们大胆地向旁人表达展示自己所知道的故事，比如有的幼儿园会把小朋友自己讲述的早期阅读的故事分享到幼儿园的公众号中，从而提高小朋友的阅读兴趣和自信心。其次应为儿童提供丰富的阅读材料，并为儿童提供充足的阅读机会。早期阅读活动还有一项极其重要的内容，就是提高儿童对文字的敏感性，所以教师可以在语言区投放一些包含汉字的图片，也可以在周围的环境中粘贴相应的汉字。例如在儿童的毛巾架上面贴上儿童的名字，便于儿童区分，这样不仅能丰富环境中的书面语言信息量，也可以帮助儿童自然而然地将形象、符号等整合起来，逐步加强对汉字的认知。同时可以在每天开展阅读分享活动，通过评选“阅读之星”“故事大王”等方式及时肯定儿童的进步，促进学前儿童养成良好的阅读习惯。

(三)早期阅读活动应该与儿童的讲述活动紧密相连

早期阅读活动的一个主要目标是让学前儿童在理解文字含义的基础上用口语表达的方式讲述图书的主要内容。早期阅读的材料在一定程度上促进了儿童书面语言的发展，可以帮助儿童运用更为正式规范的语言，将图书的内容完整、连贯地讲述出来。儿童的阅读活动是与讲述活动紧密相连的，他们可以边看边说，也可以在看完图书后讲述出大致内容，但是早期阅读活动不完全等于讲述活动。

三、早期阅读活动的意义

早期阅读活动对于学前儿童具有十分重要的意义，它既是获取知识的重要途径之一，又是培养良好个性的手段之一。同时早期阅读活动对于学前儿童语言能力、想象能力、思维能力、创造力等各方面的发展都有重要的意义。

(一)发展学前儿童的语言能力

美国阅读专家乔治·史蒂文斯认为：教育史上最大的错误认识，即各种阅读教育都应当放到儿童6岁以后进行。很多学者认为早期阅读应该从零岁开始，此时是学前儿童阅读能力和语言表达能力提升的关键期和启蒙期。从小接触各式各样的语言，才能使他们开始发展，获得具有交往价值的语言能力。早期阅读活动是学前儿童语言活动的重要组成部分之一。学前儿童在阅读书籍的时候，根据自己的理解复述出故事概况，这个过程不仅发展了学前儿童的口头语言表达能力以及自己对所阅读文字的理解能力，而且由于早期阅读材料上的文字具有严谨的语言格式和表达，其对于学前儿童的书面语言表达和规范性也有很大的帮助。比如绘本《棕色的熊，棕色的熊，你在干什么》里面反复重复的语言，既便于学前儿童理解，同时又能帮助他们了解不同的颜色和动物，以及“你在干什么”的语言使用。绘本《猜猜我有多爱你》不仅表达了小兔和妈妈之间的爱，同时帮助孩子掌握“我的……有多……，我就有多爱你”的句式，提升学前儿童语言运用的规范性。

(二)丰富学前儿童知识经验

学前儿童对于周围的一切事物充满了好奇，他们乐于通过询问成年人或者自我的探索来获得答案，而早期阅读材料也可以帮助儿童获得不同领域的知识。面对儿童的追问，教师和家长应该首先呵护孩子们的求知欲，耐心地解答儿童的疑问，或与儿童一起去书中寻找答案。图书中丰富的知识、大量的信息，可以弥补幼儿园日常教育内容的局限，拓展儿童的视野。例如绘本《肚子里有个火车站》和《牙齿大街的新鲜事》这一系列的绘本，通过生动形象的故事，让学前儿童直观地感知食物消化的过程以及保护牙齿的相关知识，寓教于乐。

（三）提升学前儿童的想象力、观察力和理解力

早期阅读材料（主要是绘本），与传统的图书有一个最大的特点，就是它利用较少的文字、各具特色的画面带领学前儿童领略不同的故事内容。学前期的儿童思维正处于具体形象思维这一阶段，因此他们的想象力需要丰富的经验表象打基础。学前儿童阅读图书的时候，一般是先观察图书的画面，然后根据自己的想象和理解来阅读，最后理解图书内容。早期阅读材料为儿童提供了丰富的表象经验，也促进了学前儿童的想象力、观察力和理解力。因此，平时应注意引导学前儿童观察周围的生活，丰富其直接的感性经验，使他们在阅读时有事半功倍的效果。例如绘本《小真的长头发》，让学前儿童通过小真和小伙伴的交谈，充分想象有一头很长很长的头发是一种什么体验，充分发挥孩子们的想象力。绘本《小黄和小蓝》通过浅显易懂的故事，让学前儿童了解颜色混合后的变化，富有童趣。绘本中还有一种非常独特的类型就是无字绘本。这种绘本没有文字，完全靠儿童的观察、想象、理解来表述故事，可以说是一千个读者就有一千个故事版本，比较出名的无字绘本有《不可思议的旅程》。

（四）培养学前儿童良好的阅读习惯和阅读能力

3—6岁是习惯培养和形成的关键期。阅读是学习的基础，人是否具有阅读能力，关系着他日后是否具有学习能力，可以说早期阅读是终身学习的基础。喜欢阅读的孩子，更具有耐心、想象力、学习能力等。因此早期阅读活动在学前期开展可以帮助儿童养成良好的阅读习惯，培养学前儿童的阅读能力。不管在幼儿园还是在家里，可以为儿童提供固定的阅读场所和阅读时间，让儿童养成每天阅读的好习惯，并且可以帮助学前儿童学会翻书、通过页码寻找自己需要阅读的内容、用手指书来认识对应的内容等，帮助儿童具备一些基础的阅读能力，为儿童将来的学习和发展奠定基础。

（五）促进学前儿童的社会性以及情绪情感的发展

早期阅读对学前儿童社会性和情绪情感的发展也具有十分重要的意义。很多早期阅读作品可以帮助学前儿童社会性的发展。在阅读作品里，学前儿童会学习到礼貌的言行，并运用到日常生活中去，用礼貌语言进行交往。比如绘本《大卫，不可以》从大卫的角度，描述了一个调皮的孩子的成长过程，既能让学前儿童感同身受，同时又能让学前儿童意识到自己一些不良行为习惯，帮助学前儿童养成良好的行为习惯。早期阅读活动也可以帮助学前儿童情绪情感的发展，很多早期阅读作品都涉及了关于学前儿童情绪情感的描述，不用成人枯燥的口头说教，孩子可以在阅读过程中体会其中的情感，并且学习如何调节自己的情绪。比较有趣的绘本有《生气汤》，不开心的汉斯回家以后妈妈教他通过熬一碗生气汤，来学习调节情绪的方式；《菲菲生气了》用画面的形式来描述孩子生气时的情景，让儿童感同身受，同时又让儿童学会如何使自己情绪稳定。

由此可见，早期阅读活动不仅能够激发学前儿童的学习动机和阅读兴趣，还能提高儿童语言表达能力，提升其观察力、理解力、想象力，促进学前儿童的全面发展。

四、早期阅读活动的内容

早期阅读是由口头语言向书面语言过渡、理解口语和书面语之间关系的重要途径。例如由教师口述图书中的物体、人物、动物的动作，并进行命名、描述，以及讲述书中的情节，再向朗读文学发展，让学前儿童边听边说，最终熟悉图书，并能够独立地边看边说故事内容或默读。在这个过程中，学前儿童逐渐学会翻阅图书、辨认物体、理解情节及懂得口述内容与书上文字之间的关系。因此，要为学前儿童提供具有丰富内容的各类图书，使他们逐步掌握以下内容：

（1）会注意看画面，听成人讲；

（2）根据画面内容回答成人的提问；

（3）注意倾听成人讲述画面的情节；

（4）看着画面能说出自己对画面内容的理解；

（5）能集中注意力倾听成人朗读图书中的文字；

（6）爱看书，会按顺序翻书，爱护图书。

早期阅读是学前儿童初期接触书面语言的重要途径。早期阅读活动的内容应当包括一切与书面语言相关的内容。根据幼儿园早期阅读的目标，为儿童提供的早期阅读内容包含三个方面，即前阅读经验、前识字经验和前书写经验。用"前"字来标示，是为了强调这些经验与儿童进入小学后将要进行的正式书面语言的学习有着根本的区别。

五、早期阅读活动的形式

在幼儿园教育活动中，早期阅读活动按照不同的分类标准有着不同的形式。按照阅读主体的不同，可以分为儿童自由阅读和师幼共同阅读；根据阅读组织形式的不同，可以分为专门阅读活动、区域阅读活动、其他领域中渗透的阅读活动以及生活中的随机阅读活动。

（一）按阅读主体的不同分类

1. 儿童自由阅读

这种阅读形式的主体是儿童，以儿童的自主阅读为主，但是教师在整个活动中仍然起着引导的作用。一般的过程是教师为儿童创设自主阅读的机会，先简单介绍图书的名称及封面内容，然后将图书分发给儿童，让儿童进行自由阅读，让其初步了解主要情节，在此基础上再对同一内容进行理解。在指导儿童自由阅读时应注意：第一，教师要在阅读之前为儿童提供启发性的问题，让儿童带着问题去阅读，这样可以明确儿童的阅读目标，帮助儿童更有效地进行阅读；第二，教师应该给儿童提供充足的阅读时间，保证每个儿童都能对图书进行完整充分的阅读，有助于儿童对图书的进一步理解；第三，在阅读过程中，教师应该根据儿童的具体情况进行观察和指导，针对一些阅读得较慢的孩子，教师可以等待或者进行适当的引导，对于阅读较快的孩子可以继续提出一些启发性的提问，让他们对阅读的内容有更进一步的理解。

2. 师幼共同阅读

这种阅读形式是教师与儿童一起阅读，主要是先由儿童自己观察、认识阅读材料，再由教师带领儿童进一步学习这些书面语言信息。在这一环节中，教师不必着重告诉儿童什么，而是可以采用"平行"的方式，与儿童共同阅读。这种方式有助于让儿童从自由接收阅读信息，过渡到按照教师指导接受阅读信息。

（二）按阅读组织形式的不同分类

1. 专门阅读活动

专门阅读活动即有计划有目的的早期阅读活动，可以使儿童养成良好的阅读习惯和阅读态度，掌握阅读的基本技能。根据阅读材料的不同，可以分为以下几种阅读活动：

（1）大图书阅读活动。即教师根据儿童年龄特点、教育目标、教育内容自制大型图画故事书，并利用这种图画故事书帮助儿童学习和掌握按顺序仔细观察画面并将前后画面联系起来理解的阅读技巧。

（2）小图书阅读活动。即同一内容的图画故事书，儿童人手一册进行独立阅读，主要帮助儿童掌握翻书方法，让儿童在看书过程中自己感受、体会，不断获得独立阅读的经验。这是早期阅读活动中必须具备的经验。

（3）听赏活动。即以听赏图画故事或其他文学作品为主要内容的活动，主要是让儿童反复倾听教师的讲述，不断体会和品味，养成良好的倾听习惯，培养并提高儿童的阅读兴趣。

（4）排图活动。即教师为每个儿童提供一套打乱顺序的图片，儿童在看懂图意的基础上，根据故事内在的逻辑将图片按顺序排列，并且表述排图理由。

2. 区域阅读活动

这种阅读活动主要是指让儿童在教师指定的阅读区进行阅读活动，比如可以在幼儿园专门布置的图书角，投放丰富多彩且符合儿童年龄特点的图书材料，在每天指定的时间让儿童进行自主的阅读活动。近几年很多幼儿园将这种阅读活动搬至户外，让儿童在一种比较自然放松的状态下进行阅读活动。

3. 其他领域中渗透的阅读活动

这种形式主要是在其他的活动中渗透阅读活动，或者是在阅读活动结束的时候根据阅读的内容开展其他活动。

（1）续编、创编图画书。在教师的指导下，儿童根据已有的阅读活动内容进行进一步的创编、改编和续编图画书。如绘本《母鸡萝丝去散步》讲完之后，教师可以让儿童根据狐狸第二次抓母鸡的情景按照原绘本的风格进行续编。也可以引导儿童将自己喜欢的事件通过描述创作出来，比如假期结束，可以让小朋友说一说自己在假期的经历，并让儿童通过绘画的形式表现出来，让其再根据画面讲述一次。这种方式在培养儿童将语言符号转化为画面能力的同时发展了儿童的思维能力。

(2)根据音乐内容编构故事。这是阅读经验与音乐感受相结合的活动。儿童感受、理解和聆听音乐,并将其转化成语言符号进行故事讲述活动。比如让儿童聆听《动物狂欢节》组曲,再根据自己的理解讲述音乐中发生的故事,并进行创编和绘制,制成自己的绘本。

(3)根据阅读进行表演。儿童阅读完一篇故事或儿歌后,教师可以指导他们角色扮演,以增加儿童的阅读兴趣和对故事、儿歌等的理解。比如阅读完《猜猜我有多爱你》,可以让儿童分角色表演,来感受绘本中兔妈妈和兔宝宝之间的情感。

(4)根据不同的领域活动进行阅读。比如在各种传统节日活动的时候,可以让儿童通过阅读活动了解节日:在春节来临之际,让儿童阅读《团圆》《十二生肖的故事》等,让儿童了解传统节日的由来以及相关习俗;在圣诞节来临的时候,可以提供《大卫,圣诞节到啦!》《皮特猫:我拯救了圣诞节》等让儿童了解圣诞节的一些习俗和趣事。在进行科学活动的时候也可以借助阅读活动进行,比如可以通过《谁住在壳里》让儿童了解动物的壳具有不同的功能和作用;通过《巴巴伯的冰雕不见了》让儿童了解水的变化过程。由于图画书所涉及的知识非常广泛,可以通过绘本阅读渗透五大领域的学习。

4. 生活中的随机阅读活动

早期阅读不仅仅是阅读一些书面的绘本材料,日常生活中的各种符号、标记、文字都是儿童的阅读材料,可以帮助他们理解、欣赏,如各种广告牌、马路标记、商店名称等,儿童应该在生活中进行学习。成人平时应有意识地指导儿童捕捉自然环境和人文环境中的各种信息,学会观察生活、阅读生活。比如家长或教师可以将生活中的很多标志符号、商店名、广告画等做成一本阅读小书,让儿童在平时游玩或者上下幼儿园的时间,通过勾画的方式来寻找生活中的这些内容,帮助儿童提高观察和理解能力,让儿童真正地做到在生活中去学习。

第二节 学前儿童早期阅读活动的设计

明确的活动目标可以对活动起到导向作用，《纲要》和《指南》中都明确规定了学前儿童早期阅读活动的总目标和年龄阶段目标，为我们实施学前儿童早期阅读活动提供了指导。

一、学前儿童早期阅读活动目标的确定

《纲要》中明确规定了早期阅读活动的总目标，《指南》中也从不同的年龄阶段对早期阅读活动提出了相应的要求，具体从认知、动作技能和情绪情感三个方面提出了目标。

（一）早期阅读活动的总目标

《纲要》中指出："引导幼儿接触优秀的儿童文学作品，使之感受语言的丰富和优美，并通过多种活动帮助幼儿加深对作品的体验和理解"，要"利用图书、绘画和其他多种方式，引发幼儿对书籍、阅读和书写的兴趣，培养前阅读和前书写技能"。《指南》从阅读兴趣与习惯、初步阅读理解能力以及早期书写行为等方面描述3—4岁、4—5岁、5—6岁儿童应该达到的水平。早期阅读活动的主要目的是为学前儿童从口头语言向书面语言的过渡提供前期阅读准备。由此可见，学前儿童早期阅读活动的目标主要有：

1. 提高学前儿童语言学习兴趣，培养良好阅读习惯

激发儿童的阅读兴趣，帮助学前儿童形成良好的阅读态度和良好的阅读习惯是早期阅读活动的重要内容。良好的阅读习惯为儿童的终身学习打下扎实的基础。

2. 引导学前儿童掌握正确的阅读方法和技能

早期阅读活动可以帮助学前儿童掌握阅读的方法和技能，为进入小学后的学习打下基础。应当让儿童掌握的阅读方法有：翻书的方法、指读的方法、找到相应书页的方法、预测阅读内容的能力、自我调适的技能、观察临摹书面语的能力等。例如，学前儿童虽不会写字，但能够用图画的方式去临摹自己感兴趣的汉字，写出自己的姓名等。当然，培养学前儿童的阅读预期技能，必须通过大量的阅读实践活动，在学前儿童有丰富的同类阅读经验的基础上，帮助学前儿童掌握一些基础的阅读技能。

3. 帮助学前儿童初步认识书面语言和口头语言的对应关系

帮助学前儿童懂得书面语言与口头语言都可以用来表达人们的思想，口头语言直接说出来，书面语言却通过文字来表达；懂得书面语言和口头语言一样，都是人们交际的工具，只是交际的方式不同。如果没有书面语言，在空间和时间条件的限制下，人们的交际将会出现障碍。显然，当学前儿童初步获得上述认识之后，他们就可以逐步理解书面语言和口头语言的对应关系，同时也会认识到学习书面语言的重要性。

（二）《3—6岁儿童学习与发展指南》关于早期阅读的目标

《指南》指出：幼儿的语言能力是在交流和运用的过程中发展起来的。应为幼儿创设自由、宽松的语言交往环境，鼓励和支持幼儿与成人、同伴交流，让他们想说、敢说、喜欢说，并能得到积极回应。提供丰富、适宜的低幼读物，经常和幼儿一起看图书、讲故事，有利于丰富其语言表达能力，培养良好的阅读兴趣和习惯，进一步拓展学习经验。

表4-1 目标1 喜欢听故事，看图书

3—4岁	4—5岁	5—6岁
1.主动要求成人讲故事、读图书 2.喜欢跟读韵律感强的儿歌、童谣 3.爱护图书，不乱撕、乱扔	1.反复看自己喜欢的图书 2.喜欢把听过的故事或看过的图书讲给别人听 3.对生活中常见的标识、符号感兴趣，知道它们表示一定的意义	1.专注地阅读图书 2.喜欢与他人一起谈论图书和故事的有关内容 3.对图书和生活情境中的文字符号感兴趣，知道文字表示一定的意义

教育建议：

（1）为幼儿提供良好的阅读环境和条件。如：

提供一定数量、符合幼儿年龄特点、富有童趣的图画书。提供相对安静的地方，尽量减少干扰，保证幼儿自主阅读。

（2）激发幼儿的阅读兴趣，培养阅读习惯。如：

经常抽时间与幼儿一起看图书、讲故事。提供童谣、故事和诗歌等不同体裁的儿童文学作品，让幼儿自主选择和阅读。当幼儿遇到感兴趣的事物或问题时，和他一起查阅图书资料，让他感受图书的作用，体会通过阅读获取信息的乐趣。

（3）引导幼儿体会标识、文字符号的用途。如：

向幼儿介绍医院、公用电话等生活中的常见标识，让他知道标识可以代表具体事物。结合生活实际，帮助幼儿体会文字的用途。如买来新玩具时，把说明书上的文字念给幼儿听，了解玩具的玩法。

表4-2　目标2　具有初步的阅读理解能力

3—4岁	4—5岁	5—6岁
1.能听懂短小的儿歌或故事 2.会看画面，能根据画面说出图中有什么，发生了什么事等 3.能理解图书上的文字是和画面对应的，是用来表达画面意义的	1.能大体讲出所听故事的主要内容 2.能根据连续画面提供的信息，大致说出故事的情节 3.能随着作品的展开产生喜悦、担忧等相应的情绪反应，体会作品所表达的情绪情感	1.能说出所阅读的幼儿文学作品的主要内容 2.能根据故事的部分情节或图书画面的线索猜想故事情节的发展，或续编、创编故事 3.对看过的图书、听过的故事能说出自己的看法 4.能初步感受文学语言的美

教育建议：

（1）经常和幼儿一起阅读，引导他以自己的经验为基础理解图书的内容。如：

引导幼儿仔细观察画面，结合画面讨论故事内容，学习建立画面与故事内容的联系。和幼儿一起讨论或回忆书中的故事情节，引导他有条理地说出故事的大致内容。在给幼儿读书或讲故事时，可先不告诉名字，让幼儿听完后自己命名，并说出这样命名的理由。鼓励幼儿自主阅读，并与他人讨论自己在阅读中的发现、体会和想法。

（2）在阅读中发展幼儿的想象和创造能力。如：

鼓励幼儿依据画面线索讲述故事，大胆推测、想象故事情节的发展，改编故事部分情节或续编故事结尾。鼓励幼儿用故事表演、绘画等不同的方式表达自己对图书和故事的理解。鼓励和支持幼儿自编故事，并为自编的故事配上图画，制成图画书。

(3)引导幼儿感受文学作品的美。如：

有意识地引导幼儿欣赏或模仿文学作品的语言节奏和韵律。给幼儿读书时，通过表情、动作和抑扬顿挫的声音传达书中的情绪情感，让幼儿体会作品的感染力和表现力。

(三)情感、能力、认知三维目标

1. 早期阅读情感目标

情感目标是学前儿童发展中最为重要的目标，前面已经提到早期阅读活动可以促进学前儿童社会性和情绪情感的发展，帮助学前儿童形成健康的情感态度。良好的行为习惯是至关重要的，在早期阅读活动中可以很好地培养儿童坚持不懈、安静阅读的好习惯，同时也可以让儿童通过阅读不同的故事内容，养成良好的情感态度。具体目标列举如下：①

(1)喜欢阅读，感受阅读的乐趣；

(2)表现出对图书和阅读的兴趣；

(3)喜欢和父母、老师或同伴一起读图书；

(4)爱惜书籍，看完后能将图书放回原处；

(5)与同伴分享自己的阅读知识；

(6)喜欢阅读浅显的童话，向往童话中美好的情境；

(7)喜欢诵读儿歌，获得初步的情感体验，感受儿歌中语言的优美。

2. 早期阅读能力目标

独立阅读能力是学习能力的重要组成部分，早期阅读活动可以帮助学前儿童养成良好的阅读习惯，同时掌握一些基本的阅读技能。早期阅读的能力目标具体如下：

(1)能从封面图文了解该书内容；

(2)能够指认书本上的物体；

(3)能一页一页地翻书，从上而下地阅读；

(4)能通过目录较快地查找自己需要的内容、书页；

(5)能分辨常见图示、标记、符号代表的意思，并能在实际生活中运用；

①高俊霞.学前儿童语言教育[M].北京：北京出版社，2014：209−210.

（6）能根据图文提示完成某件事；

（7）能观察到画面细微的变化。

3. 早期阅读认知目标

学前儿童早期阅读教育虽不是以知识的传授为主，但早期阅读中知识的传递却是贯穿全过程的。在早期阅读教育中认知目标强调的是与学前儿童生活紧密相结合的知识。早期阅读的认知目标具体如下：

（1）能够将故事里的人和事与自己的真实生活经验联系起来；

（2）能理解阅读材料的主题；

（3）知道书店、阅览室藏着很多书；

（4）能用日常生活中的简单符号、标记解决简单的问题；

（5）能用适当的词汇正确表达阅读材料的内容。

二、早期阅读活动条件的创设

学前儿童早期阅读活动的设计与实施中有一个非常重要的环节，就是为学前儿童创造良好的早期阅读条件，这其中包括阅读材料的选择、阅读环境的创设、阅读时间的保障。

（一）丰富多彩的阅读材料

书籍是人类知识的宝库。对学前儿童来说，书籍更是学习语言的重要载体。在学前阶段，口头语言是学前儿童语言掌握的主要形式，而早期阅读活动对于学前儿童书面阅读能力的提高有很大的帮助。在早期阅读活动中，教师或家长等应根据儿童的年龄特点和认识水平，为学前儿童提供具体的、形象的、生动的阅读内容。单纯的文字材料很难引起学前儿童阅读的兴趣，图文并茂的方式可以更好地吸引学前儿童进行进一步的阅读。因此应该根据学前儿童的年龄特点以及幼儿园早期阅读活动的特点来为儿童选择合适的阅读材料，具体要求如下：

1. 以画面为主，图文并茂

学前儿童的思维以具体形象思维为主，他们在阅读的时候多半是通过观察画面来进行阅读，丰富、直观、生动的画面可以引发学前儿童的阅读兴趣。因此选择的早期阅读材料应该以图画为主，配以适当的文字，才更加适合学前儿童的阅读。

2. 艺术性较强

学前儿童的图书应该具有一定的艺术性，具有丰富的色彩以及一定的教育价值。例如艾瑞卡尔的代表作《好饿的毛毛虫》《小羊和蝴蝶》等，色彩丰富自然，故事情节富有童趣，可以很好地吸引孩子的注意。

3. 内容积极健康，富有趣味

早期阅读的材料在内容上应该是积极向上的、有益于学前儿童身心健康发展的，同时材料使用也应健康，比如图书的装帧、印刷的材料应该健康无毒，避免对学前儿童造成伤害。内容还应该能够反映学前儿童的生活，反映他们周围的社会环境，这样才能够使学前儿童喜欢阅读并产生共鸣，故事情节应该富有趣味，以提高阅读兴趣。例如在过中秋节的时候，可以结合儿童过节的经验和节日的浓厚气氛，选择《中秋节》等读本；植树节来临的时候，可以选择《鸟窝里的树》等绘本。

4. 根据儿童年龄特点选择图书

对于不同的年龄选择的图书不同，可以根据故事情节、画面表现等来为不同年龄阶段的儿童选择图画书。小班儿童比较喜欢与他们生活相关的阅读材料，如有关食品、玩具、衣服的阅读材料，还有就是一些情节比较夸张的图画书，比如绘本《好饿的小蛇》等都是画面夸张，内容简单重复，情节充满趣味的；中班儿童因为社会性和认知水平的发展，比较偏好认知类、社会类阅读材料，例如一些情节更为复杂，色彩更加丰富，富有知识与趣味的图书；大班儿童比较喜爱探索类、生成性阅读材料，例如一些科普类的、具有复杂故事情节的图画书。

随着时代的发展，图书呈现出多元的形式，如立体书、布书、电子书等，增强了儿童的阅读兴趣，同时可以根据不同的年龄进行选择。

（二）创设宽松有趣的阅读环境

《纲要》明确要求“创造一个自由、宽松的语言交往环境，支持、鼓励、吸引幼儿与教师、同伴或其他人交谈，体验语言交流的乐趣”；“语言能力是在运用的过程中发展起来的，发展幼儿语言的关键是创设一个能使他们想说、敢说、喜欢说、有机会说并能得到积极应答的环境”。学前儿童的语言是通过对周围环境的模仿而获得的，一个良好的阅读环境能够进一步促进学前儿童阅读兴趣和阅读能力的提高。

1. 根据需求创设专门的阅读区域

幼儿园可以根据本园的实际情况创设图书角和专门的阅览室。图书角或阅览室的创设应该做到以下几点:(1)尽量处于安静的、采光较好的教室或者角落;(2)尽量多使用一些浅色系,同时可以提供一些不同样式的座位,例如松软的沙发、地垫等,儿童可以舒适地坐在沙发上,也可以和小伙伴一起坐在地垫上,在自由宽松的氛围中愉快地进行阅读;(3)可以创设与故事相关的场景,并提供相关的头饰等道具,在墙面张贴图书的内容,便于学前儿童的自主学习和阅读,提高他们的阅读兴趣。

2. 将阅读的各种元素渗透在幼儿园的环创中

例如,在儿童的物品上除了贴他们的照片,也可以贴他们的名字等,让他们对于书面文字有初步的了解,也能增强儿童的自我管理;可以将幼儿园中各种物品的名字用文字的方式贴出来,增强儿童对文字的印象;将文字与图形对应做成标识、装饰等,让儿童在潜移默化中去认识。

3. 营造宽松的阅读氛围

开展各种阅读活动让儿童喜欢阅读、愿意阅读。利用幼儿园的间隙时间,比如晨间、饭后等时间,为儿童提供阅读材料和机会,让儿童进行自主阅读。教师根据儿童的特点设计丰富的阅读活动,例如,某幼儿园在进行区域活动时,教师精心设计了“我爱读书”“小不点演讲台”“宝贝剧场”,让孩子在剧场里愉快地表演。幼儿园通过这一系列丰富多样的阅读活动,培养了儿童的竞争意识,发展了儿童的语言表达能力和阅读能力。再如,有的幼儿园开展了“三个一”活动,即每天选一个儿童当播音员,为大家播报一则新闻,朗诵一首儿歌,表演一个广告。还可以每周开展一次阅读日活动,创编故事、分享绘本、表演故事等。

(三)提供充足的阅读时间

为了帮助儿童形成良好的读书习惯,应在幼儿园一日活动中安排足够的阅读时间,一般需要不少于15分钟的纯阅读时间,这个时间可以相对固定。每到阅读时间,教师就要和儿童一同安静地阅读书籍。

第三节 学前儿童早期阅读活动的组织与指导

早期阅读活动是教师开展的有目的、有计划地以发展儿童阅读能力,培养儿童良好阅读态度和阅读习惯的活动。设计并实施幼儿园的阅读活动大致应该按以下步骤进行:阅读前的准备—教师启发提问—儿童自由阅读—师幼共同阅读—儿童自由讲述。

一、早期阅读活动的实施步骤

(一)阅读前的准备

在正式阅读活动开展之前,教师与儿童都应该做好充足的准备。教师的准备主要包括对于阅读材料的充分理解和认识,这样有助于教师对儿童的阅读指导。而儿童的准备主要是在教师的引导下进行的:首先,教师可以让儿童先熟悉一下图书内容,获得与图书内容相关的一切知识经验,对阅读内容有一个大概的了解;其次,可以观察儿童的阅读习惯和能力的发展,比如是否可以独立阅读,是否能够对阅读内容进行语言的复述与表达等;最后,对儿童理解不正确的地方,教师可以给予提示,但不要直接将正确答案告知儿童,而是帮助他们把一些不理解的地方标注出来,作为正式阅读活动的重难点进行讲解。

(二)教师启发提问

教师可以根据阅读的内容提出几个关键性的问题,从而让儿童带着问题去思考,也可以让儿童通过观察和讨论绘本的封面来进行阅读,让儿童猜想故事可能的发展,然后再进行进一步的阅读。

（三）儿童自由阅读

这是正式阅读活动的第一个阶段。教师简单介绍完图书名称和封面后，就可以给予儿童丰富的阅读时间进行自由阅读，最好做到人手一本图书进行阅读，同时允许儿童边翻阅图书边小声讲述。教师在指导儿童自由阅读时，可以首先提出一些启发性的问题，帮助儿童阅读理解；其次，要观察每个儿童的表现，进行分类指导。对于阅读较快的儿童，鼓励他们反复阅读图书的细节部分，深入了解故事；对于阅读速度较慢的儿童，教师应重点观察，全面了解儿童在阅读中遇到了哪些困难，图书中的哪些内容是儿童难以理解的，在充分了解儿童阅读情况的基础上，教师再给予针对性的指导。

（四）师幼共同阅读

师幼共同阅读是早期阅读活动中最能体现教师指导作用的环节，主要包括以下阶段：

首先，师幼一起阅读，了解和理解图书大致内容。后教师引导儿童回忆故事内容，并根据故事的内容进行关键性的提问，帮助儿童进一步理解。比如绘本《母鸡萝丝去散步》，可以在故事结束后提问：狐狸为什么没有抓住萝丝？萝丝经过了哪些地方，发生了什么事情？狐狸经过了哪些地方，发生了什么事情？可以帮助儿童回忆故事。

其次，根据阅读材料的内容，开展相应的活动。可以让儿童根据画面复述故事，也可以对故事进行延伸，进行其他的相关活动。比如同样是绘本《母鸡萝丝去散步》，可以让儿童根据绘本中母鸡、狐狸经过的地方开展一系列基本动作的体育游戏，也可以让儿童续编故事。

最后，引导儿童归纳图书的主要内容。在儿童深入了解图书内容后，教师应鼓励儿童用自己的话总结归纳图书的主要内容，以此来巩固和消化所学内容。

（五）儿童自由讲述

儿童用口头语言讲述图书是早期阅读活动中至关重要的一个部分，也是发展儿童语言表达能力的重要步骤。常见的讲述方式有集体讲述、小组讲述以及同伴间合作讲述。教师在指导这一阶段时，应该做到以下几个方面：

首先，不一定要求儿童讲述得非常准确，可以鼓励儿童将图书的内容经过加工创作进行讲述。关键在于讲述的过程，要让儿童敢说愿意说，如果要求过于苛刻，反而会降低儿童的阅读兴趣。与此同时，教师还要鼓励儿童大胆想象，将与情节有关的人物、动作、对话和内心体验讲述出来。当然这并不是要求儿童用规范的语言将每个画面的意思都彻底讲清楚，而是培养儿童围绕图书重点，将主要情节尽可能讲得生动、详细。

其次，在讲述时应该根据儿童的不同个性和语言发展情况，注意引导的差异。针对一些具有表现力的孩子，可以让他们用自己喜欢的方式进行创作讲述，也可以让他们作为小组中的主要讲述人，为其他儿童做示范；对于语言能力较弱、胆子较小的孩子，教师可以让他们选择较简单的阅读内容进行讲述，或者鼓励他们先在小组讲述、同伴讲述中进行，再进行集体讲述，从而使这部分儿童也能从讲述中获取乐趣，减少挫败感，提高自信。

二、早期阅读活动的指导策略

早期阅读活动有助于培养儿童良好的阅读态度和阅读习惯，提高学前儿童的阅读技能，为学前儿童将来的学习打下基础。为了让学前儿童在早期阅读活动中获得更多的发展，成人的有效指导起着关键作用。幼儿园和家庭的有效配合才能更好地促进学前儿童早期阅读活动的开展。

（一）幼儿园阅读活动的指导

1. 培养学前儿童的阅读兴趣

兴趣是最好的老师，指导学前儿童开展早期阅读活动的关键在于激发儿童的兴趣。可以通过以下两种方式提升孩子们的兴趣：首先，教师可以通过创设情境，提供丰富的教具，提出具有启发性的问题，让儿童喜欢阅读，并积极主动地参与阅读活动，促进阅读活动的顺利进行，从而取得最佳阅读效果，以此来激发儿童的阅读兴趣，比如阅读绘本《好饿的毛毛虫》时，教师模拟毛毛虫出门活动身体的情境，让儿童在情境中提高阅读的兴趣；其次就是提供丰富有趣的阅读材料、阅读资源和阅读环境。同样是《好饿的毛毛虫》，教师可以利用中间有空心的各种食物，制作毛毛虫道具，在边操作边讲述的过程中让儿童进行阅读，还可以利用一些电教化的手段，提高儿童的阅读兴趣。

2. 尊重个体差异，个别化阅读指导

学前儿童的身心发展有着个体化的差异，在阅读活动中也有不同的个体需求。教师要依据每个孩子的特点差异化地开展阅读指导，要为儿童提供丰富多样的阅读材料，让儿童可以根据自己的兴趣、需要来选择要阅读的内容。例如可

以在班级的图书角，提供多种阅读材料，比如故事表演箱、各种故事插图、卡片等，让儿童可以在丰富、适宜的阅读环境中，按照自己的意愿和方法去阅读、去探索。不同的年龄班要选择不同的阅读材料，采用不同的阅读指导方式。

3. 采取丰富有趣的方式开展阅读活动

针对不同的阅读材料教育者可以提取出不同的教学内容，教师应该根据自己的理解，利用不同的图书设计丰富多彩的活动来开展早期阅读活动，提高学前儿童的阅读兴趣。同时围绕图书开展各类活动也促进儿童各方面的发展。比如利用绘本《小黄和小蓝》，可以让儿童通过玩颜料来了解颜料混合的变化；利用摄影绘本《巴夭人的孩子》，可以帮助儿童了解遥远的热带岛屿发生的故事，还可以让儿童对自己旅游的照片进行筛选，并和父母一起制作一本独特的摄影绘本；利用绘本《花婆婆》，可以开展各种鲜花标本的收集活动以及鲜花的种植活动等。教育者根据对绘本材料的不同理解，可以开发出不同的活动方式，教师应该带领儿童和家长一起去发掘早期阅读活动的魅力。

4. 加强教师、家长和儿童之间的交流

通过教师引读、师幼共读、儿童自读、亲子阅读、同伴共读等活动，不断提高儿童的阅读能力，同时加强教师、家长和儿童三者之间的交流。教师可以通过图书分享、故事大王等活动激发儿童的阅读欲望。同时可以通过一些班级活动，比如可以让家长来进行早期阅读的教学，家长对于阅读材料的理解可能会帮助儿童有新的认识，也增加了家长对于早期阅读活动的理解，从而促进早期阅读在家庭中同时开展，帮助儿童养成良好的阅读习惯。

（二）家庭亲子阅读活动的指导

早期阅读活动是一项需要家庭、幼儿园、社会三者合一的活动，家庭对学前儿童自主阅读能力的发展有着重要的影响。亲子阅读是指父母和孩子围绕图画书展开讨论、交流的一种分享性的、个别化的阅读活动。亲子阅读是培养学前儿童阅读能力的重要途径。2016年《幼儿园工作规程》中指出幼儿园的任务包括“为家长提供科学的育儿指导”。对于家庭亲子阅读的指导策略有以下几点：

1. 直接指导

部分家长对于早期阅读活动的理解不够，甚至觉得无所谓。教师可以开展多种亲子阅读的相关活动，帮助家长了解亲子阅读的相关知识。第一，可以通过

家长会、专家讲座等形式对家长进行定期的培训，让家长全面了解和认识早期阅读活动，并且帮助家长掌握了解在家进行亲子阅读的方式、方法；第二，为家长提供早期阅读材料，比如可以通过班级微信群定期分享优质的早期阅读书籍和材料，也可以让家长互相交流，分享自己了解的早期阅读材料，教师可以每个月为家长提供早期阅读的书单；第三，帮助家长了解儿童在园的阅读情况，可以把儿童在园的早期阅读情况用照片或者音频、视频的形式与家长分享，激发家长在家与儿童进行亲自阅读的热情；第四，可以进行经验交流，组织家长进行家庭阅读经验交流，丰富家长教育孩子的方法。

2. 间接指导

教师可以通过家园联系栏、家长信箱、家长开放日，或印发阅读资料等方法帮助家长了解和学习亲子阅读经验。家长还可以通过教师的微信朋友圈、博客等进行早期阅读知识的拓展及早期阅读指导方法的学习。

3. 个别指导

针对儿童的阅读兴趣、习惯、态度和能力等方面的差异性，教师可对不同的家长做具体辅导，让每位儿童都能有所发展。如引导家长经常与儿童一起看书，经常带孩子上图书馆、逛书店或图书超市，指导家长做亲子活动材料，如制作不同主题的《我们自己的书》等。

【案例参考】

大班早期阅读优质课教案：《我的幸运一天》

◇活动目标

1. 阅读《我的幸运一天》，感受故事中善意夸张的手法和含蓄幽默的风格。
2. 表演故事情节，加深对作品的体验和理解。
3. 能大胆、清楚地表述自己的想法，愿意与别人分享自己的阅读经验和感受。

◇活动准备

《我的幸运一天》大书一本，狐狸头饰一个，《动物狂欢节》音乐一段。

◇活动过程

一、欣赏阅读

1.教师出示大图书，引入课题，激起儿童阅读的愿望。

师：今天，老师带来了一本书，我们一起来看一看。（掀开遮在书上的布）

师：你们看到过这么大的书吗？

2.阅读前和儿童交流，提出阅读要求。

师：这是一本故事书，里面是一个很有意思的故事，一会儿我们一起来看，看完后你觉得哪里特别有意思，特别好玩，就提出来和小朋友一起交流和讨论，好吗？

3.和儿童共同欣赏阅读。

教师以生动的角色语言，并借助精彩的画面让儿童感受故事情节。

（环节点评：这一环节中有两个突出的地方。一是把书完整地展示给孩子，从封面到封底。不加教师的任何引导性、提问性语言，这样可以让孩子完整地感受作品。二是借助教师生动的角色语言和精彩的画面，刺激儿童的视觉和听觉神经，把作品的形象性、趣味性传递给孩子，使孩子产生情感上的共鸣，以达到更好地融入作品和感受情节的目的。）

4.与儿童共同讨论、交流、分享阅读经验。

师：你认为这是谁的幸运一天？为什么？

师：你喜欢书中的哪一页？为什么喜欢？

（环节点评：这个环节好比是艺术画中的"留白"。"你喜欢书中的哪一页？为什么喜欢？"抛出这样的问题，给了孩子一个自由的空间，孩子可以自由地和别人分享他的感受和经验。教师认真倾听孩子们的回答，也和孩子们一起分享自己的阅读感受和经验。这一环节对于教师是个挑战，因为教师事先无法预料孩子会怎样回答，会是怎样的反应，只能凭自己的教育机智去组织这个过程。）

5.简要向儿童介绍作者和译者，让儿童以掌声感谢他们。

师：这本书是一位日本女艺术家写的。她把这本书送给所有喜欢看图画书的小朋友。还有一位叫吴小红，她把这本书翻译成中国文字，让我们小朋友能看懂，我们一起来谢谢她们。（鼓掌）

二、游戏互动

1.表演故事中的一段情节，让儿童进一步理解和感受。

一位教师扮演狐狸去敲门，一位教师扮演小猪，根据故事中的对话和情节，在《动物狂欢节》的音乐声中表演按摩。

2.和儿童一起讨论刚才的表演,进一步明确按摩的要求和顺序。

师:刚才我们表演了书中的哪一段?先按摩哪里,再按摩哪里,最后按摩哪里小猪是怎么说的?狐狸是怎么做的?

3.儿童互相分角色表演故事情节,感受幽默和快乐。

一组儿童扮演小猪,一组儿童扮演狐狸,互相表演按摩情节。

教师适当地进行语言提示,如:小猪要求狐狸重一点,狐狸越来越累的样子。

(环节点评:孩子们在欢乐幽默的音乐中体验愉悦,而且把角色都扮演得淋漓尽致,包括小猪的语言,狐狸累时的神态、动作,甚至狐狸最后倒下来都表现了出来,把活动推向了高潮。)

三、结束活动

狐狸按摩累了,倒下了,教师带着小猪拿上小甜饼轻轻地离开。

◇活动延伸

1.在活动室的图书角里放置《我的幸运一天》小书,让儿童自由阅读。

2.表演区里增加关于《我的幸运一天》的故事表演道具,供儿童表演故事。

◇活动反思

1.突显文学作品的审美功能。本次活动以感受作品为重点,整个活动围绕儿童感受而展开。无论是硬环境(图书、音乐),还是软环境(教师的语言、神态),处处洋溢着作品的内外美,让儿童视听结合,多次感受。

2.与儿童平等地交流。每个环节中,无论是提问,还是与儿童的交流,教师始终与儿童处在同一水平面,倾听孩子们的每一个回答,而且每一次的提问都出自双方自然的对话,使整节活动少了教师机械的讲授,多了轻松与自然。

3.提问中拓展儿童的思维。在设计提问时,教师给予儿童更多说的空间,让他们大胆表述自己内心的感受。这也是新《纲要》精神的体现:鼓励儿童大胆、清楚表达自己的想法和感受,逐步发展儿童的语言表达能力和思维能力。(王向红)

【本章小结】

早期阅读是指0—6岁的学前儿童凭借变化着的色彩、图像、文字和成人形象的读讲,来理解以图为主的低幼儿童读物内容的活动过程,它是一个融合观察、记忆、思维、表达等多种认知于一体的综合过程。学前儿童早期阅读活动具有在活动和游戏中进行阅读、依托各种物质材料和环境进行阅读、与讲述活动紧密相连的特点。早期阅读活动可以促进学前儿童语言能力、想象力、观察力、理解力、阅读能力、社会性和情绪情感的发展，丰富其知识经验。根据不同的分类标准早期阅读活动被分成不同的形式，主要包括儿童的自由阅读和师幼共同阅读。

《纲要》与《指南》中明确规定了学前儿童早期阅读活动的总目标和年龄阶段的目标。为了更好地开展学前儿童早期阅读活动，教师要为学前儿童创造良好的早期阅读条件，这其中包括阅读材料的选择、阅读环境的创设、阅读时间的保障。设计并实施幼儿园的阅读活动大致应该按以下步骤进行：阅读前的准备—教师启发提问—儿童自由阅读—师幼共同阅读—儿童自由讲述。早期阅读活动需要幼儿园和家庭共同携手努力，提升学前儿童早期阅读活动的质量。

思考与练习

1.每人收集一本自己喜欢的绘本，并为大家介绍该绘本。

2.设计一个中班或大班的早期阅读活动方案，要求写出活动目标、活动重难点、活动准备、活动过程和教学方法等。

3.策划一次以早期阅读为主的亲子半日活动。

【考查要点】

学前儿童早期阅读活动对儿童的语言学习与发展有着至关重要的影响。通过本章的学习，应掌握学前儿童早期阅读活动的含义与内容，懂得如何设计早期阅读活动的目标，了解学前儿童早期阅读活动的实施步骤，知道学前儿童早期阅读活动的指导要点。这一章在历年考试中多以活动设计题呈现，实践应用性较强。

【真题链接】

单选题

1.教师在儿童书写准备的指导中，不恰当的做法是(　　)。(2016年上)

A.教师指导儿童用图画和符号表达自己的愿望和想法

B.指导儿童书写自己的名字

C.要求儿童养成正确的书写姿势

D.要求儿童学习书写常见汉字

【答案】D。

2.下列属于幼儿园语言教育目标的是(　　)。(2013年下)

A.能认读拼音字母

B.能清楚地说出自己想说的事

C.能认读一定量的汉字

D.能正确书写常用的字

【答案】B。

【真题模拟】

一、单选题

1.(　　)要着重培养儿童运用口头语言与他人交往的意识、情感和能力。

A.谈话活动　　B.讲述活动　　C.听说游戏　　D.文学活动

2."能根据故事的部分情节或图书画面的线索猜想故事情节的发展,或续编、创编故事"是(　　)岁儿童可以达到的早期阅读的目标。

A.0—3　　B.3—4　　C.4—5　　D.5—6

二、设计题

请根据"我喜欢书"为主题设计一个大班主题活动,并绘制出主题网络图,同时根据其中一个内容设计一则幼儿园大班的活动。

【思考实训】

思考:

通过本章的学习,我学到了什么?究竟什么是早期阅读活动?早期阅读活动有什么价值?早期阅读活动的特点和内容有哪些?早期阅读活动的目标是什么?如何创设适宜的早期阅读条件?怎样对学前儿童早期阅读活动进行指导?

实训:

1.收集几本幼儿园常用的绘本,并根据这些绘本分别设计三则小班、中班、大班的幼儿园早期阅读活动。要求:写清楚活动设计意图,活动目标清楚具体,活动重点明确、难点清晰，活动准备充分可操作，活动过程完整、设计合理，各活动环节过渡自然、流畅。并选择其中一个活动方案，进行试讲。

2.观摩幼儿园的一堂早期阅读活动课程，或者观看幼儿园早期阅读活动的教学录像，并记录活动的全过程，对活动内容的选择、活动目标的确定、活动过程的设计给予评价，并提出改进措施。

3.自选内容，绘制适合幼儿园小班儿童的绘本，并设计阅读活动方案。

4.分组进行幼儿园阅读区的模拟创设，包括创设的意图、设计的模型以及投放的图书，并阐述指导要点。

【推荐阅读】

[1]周兢.点亮人生：3—6岁儿童早期阅读与教育[M].深圳：海天出版社，2017.

[2]王哼.幼儿园早期阅读与绘本教学[M].福州：福建教育出版社，2017.

[3]松居直.如何给孩子读绘本[M].林静，译.北京：北京联合出版公司，2017.

[4]郝广才.好绘本如何好[M].北京：新星出版社，2016.

[5]周兢.零岁起步：0~3岁儿童早期阅读与指导[M].深圳：海天出版社，2016.

[6]松居直.幸福的种子[M].刘涤昭译.北京：二十一世纪出版社，2013.

[7]彭懿.世界图画书阅读与经典[M].北京：接力出版社，2011.

[8]周兢.早期阅读发展与教育研究[M].北京：教育科学出版社，2007.

【小憩驿站】

扫描二维码，聆听黄豆豆老师为大家讲述《魔法亲亲》。

第 5 章

学前儿童文学作品活动设计与指导

林老师为小班儿童设计了一个“小兔子找太阳”的活动。先让小朋友观看视频，然后让小朋友们借用故事中的语言依次形容所出示图片的样子（圆圆的、红红的、在天上的），引导儿童回顾故事中太阳的模样（红红的、圆圆的、亮亮的、照在心里暖洋洋的），教师再结合图片完整讲述故事。

围绕生动有趣、贴近儿童生活的文学作品开展活动深受孩子们的喜爱。那么什么是学前儿童文学作品活动呢？学前儿童文学作品活动的特点有哪些？要如何设计学前儿童文学作品活动呢？通过本章的学习，你一定会有所了解。

【学习目标】

1.知识目标:理解学前儿童文学作品活动的内涵和特点;掌握学前儿童文学作品活动的目标以及选择和分析文学作品的要点;掌握学前儿童文学作品活动设计的要点和指导策略。

2.能力目标:能够比较灵活地运用文学作品活动设计的相关要点设计学前儿童文学作品活动,并进行模拟教学。

3.情感目标:敢于在集体面前开展文学作品活动,并树立正确的活动指导意识。

【学习重难点】

1.学习重点:掌握学前儿童文学作品活动的内涵、特点、目标及设计和指导要点,并进行活动设计。

2.学习难点:学习设计学前儿童文学作品活动并进行模拟教学,树立正确的活动指导意识。

【知识结构图】

- **学前儿童文学作品活动设计与指导**
  - 学前儿童文学作品活动概述
    - 特点
    - 意义
  - 学前儿童文学作品活动的设计
    - 作品的选择与分析
    - 活动目标的设定
    - 活动环境的创设
  - 学前儿童文学作品活动的组织与指导
    - 组织的基本步骤
    - 实施中应注意的问题

第一节
学前儿童文学作品活动概述

学前儿童文学作品是通过艺术的语言、生动的形象和充满童趣的情节来表现社会生活的作品，包括故事、诗歌、散文、儿童戏剧等不同文学体裁，具有文学性、趣味性、教育性、浅易性等特点，非常符合儿童的审美需要。《纲要》指出，在语言领域的教育中应该“引导幼儿接触优秀的儿童文学作品，使之感受语言的丰富和优美，并通过多种活动帮助幼儿加深对作品的体验和理解”。《指南》也指出，要“引导幼儿感受文学作品的美”。儿童文学作品本身包含丰富的价值，对儿童的发展具有全方位的作用，既能够增长儿童的知识，丰富其语言和情感，又能够愉悦儿童的身心，促进儿童的社会性发展。

学前儿童文学作品活动就是以儿童文学作品为载体而设计和组织的语言教育活动，儿童通过欣赏儿童文学作品，感知儿童文学作品丰富的语言和艺术特色，积累丰富的文学语言，拓展文学词汇，感知文学形式的美，并在文学创造活动中，学会灵活地运用习得的文学语言，提升文学想象能力。同时，培养儿童的倾听习惯和能力，促进儿童语言的全面发展。学前儿童文学作品活动是学前儿童语言教育活动的重要组成部分，也是一种常见的语言活动类型。

一、学前儿童文学作品活动的特点

学前儿童文学作品活动不是简单的听说过程，需要教师提供大量的感知、欣赏、理解、想象和体验等活动来帮助儿童深入思考、评价和创造[①]。无论是一个具体的语言教学活动，还是围绕文学作品开展的丰富多彩的系列活动，都是通过视觉、听觉、触觉等多种感官的参与，对学前儿童的语言产生潜移默化的巨大影

①张明红.《幼儿园教育指导纲要(试行)》中幼儿园语言教育精神的解析[J].学前课程研究.2017(3):7-9.

响。学前儿童文学作品活动有着如下特点：

（一）围绕文学作品教学开展的活动

学前儿童文学作品活动首先是围绕具体的文学作品来开展活动。这些文学作品是语言艺术的结晶，充满艺术感染力和表现力，每一个故事或者每一首诗歌都包含丰富的语言信息，既可以满足儿童了解现实生活的愿望，又可以让儿童得到语言艺术的熏陶，更可以帮助儿童了解其中包含的丰富情感。儿童文学作品的语言浅显易懂、优美生动，非常符合学前儿童身心发展的特点。儿童通过聆听、诵读、阅读画面、观看动画等形式，理解文学作品所包含的信息，从中学习到大量的词汇、语法规则和多样化的表达方式，并且将作品中熟悉的语言运用于口语表达中，在欣赏理解的基础上尝试运用文学性语言，这是文学作品活动与其他活动很重要的区别。所以，所有的学前儿童文学作品活动都是从一个具体文学作品的教学入手的，并且重点在于对作品的欣赏和理解，在理解的基础上进行文学词汇、文学形式和文学想象的学习。

（二）整合相关内容开展一个主题、多种形式的系列活动

《纲要》提出各领域教育内容之间应该互相渗透，并且“语言教育应当是跨领域的综合教育”。儿童文学是一种启蒙文学，包含丰富的题材内容，既源于儿童的生活，又反映儿童的幻想世界。总之，以艺术形象的形式在各方面给儿童以启迪，这就决定了学前儿童文学作品活动不可能是单纯的语言教育活动，需要整合其他相关的领域来开展活动。再加上儿童生活经验和知识经验有限，只有充分整合与该作品相关的其他领域的内容，强调语言知识、语言技能和运用的整体性，才能更好地帮助儿童理解、鉴赏和学习这些文学作品，从而促进儿童的全面发展。例如，散文诗《雪花》：

我是洁白的小雪花，我从高高的天空轻轻地飘落。

我落满高山，高山好像新娘披上了美丽的白纱；我落满房顶，房顶好像铺上了一层闪亮的银帘；我落满麦田，麦田好像盖上了一床松软的棉絮；我落满大地，灭害虫、杀病菌，空气变得更加清新。

欢迎我，欢迎我吧！我是洁白的小雪花，我从高空，轻轻地、轻轻地飘落。

这首散文诗语言优美，采用比喻的手法，形象生动地揭示了冬日落雪的动态美和画面美，既能够让儿童学习丰富的语言，感知散文诗的优美意境，又可以让儿童了解雪花的特点和作用。所以，教师以此作品来组织活动时，可以在学习语

言的基础上，整合科学领域的内容，帮助儿童进一步感知和理解作品中包含的科学知识，增加儿童对大自然的了解。

在学前儿童文学作品活动中，围绕文学作品开展系列活动，给学前儿童提供各种层面的学习机会，促进儿童全面发展。文学作品本身包含了丰富的语言信息，一篇适宜的儿童文学作品，往往包含丰富的教育价值，这些教育价值不可能在一次活动中完成，而是要根据儿童的年龄特点和作品本身的价值，由简到难、由浅入深地全方位地开展教学活动，通过系列活动加深儿童对文学作品的理解，包含理解美、欣赏美、表现美以及表达自己对文学作品的理解和想象等多个层次。首先，学前儿童聆听和阅读作品，主动感知各种语言符号，即学习和欣赏作品，是第一层次的学习目标；其次，让儿童通过语言和概念认识作品所表现的社会知识，开展儿童体验作品的主题活动，帮助儿童认识周围的世界，这是第二层次的学习目标；再次，通过开展与作品主题相关的活动，将作品经验迁移到儿童实际生活中，以加深儿童对作品的理解，这是第三层次的学习目标；最后，文学作品本身是语言艺术的结晶，儿童文学作品教学活动不仅要让儿童感受语言的美，更要让儿童学会创造性想象和语言表达，达到对作品深层次的掌握，这是第四层次的学习目标。

例如围绕故事《老鼠嫁女儿》开展活动，可以按照四层次学习目标，在语言教育的基础上，整合美术、音乐、绘画等内容开展系列活动。首先，进行故事欣赏活动《老鼠嫁女儿》，引导儿童感知和理解故事内容和里面包含的社会知识；其次，引导儿童进行故事的表演，在表演活动之前，引导儿童为表演活动设计道具和服装，可以利用废旧材料进行手工制作；再次，引导儿童谈谈生活中的嫁娶仪式；最后，还可以引导儿童针对故事的结局进行创造性的改编。这几个活动层层深入，能够逐渐加深儿童对作品的理解。

（三）提供多种与文学作品相互作用的途径

儿童文学作品的体裁是多种多样的，不同的体裁具有各自的特点。故事作品的情节充满趣味性，往往采用多种表现手法，让人物形象更加生动；诗歌更多地体现韵律和结构的美，特别是儿歌，朗朗上口，节奏感和韵律感非常强；而散文又会让学前儿童感受到丰富的情感和优美的意境。

幼儿教师为了让儿童充分地感受这些作品的语言美和艺术特点，往往会借助多种方式引导儿童与文学作品进行积极的互动，调动儿童的视觉、听觉、触觉等多种感官参与活动，让儿童在动口、动手、动脑、动眼、动耳等过程中学习，获得对文学作品深层次的理解、认识和感受。例如,在中班儿歌《小熊过桥》欣赏活动中,让儿童一边做手指操一边朗诵儿歌,动作和语言练习相结合,能够进一步加深儿童对诗歌内容的理解。

资料链接

幼儿认识世界的方式是"整体性"而并非割裂,幼儿文学作品内容涵盖健康、语言、社会、科学、艺术各个领域,并在深度与广度上超越日常生活经验,具有拓展性。因此,无论是幼儿认知还是幼儿文学作品特点,综合性是幼儿文学活动发展的必然要求和趋势。

幼儿园文学活动的综合分为领域内综合与领域间的综合。语言领域内综合是打破原先五种活动类型的界限:谈话活动、讲述活动、语言教学游戏、文学活动、早期阅读,可将文学作品作为载体,综合运用上述几种类型,使活动实施更为灵活;领域外综合是文学活动与各领域之间的整合,利用作品自身蕴含的元素,实现与社会、科学、艺术、健康等领域的有机渗透。可以一个活动完成,也可以分为几个活动完成,还可以与各种游戏结合。系列网络活动将语言、艺术、游戏等综合起来,打破了原先单纯的语言学习的模式,并实现将文学经验与幼儿经验进行链接并拓展。除此之外,文学作品的学习还能延伸到游戏、一日生活、家庭与社区活动中,更大程度上实现教学的"生活化",从而更适合幼儿的认知与学习方式。

(资料来源 吴婕."接受美学"视域下幼儿园文学活动的特点及实施策略[J].陕西学前师范学院学报.2017,33(1).)

二、学前儿童文学作品活动的意义

学前儿童文学作品活动作为语言教育活动最常见的类型,深受幼儿教师和儿童喜爱,除了作品本身内涵丰富、形式多样、特征鲜明符合儿童身心发展特点和兴趣需要外,围绕这些作品开展的活动能够对儿童的审美、道德等方面产生多元化、全方位的价值。因此,它是语言教育活动中不可或缺的一类活动。

(一)能够促进学前儿童文学审美的发展

学前儿童文学作品活动通过欣赏文学作品,理解作品中塑造的鲜明的人物形象特点,感知他们的美好品质和性格,从而提升审美能力。如通过对《我妈妈》

中妈妈不同形象的了解，可以体会母亲伟大的爱。让儿童体会人物的情感变化和作品本身的情感基调，引起儿童的情感激荡，促进儿童审美情感的发展。例如故事《鼠小弟的小背心》中，儿童通过体会鼠小弟的心情变化可以进一步理解鼠小弟懂得包容的精神。通过有趣的情节描述、生动的语言让儿童感受独特的语言艺术，儿童通过学习一些成熟的语言，感受语言美、形式美。再如，散文诗《雪花》中，儿童可以学习一些优美的词汇，如“松软”“闪亮”等。通过生动的画面、优美的意境，让学前儿童在想象中体验美妙的世界，并且尝试运用所学的文学语言，进行文学想象。又如，在儿童诗《摇篮》中，可以让儿童在体会的基础上，用“……是……的摇篮”进行创编。总之，学前儿童文学作品活动能够让学前儿童感受文学词汇、文学形式、文学想象的美，提升儿童的文学审美能力。

（二）能够促进学前儿童思维和语言表达的发展

学前儿童语言和思维在这一时期发展非常迅速，他们可以通过文学作品活动获得更多思维练习和语言表达的机会，为儿童的创造性想象和语言表达奠定基础。儿童文学作品本身就包含了丰富的语言信息，能够让学前儿童学习文学语言，感受语言的丰富性，并学会运用文学语言来进行表达。例如，诗歌《伞》：“公路边高高的大杨树是小喜鹊的伞，水塘里绿绿的大荷叶是小青蛙的伞，山坡上圆圆的小蘑菇是小蚂蚁的伞，下雨了，大家都有一把伞”。通过一个个形象的隐喻将事物之间的联系揭示得非常到位，在欣赏的基础上，可以引导儿童运用“……的……是……的伞”句式进行诗歌的仿编活动，学习创造性想象和语言表达，提升儿童语言表达能力。

儿童文学作品中往往包含具体可感的形象，能够丰富学前儿童的具体形象思维。情节性强的故事和结构性强的诗歌还能够在丰富儿童语言的同时，促进儿童分析、判断、综合、推理能力的发展，从而促进儿童整体思维能力的提升。比如，童话故事《会动的房子》中，在前面埋下伏笔，描述了小松鼠建房子的地点：“小松鼠在树下发现一块大石头，由几块小石头拼成，很硬很光滑”；接着用优美的语言描述了小松鼠在每一天看到的不同风景；最后在结局之前提出质疑，为什么我的房子会动？这样起伏变化的情节，本身就有利于学前儿童进行大胆的猜测和推理。教师可在欣赏活动时，引导儿童进行反思和预测，最后再揭晓答案：原来是将房子建在了乌龟的背上。这样既有趣，又可以让儿童联系前文，促进思维能力的发展。

（三）能够促进学前儿童社会性的发展

儿童文学作品本身就是基于儿童的视角掀开现实生活的一角，具有很强的教育性，对于儿童学习生活技能和行为规范，提高社会适应性都是有一定作用的。有些作品的指向是儿童的日常生活，以丰富儿童的生活常识。如故事《小熊拔牙》就是以拟人的方法告诉儿童要讲卫生，诗歌《洗手歌》能够教会儿童洗手的正确方法。有的作品则是向学前儿童传递社会的道德规范，从爱父母、爱家乡到爱祖国、爱社会，从培养自我意识到提升人际交往能力，内容非常广泛，通常以具体的人物或动物形象来对儿童实施潜移默化的影响。例如，故事《小猪变形记》就是用小猪这样一个动物的形象替代了现实生活中羡慕别人不认可自己的孩子形象。通过小猪模仿别的动物不成功的有趣情节，告诉儿童做自己才是最幸福的事情。故事欣赏活动中，教师可以引导儿童感知和理解小猪变形的整个过程和故事中人物形象的特点以及小猪的心理活动，并对照自己的生活，初步树立自我认同的意识。

第二节
学前儿童文学作品活动的设计

学前儿童文学作品活动的开展首先应该考虑儿童的年龄阶段特点和发展水平，选择具有儿童性、趣味性、文学艺术性、教育性的文学作品作为教学内容，再在认真分析和挖掘作品特点、价值的基础上，设计完整的学前儿童文学作品活动方案。

一、学前儿童文学作品的选择和分析

在学前儿童文学作品活动中，作品选择的适宜与否将会直接影响活动效果，因此，在活动方案设计之前，选择与儿童年龄阶段特点相符合的作品是非常重要的。

（一）学前儿童文学作品的选择

学前儿童文学作品丰富多样，学前儿童文学作品活动的实施对象又具有自身的年龄发展特点，因此在选择学前儿童文学作品时，应注意以下几点：

1. 内容丰富，形式多样

选择儿童文学作品时，不能将文学作品简单定位于“一个故事”或者“一个形象”，而是应该正确理解文学作品的文学特质，选择内容丰富且充满情感、趣味、快乐与美的元素的作品，这样才能更好地实现对儿童的文学艺术启蒙。为了让学前儿童感知文学语言的丰富性，要根据儿童的年龄阶段特点，选择适宜的儿歌、幼儿诗、绕口令、谜语、古诗、童话故事、生活故事或散文，让儿童接触多种形式的文学作品，从而感受不同体裁文学作品的语言艺术魅力。

2. 内容熟悉，主题明确

为学前儿童选择的文学作品一定要是儿童所熟悉和喜爱的，作品中反映的内容要贴近儿童的生活，为儿童熟知，这样儿童不仅能够更好地理解文学作品的内容，还能够掌握沉淀在文学作品中大量的生活经验。再者，文学作品对学前儿童各方面的发展都能够产生潜移默化的影响，因此，在选择作品时，要选择教育主题非常明确并且丰富的作品，让不同主题的作品产生不同的教育价值。我们可以选择增长儿童知识的作品，如故事《小蝌蚪找妈妈》；也可以选择增强儿童意志品质的作品，如儿歌《小熊过桥》；还可以选择培养儿童良好习惯的作品，如故事《不爱洗澡的小熊》等。这样可以让学前儿童在不同的文学作品中受到熏陶并得到全面发展。

3. 句法通俗，文字浅显

学前儿童的思维是以具体形象思维为主。因此，学前儿童在理解作品内容和语言时，更容易理解反映事物具体特点的语句，特别是儿童化、口语化的语言更有利于儿童理解。所以，在选择儿童文学作品时，一定要注意选择句法通俗、文字浅显的作品，通俗浅显的语言文字能够较好地述说故事的情节、人物的形象或者事物的特点。例如，诗歌《吹泡泡》：“小秋千，轻轻摇，我坐上面吹泡泡，泡泡跟着风儿飘，飞过丛林和树梢”。诗歌用浅显易懂的语言将小孩吹泡泡的整个动态过程描述得非常具体生动，利于儿童理解。

4. 形象生动，富有童趣

喜欢新奇的、有趣的事物是学前儿童的天性，为了激发儿童对所选文学作品的兴趣，保证活动效果，我们为儿童选取的文学作品一定要形象生动，富有童趣。这类作品往往具有引人入胜的惊异故事、生动有趣的人物形象、起伏变化的情节内容或异想天开的创意。例如，童话故事《三只小猪》将三只小猪勤劳或懒惰的形象描述得非常具体，生动刻画了人物的动作和心理变化，并以大灰狼的出现突出情节的变化，牵动儿童的心，最后以大灰狼的失败为结局，满足了儿童圆满解决事情的心理需求。

（二）学前儿童文学作品的分析

在学前儿童文学作品活动中，选择适宜的文学作品是首要条件，但如果缺乏对所选文学作品的正确分析和价值挖掘，往往也会影响整个活动效果。只有正确地对文学作品进行文本分析，才能更好地在活动中确定适宜的活动目标、选择合适的活动方法和教学手段，从而促进学前儿童语言的发展。因此，选择了适宜的儿童文学作品后，可以从以下几个方面对所选文本进行分析：

1. 作品的体裁特征

儿童文学作品的体裁非常丰富，不同的体裁又有不同的特点。儿歌和儿童诗虽然都是讲究韵律的文字，语言精练、形象，都适合儿童诵读。但相对而言，儿歌更加口语化，而儿童诗的书面语较多，表达更加含蓄。儿歌属于口头文学，儿童诗属于书面文学，两者在语言、节奏、韵律和游戏性方面大不相同。就故事而言，也存在不同的类型和风格，童话故事更具幻想性，情节往往跌宕起伏，人物形象类别化，并且常常运用多种表现手法来突出细节的描述；生活故事取材于生活，往往充满生活气息，语言质朴浅显，教育主题突出。

不同体裁的作品具有不同的特点，因此活动设计时指向的目标也就不同。儿歌欣赏除了理解儿歌中包含的形象，还可以引导儿童感知儿歌的韵律、节奏和口语化的特点，幼儿诗则可以引导儿童感知作品的语言美和意境美。在故事欣赏中，情节起伏变化较大的作品，可以引导儿童着重理解情节的变化，对于人物形象突出的故事，可以引导儿童关注人物形象的特点。对于一些有固定结构的诗歌或散文，还可以引导儿童进行仿编或创编。由此可见，不同的作品有不同的特点，在围绕具体作品开展活动时，教师需要提前对这些作品进行分析，为活动目标的制订和活动方法的选择奠定基础。

2. 作品的主题特征

儿童文学作品包含丰富的教育价值，能够对学前儿童各方面产生潜移默化的影响。不同题材的作品显示出的基本思想是不同的，有的单纯明确，有的新颖多样，总之，都是通过作者所写的事物来表现。要想最大程度地发挥所选儿童文学作品的教育作用，教师首先必须掌握所选作品的主题特征，了解该作品想要传达的基本思想、基本知识与儿童生活之间的联系，并且知道如何将这样的教育主题与儿童的实际生活相联系。例如，在故事《会动的房子》中，通过对小松鼠错将房子建在乌龟背上的有趣情节的描述，既可以向儿童展示小松鼠在山下、草原、河流看到的美好景色，增进对大自然的了解，又可以让儿童从小松鼠与乌龟的相处中感受动物之间的美好情谊。教师只有对这些内容进行有效挖掘，才能进一步引导儿童学习作品中包含的知识，感受作品传达的美好情感，从而增进生活经验，提升审美能力。

3. 作品的语言特征

儿童文学作品都是通过语言来塑造人物形象、传达美好情感、弘扬真善美的。语言作为儿童文学表现的载体，展现了儿童文学的独特艺术魅力。它通过浅显易懂的文字、丰富的语言表现手法，让整个作品呈现稚拙有趣、形象生动、动感以及音乐性的特征。为了更好地让儿童体会作品的语言美，教师在学前儿童文学作品活动前选择作品时应该对作品的语言特征进行分析，特别是挖掘作品中适合孩子最近发展区的成熟语言，让学前儿童感受语言的丰富性和多样性，并学习作品中的文学语言，拓展他们的词汇量和句型量。例如，散文诗《雪花》语言优美，用了很多形容词和副词来描述雪花的特点、作用以及落雪的动态美，因此，可以引导儿童在感受该散文诗语言呈现的意境美的同时，学习“闪亮”“松软”“清新”等词汇以及“……好像……”的句式表达。

教师主要通过以上几个方面对所选的儿童文学作品进行文本分析，在全面解读作品特点的基础上，来确定作品适宜的年龄阶段，以及围绕该作品开展一次具体的活动还是一系列的活动，是进行作品的欣赏活动，还是在欣赏作品的基础上进行创造性想象和语言表达。例如，故事《拔萝卜》，采用夸张的手法叙述了老爷爷带着大家拔萝卜的整个过程，故事中人物一个个出场，通过重复的语言、重复的动作，以及人物之间的互动，增强了故事的趣味性。故事通过拔萝卜这一贴近儿童生活的事件揭示了“人多力量大”的道理，这个故事非常适合小班儿童学习。基于以上特点，可以在小班开展《拔萝卜》故事欣赏活动，着重理解故事内容，并且在此基础上学说人物的对话，模仿动作进行表演活动，以加深对故事的理解。

二、学前儿童文学作品活动目标的设定

学前儿童文学作品活动通过大量优秀的儿童文学作品，培养儿童对不同体裁文学作品的兴趣，提高其文学审美能力，通过故事续编、诗歌或散文的仿编等文学创造活动，引导儿童进行创造性想象和语言表达，在文学作品的熏陶下和文学语言的运用中，促进学前儿童的全面发展。学前儿童文学作品活动目标的制订应该与儿童自身的年龄特点、发展水平相适应，并且结合儿童文学作品本身的特点，由易到难、由浅入深地进行设计。以下学前儿童文学作品活动设计主要是针对在幼儿园开展的学前儿童文学作品活动。

(一)学前儿童文学作品活动的总体目标

1. 引导儿童学会欣赏文学作品,感受作品的语言美、形式美和情感美

儿童文学作品体裁多样,题材广泛,语言本身形式和风格丰富多样。儿童可以在学前儿童文学作品活动中,通过欣赏文学作品,体验作品中的语言与日常口语表达之间的不同,感受作品中语言的形式、句式以及风格,从而感受语言的丰富性和独特魅力。例如,诗歌《摇篮》:“天蓝蓝,海蓝蓝,小小船儿当摇篮,海是家,浪做伴,白帆带我到处玩”。一韵到底的语言,非常流畅,描绘了一幅海天一色、广阔无边的美丽风景画,也体现了渔家小孩爱海的美好情怀和独闯世界的勇气。口语化与音乐性相结合的语言,能够提高儿童对语言的敏感性,便于儿童朗诵,并体验诗歌中的美好情感。

2. 让儿童学习准确、生动、优美的文学语言表达,扩展词汇量和句型量

学前儿童文学作品活动在引导儿童欣赏文学作品的过程中,向儿童传达了大量准确、生动、优美的文学语言,拓展了儿童文学词汇,丰富了儿童语言表达的句型,为儿童在日常生活中的表达积累语言素材,以提升其语言表达能力。例如,在故事《金色的房子》中,用“红的墙,绿的窗,金色的屋顶亮堂堂”来形容小姑娘的房子。儿童可以在欣赏故事的基础上,学习词汇“亮堂堂”并运用到生活中。在《小蝌蚪找妈妈》中,动物们在形容青蛙妈妈时说到“眼睛又大又圆”“嘴巴又宽又阔”“长着白肚子”“穿着绿衣服”,可以让儿童在了解青蛙外形特点的基础上,学会“又……又……”的表达。

3. 发展儿童的倾听能力

倾听能力的培养是语言教育活动的重要目标,在儿童文学作品欣赏过程中,也贯穿了儿童的“听”。教师呈现符合儿童兴趣的作品,以调动儿童的倾听兴趣,引导儿童仔细聆听作品内容。在儿童聆听的基础上,通过表演、提问等多种方式引导儿童理解作品。可以说,学前儿童文学作品活动为儿童提供了有意识、辨析性和理解性倾听的机会。

4. 鼓励儿童创造性地运用语言,提高对语言的灵活运用能力

在学前儿童文学作品活动中,教师逐步引导儿童在倾听作品的基础上,理解和体验儿童文学作品的情节、内容、情感,并从中学习一些词汇或句型。在此基础上,幼儿教师会根据儿童文学作品本身的结构特点、语言特点,引导儿童进行

扩展性想象，并结合自身的生活经验，在作品原有语言信息的基础上，进行创造性表演、续编故事、仿编诗歌或散文等活动，从而引导儿童创造性地运用语言。例如，诗歌《摇篮》："蓝天是摇篮，摇着星宝宝，白云轻轻飘，星宝宝睡着了；花园是摇篮，摇着花宝宝，风儿轻轻吹，花宝宝睡着了；大海是摇篮，摇着鱼宝宝，浪花轻轻翻，鱼宝宝睡着了；妈妈的手是摇篮，摇着小宝宝，歌儿轻轻唱，小宝宝睡着了"。教师在围绕这个作品开展活动时，可以引导儿童在欣赏这首诗歌的意境美和情感美的基础上，结合自身的生活经验，运用"……是……的摇篮"进行仿编，可以充分发挥儿童的想象力，培养儿童语言运用的灵活性。

（二）学前儿童文学作品活动的年龄阶段目标

1. 小班学前儿童文学作品活动的目标

（1）喜欢欣赏文学作品，愿意参加文学作品活动。

（2）能初步感受文学作品的语言美，知道不同的文学体裁：诗歌、故事、散文。

（3）能初步用语言、动作、表情表达对作品的理解。

（4）语言发展能力较强的儿童，能够扩展想象，仿编诗歌中的某一句或尝试续编故事结尾。

2. 中班学前儿童文学作品活动的目标

（1）喜欢不同类型的文学作品，主动积极参加文学作品活动。

（2）进一步感受文学作品的语言美，能区分文学语言与日常用语。

（3）能理解作品的人物形象和感情基调，并能用恰当的方式表达对作品的理解。

（4）能根据线索，仿编诗歌内容、创编故事部分内容和结尾。

3. 大班学前儿童文学作品活动的目标

（1）乐意欣赏不同的文学作品，积累文学语言，并尝试在适当场合运用。

（2）在理解作品内容的基础上，理解作品的主题和情感脉络。

（3）初步感知文学作品的艺术表现特点和艺术语言构成。

（4）联系个人经验进行扩展想象，进行创造性表述、创编或续编。

（三）学前儿童文学作品活动的具体目标

依据活动目标制订的针对性、适宜性、发展性、可操作性等原则，参考学前儿童文学作品活动的总体目标以及年龄阶段目标，结合对所选文学作品的文本分析，来制订具体的活动目标。如：

小班故事《拔萝卜》欣赏活动活动目标：

1.通过倾听故事，理解老爷爷带着大家拔出萝卜的过程。

2.学说主要对话，尝试模仿老爷爷、老婆婆、小姑娘等角色进行表演。

3.初步懂得人多力量大的道理。

中班儿歌《小熊过桥》欣赏活动活动目标：

1.理解儿歌内容，感知《小熊过桥》的节奏美和韵律美。

2.学会有节奏地朗诵儿歌，发准翘舌音“zh、ch、sh”。

3.体会小熊过桥前后的心情变化，懂得要大胆地克服困难。

三、学前儿童文学作品活动环境的创设

《纲要》指出：“语言能力是在运用的过程中发展起来的，发展幼儿语言的关键是创设一个能使他们想说、敢说、喜欢说、有机会说并能得到积极应答的环境。”由此可见，要想全面提升儿童的语言能力，语言教育活动环境的创设就显得特别重要。学前儿童文学作品活动作为语言教育活动的重要类型，是通过文学作品与儿童多途径的互动对儿童产生潜移默化的影响。因此，为了让儿童文学作品能够最大程度地发挥其作用，促进儿童语言能力的提升，创设适宜的语言环境就显得尤其重要。这里的环境既包括物质环境又包括精神环境。

（一）创设激发儿童对文学作品的兴趣的幼儿园空间环境

学前儿童文学作品活动中，儿童主要通过“看”“听”来学习文学作品。为了让儿童接触更多优秀的文学作品，我们可以将很多优秀的文学作品制作成生动、美丽的图画，张贴在幼儿园楼道和教室的墙面上，如《大白鹅的故事》《小红帽》《下雨的时候》等。结合习惯养成教育，将一些行为习惯的儿歌配上图片，如儿歌《洗手歌》等，布置在幼儿园的各个角落里。采取视听结合的方法，让儿童走进幼儿园，就仿佛走进一个童话般的世界，将不识字的儿童引入文学作品的世界里，使儿童受到潜移默化的影响，当儿童再次听到这些故事、儿歌时，头脑中就会再现出美丽的图画，从而激发儿童对文学作品的学习兴趣。

（二）提供引导儿童自主语言学习的区角环境

区域活动是儿童喜爱的游戏形式之一，教师要创设各种语言活动区，投放丰富的语言活动材料，支持儿童自主地学习语言。为每一个班的儿童创设不同的语言活动区，如阅读区、角色表演区等。在阅读区中，我们根据近期的教育目标，

投放一些优秀儿童文学作品图书，采用师幼共读方法，帮助儿童理解故事的情节并感受文学作品的魅力与主题。在角色表演区中，可以根据近期的教育内容，投放儿童学过的文学作品中人物的木偶、头饰、指偶、背景、道具、立体教具等，支持儿童模仿复述，满足儿童的表演欲望。在语言活动区中，儿童可以自主学习，提高了儿童语言表达能力。

（三）营造想说、敢说、喜欢说的心理环境

儿童在学习语言的过程中，教师对待儿童态度的好坏，对儿童是否能很好地表达意愿具有影响。《纲要》中指出，“发展儿童语言的关键是创设一个能使他们想说、敢说、喜欢说、有机会说并能得到积极应答的环境”，“创造一个自由、宽松的语言交往环境，支持、鼓励、吸引幼儿与教师、同伴或其他人交谈，体验语言交流的乐趣”。因此教师在同儿童相处中要成为他们的朋友，尊重他们的同时让他们感受到被爱，为他们提供自由表达的机会。耐心倾听，接受儿童的语言表达方式，甚至接受儿童错误的表达，不要急于纠正儿童的错误，多鼓励表扬，给予正确的示范，让儿童在模仿中学会正确的表达。这样才能让儿童在充满关爱、自由、宽松的环境中进行语言的主动建构。

第三节 学前儿童文学作品活动的组织与指导

学前儿童文学作品活动是围绕儿童文学作品，引导儿童在欣赏和理解文学作品的基础上，感知语言的丰富性和多样性，并引导儿童结合自身的经验进行迁移、想象和创造性表达，是一个以学前儿童为主体，逐步推进的一个过程。它需要教师依据学前儿童文学作品活动的目标，结合儿童的年龄阶段特点和身心发展水平以及所选作品的特点，进行巧妙设计、精心组织，并对儿童在学习过程中的问题进行积极反馈。这样的学习过程是系统化、综合化的，还需要注重一定的层次性，这就需要教师掌握学前儿童文学作品活动组织的基本步骤。

一、学前儿童文学作品活动组织的基本步骤

组织学前儿童文学作品活动需把握好四个步骤。

（一）感知文学作品

学前儿童文学作品活动中，欣赏和理解文学作品的前提是感知文学作品。教师要结合儿童在思维、语言等方面的年龄阶段特点和发展需要，结合作品本身的难易程度，选择适宜的创设情境方式。对于浅显易懂的作品，可以直接用语言讲述或者朗诵。对于比较抽象或者内容较多的作品，也可以借助挂图、实物、幻灯片等直观教具进行讲述或朗诵，还可以借助录音或动画等多媒体手段呈现。总之，要根据儿童的年龄阶段特点和作品的特点来选择适宜的呈现方式，要在最大程度上引起儿童的注意，提高他们倾听的意识和对作品的关注。例如，在大班故事《野猫的城市》欣赏活动中，借助大的挂图和人物图片来生动地讲述整个故

事。随语言讲述逐步出示相应的人物图片，并在讲述过程中不断操作教具，呈现出故事的情节变化和人物关系，有利于学前儿童初步了解故事内容。

（二）理解、体验文学作品

学前儿童理解文学作品的程度往往决定了活动的成败。因此，在开展学前儿童文学作品活动时，教师要充分利用多种手段，帮助儿童全面地理解作品的主要内容、主题思想、语言特征，体验作品中包含的情绪情感等。例如，在故事《鼠小弟的小背心》欣赏活动中，我们可以借助故事图片，让儿童在观察画面的基础上理解故事的主要情节，即鼠小弟的小背心的变化及其原因。在此基础上，引导儿童观察鼠小弟穿背心前后的状态，体会鼠小弟心情的变化，从而学习鼠小弟可贵的包容精神。

在帮助学前儿童理解、体验文学作品时，教师应该根据儿童的年龄阶段特点和作品本身的特点，选择多样化的教学形式和方法，不要重复讲述作品，也不要让儿童机械地复述或者诵读作品。在这个环节最常用的方法就是提问法，通过有一定目标性、逻辑性、层次性、启发性和针对性的问题，引导儿童充分地理解文学作品的内容、主题思想、文学语言、情绪情感等。最常用的就是三层次提问法。通过描述性提问，引导儿童理解作品的主要内容、情节和语言。例如，在中班儿歌欣赏活动《小熊过桥》中，通过“谁来过桥？过桥时遇到了什么事？它是怎么做的？谁看见了？它们是怎么做的？怎么说的？小熊是怎么过桥的？”等描述性问题，引导儿童理解诗歌的主要内容，即小熊过桥的过程。通过思考性问题引导儿童理解作品的主题思想、人物形象以及心理特征、语言风格或特征等。例如，通过“乌鸦和流水做得对吗？鲤鱼做得对吗？为什么？小熊过桥前心情怎么样？过桥之后心情怎么样？它变成了一只怎样的小熊？”等思考性的问题，帮助儿童体会小熊过桥前后的心理变化，理解自己遇到困难要勇敢，别人遇到困难时要帮助别人等主题思想。通过假设性提问引起儿童的想象和讨论，例如通过“假如你是小熊，这时候你会怎么做？”引发学前儿童更多的思考。

当然，除了提问法，还可以借助挂图、实物、多媒体动画等直观材料或表演等方法，帮助儿童进一步理解作品。例如，在大班古诗《悯农》欣赏活动中，为了引导儿童充分地理解诗句的意思，可以借助挂图和提问，引导儿童观察农民辛苦锄禾的画面，通过直观的画面来理解诗句的意思，较难的字词句还可以采用教师讲解的方式，需要注意的是，讲解的语言必须浅显易懂、具体形象。在理解《三只小猪》的故事时，可以借助图片，即在通过提问引导儿童理解时，根据故事情节展示相应图片，用图片再次呈现出故事的主要情节，帮助学前儿童理解。

（三）迁移作品经验

学前儿童文学作品活动向儿童展示的都是学前儿童直接经验基础上的间接经验。为了更好地将这些间接经验和儿童自身的生活经验联系起来，教师需要在引导儿童理解和体验作品的基础上，开展绘画、表演、讨论等多种形式的活动，引导学前儿童将作品中的经验迁移到当前的生活当中。例如，在故事《拔萝卜》欣赏活动中，教师在儿童理解故事内容和主题思想的基础上，给儿童分发头饰，让他们学说对话，模仿角色进行表演，在表演中进一步体会什么叫作“人多力量大”。在故事《小老鼠与大老虎》欣赏活动中，教师可以在儿童理解故事的基础上，组织讨论如何与好朋友和睦相处，将作品中的经验迁移到儿童生活中，实现人际交往教育的目的。在故事《野猫的城市》欣赏活动中，引导儿童用自己的语言介绍城市的斑马线、高楼和地图，从而加深学前儿童对真实城市的理解。

（四）创造性想象和语言表达

在理解和体验作品之后，教师还可以根据儿童的年龄阶段特点和作品本身的特点，给予儿童充分的机会，引导学前儿童进行扩展想象和创造性地运用语言来表达自己对作品的理解，挖掘儿童的语言潜能。在这个环节中，教师可以创设良好的环境，引导儿童进行故事续编、诗歌或散文仿编等创造性活动，提高学前儿童的语言敏感性，提升其语言表达的灵活性。

1. 艺术地再现文学作品

在儿童理解和体验文学作品的基础上，教师借助表演、游戏、手工、舞蹈等方式帮助学前儿童艺术地再现文学作品。在再现作品的过程中，着重引导儿童在作品原有内容的基础上，发挥自己在语言或表演上的创造性，融入自身的情感体验，帮助学前儿童将作品的内容真正地内化。例如，在故事《老鼠嫁女儿》欣赏活动中，可以让儿童通过自身的创造性表演，加深对故事的理解。

2. 故事创编或续编

故事类文学作品活动中的创造活动主要是引导儿童尝试运用语言编出符合结构规则的故事，或者就某个不太完整的故事进行续编。这需要学前儿童具备一定的生活经验和语言表达水平。在这类活动中，教师要为儿童营造宽松愉快的氛围，启发儿童大胆想象，还要根据儿童的年龄阶段特点提出不同的要求。中小班的儿童主要以续编故事为主，根据儿童对故事语言、情节、人物等的理解，编结局或者高潮等有趣的情节；大班儿童具备一定的经验，语言表达能力进一步发展，可以为其提供一些背景材料，让其进行完整故事的创编。例如，在大班故事《龟兔赛跑》欣赏活动之后，进行故事创编《龟兔第二次赛跑》。

3. 诗歌或散文的仿编

诗歌或散文的仿编是儿童在欣赏和理解这类作品内容和结构的基础上进行的创造性活动。学前儿童需要感知、理解作品中的一句话或一段话的结构特点，调动自己的生活经验，借助原有的结构，通过替代词或句子的方式完成仿编。例如，在中班诗歌《伞》仿编活动中，可以引导儿童按照"……的……是……的伞"的句型结构进行仿编。

二、学前儿童文学作品活动实施中应注意的问题

学前儿童文学作品活动是幼儿园语言教育活动的重要类型，也是幼儿园教师运用比较广泛的一类活动。但是，由于幼儿教师对该活动的价值认识不到位或自身的文学素养缺乏，容易出现一些教育误区。因此，在学前儿童文学作品活动的实施中应该注意以下问题。

（一）避免将学前儿童文学作品活动变成语言、情感教育的工具

文学的特质在于审美，一切文学作品都首要体现在其审美价值上。事实上，儿童文学作品的欣赏主要是凭借教师对作品形象的塑造、对文学语言的传达，以及教师的情绪情感、动作表情等，以使学前儿童通过想象来感受和理解作品，在教师的帮助下引起情感共鸣，获得审美体验。幼儿园教师在开展文学欣赏活动时，更应该注意从"动情"着手，以"设情"展开，最终实现"表情达意"的目的。而不是重复地讲述和灌输，以语言发展作为唯一目的，也不是只发掘作品中的教育价值而对学前儿童进行道德说教或者情感教育。

（二）应该重视对儿童文学作品的分析

《纲要》中明确指出："引导幼儿接触优秀的儿童文学作品，使之感受语言的丰富和优美，并通过多种活动帮助幼儿加深对作品的体验和理解。"与其他语言教育活动相比，在学前儿童文学作品活动中学前儿童所面对的对象是较为抽象的、信息量十分丰富的文学作品，儿童与活动对象交互的首要任务就是学习如何理解文学作品。为此，教师就应当从每一个具体的文学作品出发，在自己清晰理解作品特征的基础上，去引导学前儿童学习、理解文学作品，并且这样在制订教

学目标、设计教学过程、选择教学手段时也会更游刃有余。

【案例参考】

小班故事《小红母鸡》欣赏活动

◇活动目标

1.能理解故事内容，并学会故事中简单的对话。

2.感受故事的寓意，体验小红母鸡最后收获的喜悦。

3.懂得只有自己动手劳动，才会有收获。

◇活动重点

理解故事内容，体验参与文学活动的快乐。

◇活动难点

体会到故事的寓意：只有自己动手劳动，才会有收获。

◇活动准备

1.经验准备：已学会唱儿歌《我爱我的小动物》。

2.材料准备：导入音乐《我爱我的小动物》、结束音乐《走路》（钢琴伴奏）、PPT 绘本课件、小动物与夜晚图片。

◇活动过程

一、音乐导入，引出绘本内容

1.教师：小朋友你们都认识哪些小动物啊？你们喜欢它们吗？我们学的儿歌《我爱我的小动物》中就有很多小动物，我们一起来唱一唱《我爱我的小动物》。（钢琴伴奏唱儿歌）

2.教师：今天呀我们班就来了好多小动物，我们一起来看一看，它们是谁啊？（出示小动物图片，引导幼儿和小动物打招呼。）

3.教师：它们几个是好朋友，天天在一起玩，今天呀，老师就给小朋友们讲一个关于它们的故事。

二、讲述故事，引导幼儿理解故事内容

1.配合多媒体课件，带领幼儿一起欣赏故事。

2.在讲述过程中适当提一些简单的问题，帮助幼儿理解故事内容：

小红母鸡都找到哪些好朋友帮忙啊？

种麦子时，它的好朋友都说了什么呀？（我不愿意！）

收麦子时，它的好朋友都说了什么呀？（我不愿意！）

蒸面包时，它的好朋友都说了什么呀？（我不愿意！）

吃面包时，它的好朋友都说了什么呀？（我愿意！）

三、引导幼儿思考，教师做总结，点明故事寓意

1.教师：小红母鸡最后吃上香喷喷的面包了吗？那小猪、小花猫、绿鸭子和大白鹅最后吃上香喷喷的面包了吗？

2.总结：小红母鸡通过自己的辛苦劳动，最后吃上了香喷喷的面包，小猪、绿鸭子、小花猫和大白鹅太懒了，它们都不愿意帮助自己的好朋友，到最后也没能吃上香喷喷的面包。我们要学习小红母鸡那样自己动手做事，最后才能有收获，不能学习小猪、小花猫、绿鸭子和大白鹅的懒惰，不爱帮助好朋友，到最后什么收获也没有。

◇活动延伸

出示夜晚的图片："天黑了，小动物们要回家休息了，我们一起把它们送回家好不好？它们都是怎样回家的呀？"将幼儿组织站好，进行舞蹈模仿表演《走路》，调整课堂气氛，结束本节课。

◇家园联系

让幼儿把故事讲给爸爸妈妈听，并且为爸爸妈妈做一件力所能及的小事。

（案例选自全国第一届学前教育专业学生幼儿园活动设计与组织大赛作品）

【本章小结】

学前儿童文学作品活动就是以文学作品为载体而设计和组织的语言教育活动。它具有如下特点：围绕文学作品教学开展；整合相关内容；提供多种与文学作品相互作用的途径。学前儿童文学作品活动能够促进学前儿童文学审美、思维和语言表达、社会性的发展。在选择学前儿童文学作品时应注意内容丰富，形式多样；内容熟悉，主题明确；句法通俗，文字浅显；形象生动，富有童趣。在对学

前儿童文学作品进行分析时可从其体裁特征、主题特征和语言特征三方面进行。

学前儿童文学作品活动目标的制订应与儿童自身的年龄特点、发展水平相适应，并且结合儿童文学作品本身的特点，由易到难，由浅入深地进行设计。学前儿童文学作品活动组织的基本步骤为感知文学作品、理解、体验文学作品、迁移作品经验、创造性想象和语言表达。在环境创设上要有能激发儿童对文学作品兴趣的幼儿园空间环境；提供引导儿童自主语言学习的区角环境；营造想说、敢说、喜欢说的心理环境。在学前儿童文学作品活动的实施中，避免将文学作品活动变成语言、情感教育的工具，重视对儿童文学作品进行深入的分析。

思考与练习

1.简述学前儿童文学作品活动的特点。

2.学前儿童文学作品活动的环境应如何创设？

3.请自选一个学前儿童文学作品，对其展开活动目标的设定。

【考查要点】

学前儿童文学作品活动对儿童其他方面的学习与发展有着重要的影响。通过本章的学习，应熟悉和把握学前儿童文学作品活动的特点、意义，懂得如何设定学前儿童文学作品活动的目标，了解学前儿童文学作品活动的组织步骤，知道如何创设学前儿童文学作品活动的环境。这一章在历年考试中多以活动设计题呈现，实践应用性较强。

【真题链接】

面试题

故事活动：《城市老鼠和乡村老鼠》。(2016年)

一天，乡村老鼠请城市老鼠来做客。城市老鼠说："你就住在这样的地方呀！没有高楼，没有大马路，没有很多很多的人。"

乡村老鼠说："我的家挺好的，有树林，有田野，有很多很多的庄稼，还有小鸟在歌唱。"乡村老鼠拿出好东西请城市老鼠吃，有水灵灵的蔬菜，黄澄澄的玉米棒，还有白花花的米饭和馒头。

城市老鼠说："你就吃这些东西呀！我每天喝可乐，吃面包，还有泡泡糖和跳跳糖，还是我的家好。"还没有天黑，城市老鼠就回家去了。

乡村老鼠想到城市里去看看，第二天他一早就出发了。刚一进城，乡村老鼠就看到高高的楼房、宽宽的马路。他刚要穿马路，汽车就开过来了。一辆接着一辆。这时候，大皮鞋、高跟鞋都往乡村老鼠身上踩过来，"哇——救命呀——"他吓得赶紧钻进下水道，黑咕隆咚的下水道，臭烘烘，脏兮兮。

乡村老鼠好不容易来到城市老鼠住的高楼。刚一进门，凉凉的空调风就吹了过来，乡村老鼠"阿嚏阿嚏"，一个劲儿打喷嚏。

城市老鼠拿出好东西给乡村老鼠吃。乡村老鼠吃一口面包，喝一口可乐，哎呀，可乐在他的肚子里"骨碌骨碌"直冒泡泡。乡村老鼠去吃泡泡糖和跳跳糖。泡泡糖粘住了他的牙，跳跳糖在他的嘴里"毕剥毕剥"地跳，吓得乡村老鼠什么也不敢吃了。

天还没黑，他就饿着肚子回家去了。回到乡村，看见绿绿的树林、长着庄稼的田野，听着小鸟歌唱，乡村老鼠说："还是自己的家好呀！"

（1）在故事过程中，你认为4—5岁幼儿最感兴趣、最易兴奋和难以理解的内容是什么？为什么？

（2）请围绕该作品设计并展示教育活动。

【答案】（1）幼儿最感兴趣和最令他们兴奋的是乡村老鼠去了城市以后的各种不适应表现，故事的诙谐幽默感能让孩子开怀大笑，尤其是一些具体情境与幼儿实际生活联系密切，如泡泡糖能粘住牙齿、跳跳糖"毕剥毕剥"的感觉等，能够引发幼儿联想到生活中自己曾经经历过的趣事，最让孩子兴奋和感兴趣的往往是和孩子生活联系密切，符合他们认知特点的事情。

难点在于引导幼儿思考城市老鼠和乡村老鼠为什么不喜欢对方的生活，他们为什么要回到原来居住的地方。在此基础上延伸到让幼儿明白选择自己喜欢的生活方式的重要性。

（2）参考设计请扫描二维码

【真题模拟】

一、单选题

1.下列不是学前儿童文学作品的特点是（　　）。

A.围绕文学作品教学开展

B.整合相关内容开展一个主题、多种形式的系列活动

C.提供多种与文学作品相互作用的途径

D.简单易懂

2.要创设学前儿童文学作品活动环境，下列选项不符合的是（　　）。

A.创设激发儿童对文学作品兴趣的幼儿园空间环境

B.提供引导儿童自主学习语言的区角环境

C.营造想说、敢说、喜欢说的心理环境

D.放置许多玩偶

二、多选题

1.学前儿童文学作品活动的意义有（　　）。

A.促进儿童文学审美的发展

B.促进儿童思维和语言表达的发展

C.促进儿童社会性的发展

D.让儿童更加开心

2.学前儿童文学作品的选择依据有（　　）。

A.内容丰富，形式多样

B.内容熟悉，主题明确

C.句法通俗，文字浅显

D.形象生动，富有童趣

3.学前儿童文学作品活动实施中要注意的问题有（　　）。

A.避免将文学作品活动变成语言、情感教育的工具

B.应该重视对文学作品的分析

C.尽量挑选童话故事

D.挑选一些有暴力情节的故事

三、活动设计题

春季正是花开的季节，走在路边可以看到各色各样的花盛开的景象，被风一吹，花瓣随风起舞，就像是被赋予了灵性一样，花瓣落下又像是下了一场花雨，真是忍不住让人想起花瓣飘落的那一刻！

请根据所提供的材料，设计幼儿园大班活动“花的礼物”，要求写出活动目标、活动准备、活动过程。

【思考实训】

思考：

通过本章的学习，我学到了什么？什么是学前儿童文学作品活动？学前儿童文学作品活动有什么意义？如何选择和分析儿童文学作品？如何设定学前儿童文学作品活动的目标？学前儿童文学作品活动组织的基本步骤是什么？如何创设学前儿童文学作品活动的环境？我还有什么疑惑？我还想了解什么？

实训：

1.每位同学课后搜集身边优秀的儿童文学作品，在课堂中进行交流分享，提升对儿童文学作品探究的兴趣。

2.小组合作查阅文献，搜集案例说明学前儿童文学作品活动的意义。

3.观摩一个学前儿童文学作品活动的视频，分组讨论学前儿童文学作品活动是如何促进学前儿童发展的。

4.自选题材分小组设计一个学前儿童文学作品活动。

【推荐阅读】

[1]张明红.学前儿童语言教育与活动指导[M].上海：华东师范大学出版社，2014.

[2]郑慧俐，季燕.学前儿童语言教育[M].南京：南京大学出版社，2017.

[3]周兢.学前儿童语言学习与发展核心经验[M].南京：南京师范大学出版社，2014.

[4]唐安兴，刘丙钧.幼儿文学[M].上海：华东师范大学出版社，2015.

[5]吕明.幼儿文学作品赏析与写作指导[M].上海：复旦大学出版社，2014.

[6]刘海丽，朱福芳，高小焱，等.幼儿文学阅读与指导[M].北京：北京师范大学出版社，2016.

[7]李倩敏，李怀星.幼儿文学作品赏析与表达指导[M].北京：北京师范大学出版社，2015.

【小憩驿站】

扫描二维码，聆听黄豆豆老师为大家讲述《神奇的蓝色水桶》。

第6章 学前儿童谈话活动设计与指导

在晨间谈话时，可以拟定一些学前儿童感兴趣的开放性题目引发他们讨论：如果你是园长，你最想做的事情是什么？假如我们的房子会飞，你希望它飞到哪里去？回家的路上，忽然下起了大雨，你该怎么办？

学前儿童对生活充满了好奇，生活中有许多的事物、见闻会引发他们的兴趣和探究的愿望，特别是中大班的孩子，求知欲望特别强烈。以上晨间谈话内容能激发学前儿童的兴趣，引发他们的想象。谈话经验作为学前儿童口头语言的关键经验之一，是学前儿童在听和说的过程中获得的，对儿童口头语言的发展起着重要作用。谈话活动主要指向儿童谈话经验的学习与发展，与其他语言领域活动相比，形式、内容、方法、实施途径等方面具有自身的独特性，其作用不可替代。

【学习目标】

1.知识目标：了解学前儿童谈话活动含义，理解并掌握幼儿园谈话活动特点、意义。

2.能力目标：能设计并开展幼儿园谈话活动，明确谈话活动的目标指向，能够为学前儿童谈话活动开展提供有效材料、选择适当的内容，并能有效介入进行指导以及做好环创。

3.情感目标：乐意与学前儿童一起参与谈话活动。

【学习重难点】

1.学习重点：能明确谈话活动目标，选择适当的谈话内容。

2.学习难点：学会设计幼儿园谈话活动，并做好相应的指导。

【知识结构图】

- 学前儿童谈话活动设计与指导
  - 学前儿童谈话活动概述
    - 含义
    - 特点
    - 意义
  - 学前儿童谈话活动的设计
    - 目标指向
    - 材料提供
    - 内容选择
    - 环境创设
  - 学前儿童谈话活动的组织与指导
    - 组织与实施步骤
    - 指导策略
    - 教师角色
    - 实施过程中需注意的问题

第一节
学前儿童谈话活动概述

在学前儿童语言发展过程中，谈话创设了日常口头语言交往的情境，在谈话活动中，儿童充分调动自身已有经验，围绕自己熟悉的话题去倾听他人意见，表达自身想法。谈话活动的主要目的在于帮助学前儿童围绕某一特定话题进行现场交往；能倾听、理解他人谈话内容；清楚表达自己已有经验或感受；能够紧扣中心话题、轮流谈话、进行真实信息交流、流畅使用语言、对语境保持一定的敏感性等。

关于幼儿园的谈话活动，有的侧重儿童对话能力的发展，有的偏向考虑儿童语言表达能力的发展，将谈话列入生活经验讲述的范畴。谈话活动是旨在创设一个良好的语言环境，帮助学前儿童学会倾听别人谈话，引导儿童围绕一定话题并以交谈为主要形式开展的语言教育活动。学前儿童在谈话中可以习得与别人交流的方式、规则，培养与人交往的能力。

一、谈话活动的含义

谈话活动是幼儿园语言教育不可或缺的一种重要活动类型，对学前儿童语言能力的发展具有促进意义。谈话活动是一种有计划、有目的地组织儿童进行口头语言对话的活动，为儿童创设的是口头语言对话情境，旨在引导儿童运用已有的谈话经验参与交流活动，从而有意识地整理和巩固已发展的谈话经验，获取新的谈话经验。[①]

谈话活动与日常交谈既有区别，又有联系。主要表现在：

①余珍有.幼儿园语言领域教育精要——关键经验与活动指导[M].北京：教育科学出版社，2016：77.

（一）目的性

谈话活动是有目的、有计划地创造交谈机会。日常谈话则是无预期目标和计划的谈话，具有自发性、随意性特点。

（二）指导性

谈话活动明显表现出教师的指导作用，一般来说是教师有计划有目的地引导学前儿童谈话。日常交谈则更多地需要发挥儿童的主动性。

（三）话题性

谈话活动有明确固定的话题，是教师根据教育目标和计划精心设计的。日常交谈则一般没有固定话题，是学前儿童随意想起的。

（四）正式性

谈话活动是在集体场合、在正式活动中专门进行的。日常交谈则一般是在自由活动中，两名及其以上儿童之间发生的。

谈话活动是一种对学前儿童进行语言教育的特殊方式，与幼儿园其他语言教育活动相比，在形式、内容、方法以及实施途径等方面，具有自身的特征，其作用是其他语言教育活动所不能替代的。

二、谈话活动的特点

根据学前儿童的年龄特点及所处环境，学前儿童谈话活动具有以下典型特点：

（一）有具体的、学前儿童感兴趣的中心话题

中心话题限定着学前儿童的交流范围，主导着儿童的谈话方向，使儿童的交谈带有讨论的性质。要使学前儿童集中关注并用语言进行交流，中心话题必须满足三个条件：第一，参与谈话的学前儿童对中心话题要具有一定的经验，有话可讲。对于完全陌生的话题，学前儿童往往无话可说，难以产生谈话兴趣。第二，学前儿童对话题要有一定的新鲜感。儿童对于自己感兴趣的话题总是乐于交谈，而他们感兴趣的话题往往与新颖的生活内容有关，一些反复提起、重复谈论的内容则难以引发学前儿童的强烈关注。第三，中心话题要与学前儿童近期生活的共同关注点有关，切切实实是从孩子生活中来，又指向生活的话题。

(二)交谈范围广,形式丰富

谈话活动中交谈对象范围较广:学前儿童有时在全班面前发表个人见解,有时在小组里与同班儿童交谈,有时与邻座儿童或教师进行个别交谈。幼儿园的谈话活动主要包括教师与儿童交谈、儿童与教师交谈、儿童与儿童交谈。学前儿童进行中心话题交谈时,思路开阔,语言经验各有差别,因此含有这些经验内容的语言形式也非常丰富。谈话活动是一种全方位的语言交流活动,教师应注重多方面的信息交流,为学前儿童提供更多的学习和运用语言的机会。

(三)拥有宽松自由的交谈氛围

谈话活动强调学前儿童运用语言与他人进行交流,围绕儿童感兴趣的话题进行交谈。从活动中学前儿童运用语言的方式看,谈话活动的语言属对话范畴,就如人们平时的一般交谈,不需要使用正式场合时规范严谨的语言,而是使用宽松自由、不拘形式的语言,说明想法即可。

(四)教师起间接引导作用

教师往往以参与者的身份出现在学前儿童谈话活动中,对儿童谈话辅以间接指导。这种间接引导通过两种方式实现:一是以提问的方式引出话题或转换话题,引导学前儿童谈话思路,把握谈话方式;二是以“平行伙伴”身份对学前儿童做隐性示范,进行平行谈话,通过谈论自己的经验,比如自己喜欢的节日及喜欢的原因等,向学前儿童暗示谈话内容及组织交流的方法。

三、谈话活动的意义

《指南》建议:每天有足够的时间与幼儿交谈。如谈论儿童感兴趣的话题,询问和听取其对自己事情的意见等。幼儿园谈话活动对儿童、教师发挥着不可替代的重要作用,具有独特的教育功能。《指南》明确提出:幼儿在运用语言进行交流的同时,也在发展着人际交往能力、理解他人和判断交往情境的能力、组织自己思想的能力。除此之外,对儿童来说,幼儿园谈话活动还具备以下价值:

(一)释放情绪,转换负面情感

谈话活动可以帮助学前儿童充分地释放心中的情绪,通过表达和对话更深入地认识自己,通过倾听能更细致地体谅他人,从而通过有意识地自我努力、自我调整,学会调节心情,转化负面情绪,甚至包容他人。“幼儿将负面情感转化为正面情感，需要激发智慧，付出努力与学会等待。”[①]当学前儿童在谈话过程中出现停顿、思考时，教师要学会耐心等待，不要急于让儿童表达。

（二）获取新信息

学前儿童从与教师、同伴的谈话中，能获取自己所不熟悉、不知晓的新知识、新信息，接触到心中渴望的流行文化元素，既满足了自身追求和求知的欲望，又能逐步超越个体的直接感知，扩展学习的范围。

（三）勇于并恰当表达主观见解

在谈话活动中，学前儿童拥有比其他活动更多的表达和交流机会，氛围也更加宽松自由，更能毫无顾忌地说出内心的想法和感受，而不用担心对错或是否扰乱秩序。在大家各抒己见的语境中，学前儿童独立思考的习惯得以慢慢培养，恰当有序、有重点、有中心地表达自我的能力得以逐渐提高。

（四）实现自我展示与自我完善

儿童对自我完善非常感兴趣，而且还在完善自我的过程中变得快乐和幸福。[②]谈话活动中学前儿童可以满足自我表现、展示优点、获取自信的愿望，还可以通过老师、同伴的展示产生对某一事物、才能的兴趣，确定努力的方向，不断完善自我。

总而言之，学前儿童谈话活动能够让儿童体验到交谈的乐趣，爱上交谈，另一方面，还能有效提高儿童的语言运用能力，增强儿童对环境的敏感度，发展儿童的心理预备能力，促进教师与儿童、儿童与儿童之间的互动。[③]

①高杉自子.幼儿教育的原点[M].王小英，译.上海：华东师范大学出版社，2014：49.

②玛利亚·蒙台梭利. 有吸收力的心灵[M].成墨初，芮青蓝，译.哈尔滨：黑龙江教育出版社，2013：23-24.

③马晓红.幼儿园谈话活动的教育价值及组织策略——儿童节目《潮童天下》的启示[J].陕西学前师范学院学报，2017，33(4)：95-98.

第二节
学前儿童谈话活动的设计

学前儿童谈话活动对学前儿童的语言发展十分重要。要有效开展和实施谈话活动必须基于良好的活动设计，谈话活动的目标设计是整个谈话活动的方向与指引。根据学前儿童身心发展规律和年龄特点，各年龄班的谈话活动目标设计与确定有不同的侧重。

一、谈话活动的目标指向

谈话活动重在培养学前儿童运用口头语言与他人进行交往的意识、情感和能力。其目标指向主要表现在：

（一）引导学前儿童学习倾听他人的谈话

教师有目的、有计划、有组织的谈话活动，可以培养学前儿童的倾听技能。第一，有意识倾听。学前儿童有主动倾听别人谈话的愿望、兴趣、态度和习惯，当别人说话时能集中注意力去耐心倾听，能主动倾听并了解别人谈话的信息。第二，辨析性倾听。学前儿童通过仔细聆听分辨不同声音，包括说话人声音的特点以及声音中表达的情绪情感等。第三，理解性倾听。学前儿童通过谈话中的倾听，提高理解谈话内容的水平。在倾听中迅速掌握别人说话的内容，把握关键信息，理解谈话内容上下文的含义，了解谈话中心内容，从而做出合理反应，交流和表达自己的见解。

（二）帮助学前儿童学会围绕话题充分表达个人见解

谈话活动可引导学前儿童按照社会交往过程中约定俗成的方式进行交流。在社会生活中，谈话往往有一个中心主题，参与谈话的每一方都应围绕该话题表达个人见解，这也是谈话最基本的思路和方式。随着孩子进入学前期，其自我中心语言不断减少，社会性语言不断增加，但仍需通过学习来发展社会性语言。谈话给予学前儿童许多习得社会性语言的机会，能够让孩子从对方或者公众话题角度考虑问题，表达个人想法。同时，学前儿童还要围绕中心话题扩展谈话内容，层层深入表达自己的见解，才能使谈话参与者充分表达各自观点，推动谈话的层层深入。

（三）指导学前儿童学会运用语言进行交谈

首先，用适合角色的语言进行交谈。谈话作为一种多样式的交流，每个人在谈话中都处于某一特定的角色地位。同一名学前儿童在谈话中也有不同的角色，因而要用不同的方式进行交流，比如不同的语音、语调，不同的音量和不同的组词、造句方法等。

其次，可让学前儿童轮流进行交谈。在多人谈话中，每个人都要学会耐心倾听别人，等别人把话说完后再发表意见；每个人也要按顺序逐个说话，这既是对他人的尊重，也是正确理解他人意思的保障。许多孩子刚开始学习谈话时，就爱抢着说、乱插嘴或光听不说、光说不听等。由此，教师在组织谈话活动时，要有意识地培养学前儿童轮流交谈的良好习惯。

再次，用修补的方法延续谈话。所谓修补方法，就是在谈话中出现听错或理解错等问题时，为保证谈话信息传递的准确性，进行及时的修正与补充。谈话往往不是瞬间结束的，需要一定时间的延续，所以极有可能出现谈话中断的现象，因此参与者应当具备修补、延续谈话的意识和能力。

二、谈话活动的材料提供

谈话活动材料的提供方面着重强调教师应引导学前儿童选择适当的谈话课题。幼儿园没有统一的教材，教师要选择能够引发儿童谈话兴趣的内容，应遵循以下两个原则：

（一）学前儿童对话题有一定的生活经验

生活是语言的源泉，缺乏生活经验的课题难以使学前儿童产生谈话的兴趣。比如许多大班儿童对“压岁钱”话题特别感兴趣。压岁钱是过年的时候许多孩子都会从长辈处获得的，因而许多孩子对这个话题都具备丰富的生活经验，在谈论的时候往往滔滔不绝，就连平时比较沉默的孩子也乐于发表自己的看法。

如“我的压岁钱让妈妈帮我储蓄，以后用来读大学用”“雯雯是我的好伙伴，我要用压岁钱给她买礼物”“我领了一千块压岁钱，我可以买变形金刚啦”等。相反，小班儿童则对该话题不“感冒”，因为年龄较小，缺乏这方面的生活经验。再如“说梦”这个话题，三个年龄班的孩子都很感兴趣。小班儿童词汇量虽较少，语法表达不够完整，但仍具有很高的积极性，会使用许多单句表述。因此，只有学前儿童熟悉并具有一定生活经验的话题，才能激发儿童的谈话热情，他们才有话可讲，且讲得具体、生动。

（二）谈话的主题必须是学前儿童感兴趣的

兴趣是学习的动力，是最好的老师。对于年幼的孩子，好奇心引发的兴趣是他们学习的动力。凡是儿童感兴趣的、觉得新鲜的事物，都能给他们留下深刻的印象，使其产生交流和分享的愿望，从而激发谈话欲望。例如，大部分学前儿童都很喜欢玩具，一旦得到新的或有趣的玩具，孩子们就会忍不住和同伴、老师进行分享。再如，动画片也是很好的话题，我们经常会看到三三两两的孩子围在一起讨论交流昨天电视上播的某个动画片。谈论到自己感兴趣的、喜欢的话题，孩子们总是滔滔不绝、兴致勃勃，并在谈话过程中出现许多生动形象的语言。在选择学前儿童喜欢的、感兴趣的话题之前，教师和家长都应积极丰富儿童的感性认识，从多方渠道丰富儿童的生活经验，因为学前儿童感兴趣的话题离不开生活实践，以及亲身经历和感受的生活经验。

三、谈话活动的内容选择

教师应根据学前儿童的身心发展特点和语言学习规律选择适合的谈话内容，在选择和安排具体的谈话活动内容时应注意以下几点：

（一）目的性与计划性

谈话活动是有目的、有计划的教育活动，教师在安排内容时要依据谈话活动本身设置的目标来进行甄选。同时还要有计划地选择谈话活动内容，比如可以根据每学期的节日（六一儿童节、端午节、春节、妇女节等）和季节（春、夏、秋、冬）等来拟定谈话主题，或者以幼儿园本学期计划要开展的一些活动为主题开展谈话活动，如春游、游园活动、亲子时装秀等。

(二)教育性和广泛性

幼儿园的教育活动既要符合孩子年龄特点有趣味性,同时还要能寓教于乐,赋予日常的谈话活动以教育意义,哪怕是一些小事,当教师发现其有良好的教育作用时可以把握住最佳契机,随机进行谈话教育。另外,谈话活动内容选取范围可以更广泛,除了幼儿园的日常学习生活外,还可从学前儿童所在的家庭、社区、地区等获取有价值的谈话内容,丰富学前儿童的各种体验,拓展儿童的知识面。

(三)情境性与经验性

学前儿童知识经验缺乏,对于在一些日常生活中接触不多的话题,如果不能借助相应的背景知识具体感知生活场景,那么儿童在谈话活动中很可能保持沉默,无话可说。教师可以在谈话活动开始前组织儿童参观或是进行家园合作,让家长和孩子一起搜集与谈话主题相关的资料,使学前儿童在获得大量感性认识后再开始谈话。谈话内容应尽量融入生活情境,并在孩子们已有知识经验的基础上选择合适主题。

三、谈话活动的环境创设

在引导学前儿童进行谈话活动时,教师应创设轻松自由的谈话氛围。经常会看到孩子们聚在一起交头接耳,滔滔不绝,若认真倾听会发现他们的语言生动,内容广泛。为什么有的儿童在课上沉默,而在课后却说得如此生动精彩?除了话题是他们感兴趣的之外,更重要的是谈话氛围的轻松自由,让他们有话想说,有话敢说,有话愿说。因此,要想谈话活动能吸引学前儿童积极参与,必须要创设一个轻松自由、毫无拘束的良好氛围,主要体现在以下几个方面:

(一)不要害怕“乱”

在学前儿童自由交谈时,教师不要因为害怕“乱”而限制儿童选择同伴的自由,应允许学前儿童自由选择交流对象。结伴形式自由多样,可一对一,也可三三两两,或三五成群;可与座位周围儿童为伴,也可离开座位自由找伴。作为教师应当相信,当学前儿童真正全身心投入一项“工作”的时候,纪律与秩序自然而然就体现出来了。自由的谈话氛围有利于发挥学前儿童的积极性,保证谈话的融洽和谐。

（二）不要随意打断谈话

学前儿童与同伴或教师交谈时，教师要以一个朋友的身份平等对待儿童，认真倾听和参与，不要有意无意打断他们的谈话，要让学前儿童感觉到教师也是他们之中平等的一员。这样，学前儿童谈话才能尽兴，并形成良好的倾听与交流习惯。

（三）不要过于强调使用规范语言

谈话活动的重点是要给予学前儿童说的机会。学前儿童能力各异，无论儿童的原有经验是什么，用什么方式、什么语言来表达，教师都应该尊重他们的想法。只要他们能围绕话题将自己想说的表达清楚，让听者明白，就不要苛求他们使用规范无误的句式，说出完整连贯的一大段话等。即便词不达意，教师也不要给予纠正，要让儿童不怕说错话，不怕说不好，这样才能促进谈话活动的展开和深入，让孩子感受谈话的乐趣，也只有在敢说、乐说的前提下，儿童才能学会正确的语言表达，成为善于表达的人。[1]

① 张模香.丰富谈话活动 提高幼儿语言能力[J].福建教育学院学报,2015(5):37-38.

第三节
学前儿童谈话活动的组织与指导

谈话活动侧重于语言表达和语言交流，其实质是通过一定的话题引发多方的语言交往活动。学前儿童谈话活动的目标、对象、活动方式的独特性，在活动组织与实施的过程中得到充分反映。

一、谈话活动组织与实施步骤

在结合学前儿童生活经验选择了合适的中心话题后，如何将这些内容组织展开，是教师指导的关键。谈话活动的组织有其自身的规律，主要有以下步骤：

（一）创设谈话情境，引出谈话话题

谈话情境的创设主要通过两种方式实现：一是用实物创设情境。即教师利用活动区角、墙饰、桌面玩具、实物摆设甚至一张图片，向学前儿童提供与谈话主题有关的可视形象，引发儿童谈话兴趣与思路。二是用语言创设情境。即教师通过自己的一段话、一些问题来唤起学前儿童的记忆，使儿童进入谈话情境。

谈话情境的创设要注意两个问题：一是注意创设谈话情境的方式。创设谈话情境的目的在于激发学前儿童的谈话，创设什么样的谈话情境取决于儿童谈话的需要，而不是为了方便省事。二是要注意创设的情境与谈话话题之间的关系，既要避免许多与谈话内容无关的摆设，紧扣中心话题，又要避免过于热闹以致喧宾夺主。谈话情境的创设应简洁明了，以便直接连接话题内容。

（二）组织学前儿童围绕话题自由交谈

该步骤的主要目的在于调动学前儿童关于中心话题的知识储备，运用已有经验交流个人见解。教师在组织这一步骤时应遵循以下几条原则：

(1)放手让学前儿童围绕话题自由交谈。在学前儿童分组或一对一交谈时，教师应允许儿童说任何与话题相关的想法。教师无须示范和提示，也不用纠正学前儿童说话时采用的词语、句式的错误，让儿童充分运用已有谈话经验表达自己想法即可。

(2)鼓励每位学前儿童积极参与谈话，真正形成双向和多向的交流。学前儿童分组交谈时，教师应该让儿童自己选择交流对象。自由组合的小组能够保证谈话的氛围和谐融洽，有利于发挥每名儿童的积极性，使他们有更多的交谈机会。

(3)适当增加学前儿童的动作机会。谈话是口头语言操作，也是动脑的操作。根据学前儿童活动特点，在谈话活动中增加一些动作操作，会有利于调动孩子的兴趣，提升其谈话积极性。

(三)引导学前儿童逐步拓展谈话范围

该阶段，教师通过逐步深入的谈话，向学前儿童展示并帮助他们学习如何运用新的谈话经验，使儿童的谈话水平进一步提高。教师在组织谈话活动时，要防止机械呆板地理解谈话经验的问题，不要把一种句式或几个词汇的学习与新的谈话经验学习等同。

具体而言，谈话活动向儿童提供新的语言经验必须注意以下几点：首先，应在儿童原有谈话经验的基础上，进一步扩展他们的经验范围，体现最近发展区原理，遵循小步子原则。其次，要根据不同谈话活动目的重点发展不同的语言经验。如这次的谈话活动重点是帮助儿童学习围绕中心话题谈话，那就要注意紧扣主题、不跑题的语言技巧；下次重点是学习围绕中心话题深入拓展小话题，那指导重点就应放在调动儿童已有经验，激发儿童想象力和创造力上。最后，教师向儿童展示新的谈话经验，不是通过示范、指示的方式“说”给儿童听，而是通过深入拓展谈话范围，将这种经验潜移默化地逐步传递给儿童。教师可以使用一些策略，如描述儿童已有行为、重复和整理儿童的谈话内容、点评儿童的表现等。

二、谈话活动的指导策略

幼儿园的教育活动是教师以多种形式有目的、有计划地引导儿童生动、活泼、主动活动的教育过程。可见，教师的有效引导对于幼儿园教育活动的顺利开展起着多么重要的作用。学前儿童谈话活动本身的特点决定了教师在活动中有效指导的重要性。无论是日常生活中的谈话还是专门的谈话活动，学前儿童谈话经验的获得都需借助于教师有效的指导。在谈话活动中，具体的指导策略有：

（一）多给学前儿童提供倾听和交谈的机会，让其体验语言交往的乐趣

教师应就学前感兴趣的话题，随机与儿童进行个别交流，让孩子有机会锻炼理解、表达等语言运用技能。教师每天要保证有足够的时间与儿童交谈，如谈论他们感兴趣的话题，询问和听取他们对事情的看法；尊重和接纳儿童说话的方式，无论其表达水平如何，都应认真倾听并给予回应；鼓励和支持儿童与同伴一起玩耍、交谈，相互讲述见闻、趣事或看过的图书、动画片等。[①]

（二）示范谈话技能，为学前儿童做出表率

教师应给予学前儿童良好示范。如认真倾听别人（教师和儿童）讲话；用学前儿童能听懂的语言与他们交谈；对儿童提出任务和要求时，提醒其注意倾听，鼓励他们主动提问。教师也要注意文明用语，为学前儿童做出表率。如与他人交谈时，认真倾听，礼貌用语；在公共场合不大声说话；不说脏话、粗话。学前儿童表达意见时，教师要蹲下来，平等地与孩子对话，耐心倾听。

（三）与学前儿童谈话时要结合情境使用丰富的语言，以便儿童理解

教师要注意说话的语气、语调变化，让学前儿童感受这两者变化带来的不同语言含义：对儿童不合理的要求要以坚定的、毫不质疑的语气表示不同意；讲故事时尽量把故事中人物的情绪情感用不同的语气、语调表现出来；根据学前儿童的理解水平，有意识地使用一些因果、假设、条件关系的句式。

（四）帮助学前儿童养成良好的语言行为习惯

良好语言行为习惯的养成不是一蹴而就的，它需要教师将用语习惯融入学前儿童日常的学习生活中。教师平时可结合语境，提醒儿童必要的文明礼貌和交流礼节；提醒儿童遵守集体生活的语言规则；提醒儿童注意公共场合的文明用语等。

三、谈话活动中教师的角色

在谈话活动中，教师的作用不可或缺。谈话活动的每一个环节，教师都扮演着不同的角色。因此，教师要灵活调整自己的角色，形成和谐的师幼关系，促进谈话活动的顺利展开和深入。具体而言，教师的角色包括：

---

①余珍有.幼儿园语言领域教育精要——关键经验与活动指导[M].北京：教育科学出版社，2016：83.

（一）引导者

在活动的准备和环境创设环节，教师要关注学前儿童的兴趣导向，做好一个引导者，引出适宜的谈话主题。

（二）支架者

教师的引导作用并不是直接的，而是潜移默化地给学前儿童的谈话搭建支架，促进谈话的层层深入和拓展。教师指导的关键目的在于帮助儿童敢说、愿说、乐说。

（三）倾听者、观察者

学前儿童在自由谈话的过程中，教师的角色转化为倾听者和观察者，教师要平等地与孩子对话，尊重孩子的意见和表达方式，认真倾听，不要轻易打断孩子的谈话，并仔细观察，掌握学前儿童的发展水平，及时进行隐性指导，拓展谈话的深度和广度。

（四）总结者、评价者、反馈者

谈话活动结束时，教师又是一位总结者、评价者和反馈者，总结和评价学前儿童的谈话内容、谈话中的行为表现，并制订下一步引导的适宜发展策略。

教师的每一次角色扮演和角色转换都需要一定的教学经验和教育智慧，更需要时刻完善学前儿童语言发展的相关知识，关注和尊重每一位儿童。

四、谈话活动实施过程中需注意的问题

谈话活动注重语言的交流与运用。而在语言活动的教学实践中往往存在一些问题，妨碍了谈话活动的有效开展，以致失去了谈话活动本身对学前儿童语言发展的意义。

（一）谈话话题选择不适宜

谈话是帮助儿童运用已有经验与他人进行交流，但不是所有话题都适合儿童开展谈话活动。在语言活动中，如果教师不了解儿童的年龄特点和已有知识经验，在选择话题时，就容易出现话题脱离儿童的已有认知能力。在谈话过程中，儿童无法围绕主题深入谈论下去，或者话题已经太过熟悉，没有新鲜感，无法引起儿童谈话的兴趣。因此，选择恰当的话题才是谈话活动的良好开端。

(二)谈话活动目标模糊

儿童语言学习与发展目标主要分为口头语言的学习与书面语言的学习,谈话活动强调口语交流能力的发展,倾听则是表达的基础。因此在拟定目标时往往会强调“说”的能力目标而忽略“听”的能力目标。而儿童倾听能力的培养不是一蹴而就的,它是从有意识倾听和辨析性倾听发展到理解性倾听的过程,是一个循序渐进的过程。在设计活动目标时务必遵循儿童的年龄特点,重视倾听能力的培养,而“说”的表达能力培养更关注的是情感态度的表述,如在《指南》中提出的“愿意与他人交谈,喜欢谈论自己感兴趣的话题”“愿意与他人讨论问题,敢在众人面前说话”等情感态度。①

(三)自由谈话时间缺乏

在儿童谈话活动开展的过程中,一个重要环节是儿童围绕话题自由交谈。这个环节的目的在于儿童运用已有知识经验交流个人见解,学会倾听他人谈话。而在活动的组织过程中,教师往往忽略儿童的自由交谈,秉着不信任的态度,不能大胆地放手,总是以教育者的角色通过示范,不停地给儿童提示,纠正儿童说话时的用词造句错误,不能让儿童充分运用已有语言知识经验说出自己想说的话。

(四)谈话范围拓展不足

儿童已有的语言经验是有限的。在儿童自由交谈后,教师应该总结儿童不同的观点,引导儿童谈话内容的纵向拓展。教师通过提问和引导,逐层拓展儿童的谈话内容,给儿童提供学习运用新的谈话经验的机会。而在这一阶段,许多教师往往没有准备好“说什么”和“怎么说”,只是简单小结,草草结束活动,降低了儿童谈话活动的教育品质。

(五)师幼关系认识不足

师幼关系是教学活动中最重要的关系,教师在活动中是什么角色和儿童处于什么样的地位直接影响到教学活动的质量和儿童的身心健康。在谈话活动中,我们总会看到教师在不停地讲、不停地问,儿童处在被动的角色,等待着教师的提问。当儿童在自由谈话中出现一些荒诞离奇的问题时,有的教师会去打断其谈话,并进行教育,殊不知这种行为极易引起儿童焦虑,让敏感的儿童更加顾

①张世萍.幼儿园谈话活动存在的问题及有效策略[J].基础教育研究,2017(9):84-85.

虑，不愿表达。有的儿童不停地说，却不愿意听别人讲，当儿童谈话跑偏题时，教师又未能及时引导，影响谈话的效果。

针对以上谈话活动在组织开展过程中经常出现的问题，我们应注意：

1. 创建适宜的环境，营造积极自由宽松的和谐氛围

教师应该为学前儿童创设积极的语言交流环境：首先，让儿童有话可说，有话想说，有话敢说，并且还喜欢说。教师可以通过多种途径丰富学前儿童的认知经验，创设相应的语言区角、游戏区角，提供玩具材料，让儿童在与材料、同伴和教师的互动中增长经验。例如，在大班“我喜欢的节日”谈话活动中，教师可以提前布置“节日一览”区角，让儿童感知不同节日的特殊活动、不同氛围，如此，在活动正式开始后，儿童才有更丰富的经验可谈。其次，教师要营造积极的谈话氛围，给予学前儿童谈话内容以积极的反馈和回应。当儿童闲暇自由交谈时，不应禁止；儿童的谈话过程中出现用词造句或者语法错误，不能批评嘲笑，可用示范鼓励的方式引导他们，给予学前儿童充分的机会表达自己。“我喜欢变形金刚电影”“我喜欢提拉米苏”“我喜欢巴啦啦小魔仙”……当儿童滔滔不绝地谈论自己的想法时，教师切忌随意打断，应该多一些肯定、鼓励和积极回应，营造一个宽松自由的谈话氛围。

2. 选择恰当的谈话主题，提高儿童谈话参与性

谈话的话题选择可以是教师预设的，也可以是儿童自发提出的，不管基于哪种来源，都应该密切关注儿童已有的认知经验。谈话主题应当是儿童所熟悉的，符合儿童年龄阶段特点的。话题的选择可以结合主题活动，也可以是突发事件。如在“我爱我家”主题活动中，当儿童在阅读完《家》这本图画书后，可开展相关的谈话活动“我的家庭成员”，请儿童谈谈自己的家庭成员，说说自己的爸爸妈妈、爷爷奶奶、外公外婆是什么样子的，他们在家会做什么事，有哪些本领，如何表达对家人的爱等。如果谈话的主题脱离儿童的知识经验，儿童参与度会大幅降低。只有话题与儿童认知经验有一定重叠，并保持一定的新鲜感时，儿童才会有自己的想法，进而主动进行思考，认真倾听，积极参与，表达自己的观点，想说、乐说。

在谈话的过程中，还可以采用多种活动方式提高儿童对谈话活动的参与性和主动性，如通过小组交流分享，在集体面前大胆表达观点或参与游戏等方式。

3. 灵活转变教师角色，形成和谐的师幼关系

幼儿教师的角色是多种多样的，可以是儿童活动的引导者、支架者、倾听者、观察者和总结者等。在谈话活动的各个环节，教师担任的角色会随着活动的展开而变化。例如，在活动的准备和环境创设时，教师要关注儿童的兴趣，引导其进入谈话的主题；活动进行过程中，教师是支架者，给予儿童隐性指导，促进谈话活动的层层深入；当儿童在自由谈话时，教师应充当倾听者和观察者，尊重儿童，认真倾听；当儿童的谈话难以深入时，教师还可以进行隐性示范，适当给予儿童引导，使活动继续开展；在谈话活动结束时，教师还是一位总结者、评价者和反馈者，总结评价儿童的谈话内容、谈话中的行为表现等。

4. 合理设计提问，有效开展谈话活动

谈话活动中，教师是引导者，而提问则是引导的重要方式。教师应该善用提问来激发和推进儿童的谈话。在提问过程中，教师的提问应具体、明确，符合儿童的经验和思维发展水平，避免抽象问题。开放式的问题更有利于激发儿童思考，出现不同的意见，儿童也更愿意表达自己的观点。因此，教师要多采用开放式的问题引导儿童对谈话主题有话可说，注意提问应该有一定的启发性，可丰富儿童的认知经验，从而有效地开展谈话活动。谈话活动的深入拓展，需要教师在观察和了解儿童谈话情况的基础上，设计合理的问题，帮助儿童产生新的想法，表达不同的观点，拓展谈话深度和广度，为儿童的语言学习和运用增加更多新的谈话经验。

5. 关注儿童谈话学习的核心经验，提升幼儿教师语言领域教学知识

《指南》从倾听和表达的角度对儿童口语交流能力提出了具体要求，如“认真听并能听懂常用语言”“愿意讲话并能清楚表达”，谈话活动正好涵盖了这两个方面的要求。对儿童谈话能力的培养，需要关注儿童谈话的核心经验。儿童谈话的核心经验主要包括三个范畴：良好的倾听习惯和能力、掌握并运用交流和表达的规则、在谈话中运用初步的谈话策略。这三条核心经验的发展过程是每一种谈话活动都会经历的三个阶段，其本身也就是一个循序渐进的发展阶段。首先，良好的倾听习惯和能力是儿童谈话经验发展的难点。听是说的基础，在活动实践中教师也会关注儿童倾听能力的发展，但往往会忽略核心经验发展的阶段性特点。其次，谈话规则和谈话策略，更多是在日常生活和教学活动中，通过教师的示范和儿童的练习来掌握。因此，幼儿教师应该掌握儿童谈话学习的特点，提升语言领域教学知识，只有这样才能更有效地开展幼儿园谈话活动。

【案例分析】

我最喜欢的玩具(小班)①

◇活动目标

1.能认真倾听同伴说话。

2.能围绕话题说出自己的感受。

3.愿意和同伴交换自己最喜欢的玩具。

◇活动准备

1.将活动室布置成一间“宝宝玩具屋”,鼓励幼儿从家中带来自己最喜欢的一件玩具,装扮“宝宝玩具屋”。

2.幼儿已在活动前与同伴一起玩过带来的玩具,与同伴分享玩具的体验,对全班幼儿带来的玩具的名称、外形、玩法等有了初步了解。

◇活动过程

1.幼儿在“宝宝玩具屋”自由游戏。

①幼儿自由玩玩具或与同伴结伴游戏。

②教师巡回观察幼儿游戏情况并引导幼儿与同伴交谈,说一说自己玩的玩具的名称和玩法。

③教师以游戏者的身份和幼儿边游戏边交谈,引导幼儿描述自己的玩具。

2.引导幼儿围绕话题“我喜欢的玩具”进行谈话。

①请部分幼儿说一说自己最喜欢的玩具。幼儿谈完后,教师可帮助其概括并整理谈话的主要内容,如玩具的名称、玩法等,以便为其他幼儿的谈话提供线索。

②教师通过提问引导幼儿介绍自己喜欢的玩具,如:你最喜欢的玩具是什么样子的?是谁买的?怎么玩?你为什么喜欢它?等等。

3.引出新话题,扩展谈话内容。

①教师:你还见过什么样的玩具?你在哪里见到的?

②鼓励幼儿与同伴相互交流。

---

①中央教育科学研究所早期教育研究中心.幼儿园和谐发展课程教师用书(小班下)[M].北京:教育科学出版社,2010:73-74.

活动评析

学前阶段是幼儿口语交往能力快速发展的时期，幼儿园应当为幼儿创设有话想说、敢说、能说的机会，锻炼他们的口语交往能力。活动“我最喜欢的玩具”的设计符合谈话活动设计的一般规律，并将不同语言经验的学习进行了整合。

活动目标一、二条直接指向幼儿日常交谈经验的获得。谈话话题的选择、环境的创设和已有经验的准备都是幼儿熟悉的，所以幼儿愿意说并且有话可说。

活动过程的第一个步骤包含了谈话活动的两个环节。第一个环节是利用“宝宝玩具屋”游戏，激发幼儿参与活动的兴趣，集中他们的注意力，从而自然引出谈话话题。第二个环节是教师以游戏者身份引导幼儿进行自由交谈。在活动过程的第二个步骤中，教师以部分幼儿的谈话内容为例，通过提问等方式引导幼儿学习延续谈话的技能。在活动过程的最后一个步骤中，教师的主要任务是引出新的谈话话题，引导和鼓励幼儿运用和锻炼新获得的谈话技能。

【本章小结】

学前儿童谈话活动是一种有计划、有目的地组织学前儿童进行口头语言对话的活动，它具有以下特点：有具体的、学前儿童感兴趣的中心话题；交谈范围广，形式丰富；拥有宽松自由的交谈氛围；教师起间接引导作用。谈话活动能促进儿童释放情绪、转换负面情感；获取新信息；勇于并恰当表达主观见解；实现自我展示与自我完善。

在设计学前儿童谈话活动时要引导学前儿童学习倾听他人的谈话；帮助儿童学会围绕话题充分表达个人见解；指导儿童学会运用语言进行交谈的基本规则。在提供学前儿童谈话活动所需材料时应注意结合儿童已有生活经验并能让他们感兴趣。谈话活动内容的选择要遵循以下原则：目的性与计划性；教育性与广泛性；情境性与经验性。在进行谈话活动时，首先要创设谈话情境，引出谈话话题；其次学前儿童可围绕话题自由交谈；再次引导学前儿童逐步拓展谈话范围。

教师在谈话活动中扮演着引导者、支架者、倾听者、观察者、总结者、评价者以及反馈者的角色。谈话活动实施过程中要注意创建适宜的环境，营造积极自由宽松的和谐氛围；选择恰当的谈话主题，提高儿童谈话参与性；灵活转变教师角色，形成和谐的师幼关系；合理设计提问，有效开展谈话活动；关注儿童谈话学习的核心经验，提升幼儿教师语言领域教学知识。

思考与练习

1.提供谈话活动材料时应遵循什么原则？

2.请结合实际谈一谈谈话活动实施过程中需注意的问题。

3.在幼儿园一日生活中，教师如何利用与儿童接触的一切有利时机，与儿童进行交谈，让儿童多说？

【考查要点】

幼儿园的谈话活动，是帮助儿童学习运用口头语言与他人进行交谈的活动。从培养儿童语言运用能力的角度出发，谈话活动为儿童创设了一种特别的语言情境。在各种类型的幼儿园语言教育活动中，谈话活动具有独特的促进儿童语言发展的功能。通过对本章的学习，读者从了解幼儿园谈话活动的基本概念开始，要理解谈话活动的特点和目标指向，掌握设计和组织谈话活动的基本步骤，以便于更好地在幼儿园开展谈话活动，在日常谈话中促进儿童语言能力的发展。本章内容在历年考试中，主要以活动设计类题型出现，考查谈话活动的具体设计与实施。

【真题模拟】

一、选择题

1.幼儿园谈话活动的组织与开展是以儿童（　　）的发展为基础和宗旨的。

A.书面语言　　B.口头语言　　C.手势语言　　D.第二语言

2.学前儿童使用的基本句型是（　　）。

A.复合句　　B.单词句　　C.简单陈述句　　D.否定句

二、多选题

学前儿童日常交谈的主要特点有(　　)。

A.自发性　　B.计划性　　C.随机性　　D.有预期目的性

三、判断改错题

1.教师语言的规范性指的是教师应当根据不同的学生、教材或环境而运用不同的语言,即因材施教。

2.日常交谈与谈话活动的共同点之一是两者都是有目标、有计划的谈话。

四、简答题

1.日常生活中的语言教育可以帮助学前儿童获得哪些经验?

2.谈话活动设计有哪些基本步骤?

五、活动设计题

请以"我的好朋友"为主题,设计一次中班谈话活动。

【思考实训】

思考:

通过本章的学习,我学到了什么?究竟什么是谈话活动?什么是谈话活动设计?幼儿园中设计谈话活动有什么意义?谈话活动内容该如何选择?谈话活动内容的选择应遵循哪些原则?设计谈话活动时应注意些什么问题?我还有哪些困惑?我还想了解什么?

实训:

将全班同学分成5个小组,每个小组通过问卷调查、家长访谈及与儿童直接交谈等方式了解幼儿园小班、中班、大班各年龄班儿童日常感兴趣的话题。要求:

(1)撰写调查报告,在班内交流。

(2)自选其中一个话题,谈一谈谈话活动的设计思路。

【推荐阅读】

[1]余珍有.幼儿园语言领域教育精要:关键经验与活动指导[M].北京:教育科学出版社,2016.

[2]弗朗索瓦兹·多尔多.儿童的利益——学会尊重儿童[M].王文新，译.上海：上海社会科学院出版社，2012.

[3]凯西·西瓦尔，爱德华·梅尔休伊什，帕姆·萨蒙兹，等.学前教育的价值[M].余珍有，易进，译.北京：教育科学出版社，2011.

[4]刘晓东.儿童教育新论[M].南京：江苏教育出版社，2008.

【小憩驿站】

扫描二维码，聆听黄豆豆老师为大家讲述《神奇糖果店》。

第 7 章

学前儿童讲述活动设计与指导

教师组织大班儿童围绕《猴子学样》的故事图片开展讲述活动，采取启发式、推理式、互动式等多种引导方法，引导儿童围绕“丢帽子—找帽子—还帽子”这一过程，不断设疑提问，激发儿童的好奇心和探究欲，让儿童在“发现问题—探索问题—解决问题”中增长才智、体验成功，构建自己的能力和经验，最后能围绕故事情节有序地讲述故事内容。

讲述活动具备什么样的特点？教师在设计讲述活动时该如何把握讲述的重点和方法，如何在组织与开展讲述活动时有效地进行指导？通过本章的学习你一定能够有所了解。

【学习目标】

1.知识目标：理解学前儿童讲述活动的内涵和特点；了解学前儿童讲述活动的目标指向；熟悉学前儿童讲述活动设计的要点和指导策略。

2.能力目标：能设计并开展幼儿园讲述活动，能够为学前儿童讲述活动的开展提供有效材料、选择适当的内容与方法，并有效介入其指导及做好组织。

3.情感目标：乐于与学前儿童一起参与讲述活动，并树立正确的活动指导意识。

【学习重难点】

1.学习重点：学会选择讲述活动的内容，掌握讲述活动的教育方法和组织流程。

2.学习难点：学会设计幼儿园讲述活动，并做好相应的指导。

【知识结构图】

学前儿童讲述活动设计与指导
- 学前儿童讲述活动概述
  - 内涵
  - 特点
  - 意义
- 学前儿童讲述活动的设计
  - 目标指向
  - 材料提供
  - 内容与方法的选择
- 学前儿童讲述活动的组织与指导
  - 组织步骤
  - 日常指导策略
  - 指导技巧
  - 教师角色
  - 实施过程中需注意的问题

第一节 学前儿童讲述活动概述

明确、清晰、有条理的语言表达，是学前儿童思维和社会性发展的基础。讲述活动在语言的规范性、讲述的条理性等方面要求很高，能够锻炼学前儿童的语言表达能力。讲述活动要求学前儿童能够依据一定的凭借物，使用较规范的语言来表达对某人、某物、某事的认识，进行语言交流。还要求学前儿童通过自身的积极思考，创造性地把自己的想法表达出来。其与一般的语言活动区别在于，讲述活动更注重儿童的独创性，着重培养儿童发散思维和求异思维，是促进学前儿童语言能力发展的重要途径之一。

一、讲述活动的内涵

《指南》指出：要"为幼儿创造说话的机会并体验语言交往的乐趣"，"鼓励和支持幼儿与同伴一起玩耍、交谈，相互讲述见闻、趣事或看过的图书、动画片等"。3—6岁的儿童对生活中的人、事、物充满了好奇，思维常常不受习惯的约束，开展创造性的讲述活动十分有必要。

讲述活动是一种有目的、有计划地培养儿童语言表达能力的语言教育活动，是教师计划组织的专门指向儿童讲述经验学习的集体教学活动，创设的是正式的口头语言表达情境，使儿童有机会在集体面前表述自己对某一图片、实物或情境的认识、看法等，学习表述的方法和技能。①讲述活动是教师运用有教育意义的、学前儿童能理解的图片或多媒体等手段，启发儿童用恰当的词语表达自己的想法，并从中接受教育的一种语言教学形式。这类活动要求学前儿童积极参与有命题性质的讲述，要求教师帮助儿童逐步获得独立构思和完整且连贯表达的

①余珍有.幼儿园语言领域教育精要——关键经验与活动指导[M].北京：教育科学出版社，2016:97.

语言经验，其内容丰富，教育手段灵活，语言环境宽松，能够为学前儿童提供充分的练习说话的机会，是儿童获得讲述经验的主要途径。

讲述活动根据不同的标准可以分为不同的类型。

(一)按讲述特点分类

1. 叙事性讲述

指用口头语言把人物的经历、行为或事情的发生、发展、变化、结果讲述出来，要求学前儿童要说清楚人物、事件、时间、地点和原因，要求说明事情发生、发展的时间先后顺序。

2. 描述性讲述

指用生动形象的语言，把人物的状态、动作或物体以及景物的性质、特征具体讲述出来。如讲述“××的画”时，要求学前儿童具体描述画上的内容：有什么人、什么景，发生在什么时候，正在干什么，人物的神态动作是怎样的，自己看了画面以后是什么感受等。

(二)按凭借物特点分类

1. 看图讲述

看图讲述的凭借物是图片，表现静止瞬间的暂停形象。图片的类型可有多种，既可以是印刷出版的图画（如绘本等），也可以是教师自己勾画制作的；既可以是半成品的边讲边勾画的图画（如填充画），又可以是学前儿童自己作画的几张图。

2. 情境表演讲述

情境表演讲述活动是指教师根据学前儿童经验设计情境，由教师或儿童扮演角色进行表演，或操作木偶进行表演，在引导儿童观看表演的同时，要求学前儿童凭借对情境表演的理解进行讲述的一种活动。讲述过程中要注重动作和发展情节的先后顺序和连续性。

3. 实物讲述

实物讲述是以实物为凭借物，包含真实物品、玩教具、外在自然景物等。指导学前儿童感知和理解实物并进行讲述，最重要的是帮助儿童把握实物的特征（既包括外在特征，也包括内在属性）。

二、讲述活动的特点

掌握好讲述活动的特点才能更好地进行活动设计，讲述活动具有以下特点：

（一）有一定的凭借物

讲述要有一定的凭借物，是讲述活动区别于其他语言活动的独特之处。讲述活动中借助凭借物，主要基于以下两方面的考虑：首先，符合学前儿童思维和语言发展的需要。学前儿童的表征能力发展尚不完善，借助表象进行讲述存在困难。成人讲述一个事物时，可以凭借当时出现在眼前的实物，也可凭借脑海中留存的记忆（表象），但学前儿童的经验和表象积累都不足，如若全凭记忆讲述，会出现要么因记忆材料不足而无法达到讲述要求，要么因过于注意去搜索记忆中的线索而忽视对讲述内容的组织及正确表达的问题。其次，讲述活动的集体参与性要求要有一定凭借物。教师组织开展讲述活动的目的是引导学前儿童在集体面前大胆表述，具有集体指向性，儿童就必须对相同的内容进行构思，围绕同一人、事、物来表达个人见解。

（二）有相对正式的语境

讲述活动旨在为学前儿童创设一种相对正式的学习和运用口头语言的场合。与谈话活动相比，讲述活动要求儿童不能像在谈话活动中那样宽松自由地交谈，而要慎重考虑后发表个人见解。讲述也不像谈话一样有很大的随意性，而是要经过完善的构思后完整表达。在措辞方面，要注意正确性、准确性，合乎语言规则。如同样是说与冬天相关的内容，学前儿童在谈话活动中可以随意谈论，“光秃秃的树干”“白白的雪”“小朋友穿着厚厚的棉衣，很暖和”，而在讲述活动中，学前儿童则要根据图片内容有条理地组织线索和语言，“冬天来了，天空下起了大雪，大雪落到了光秃秃的树上，落到了小朋友的身上，整个世界一片雪白……”

（三）锻炼独白语言

独白语言是个人独自进行的，与叙述思想、情感相联系的较长而连贯的语言。在讲述活动中，学前儿童的语言交流对象完全明确，常常是一个人讲给多个人听，话语相对较长。每个孩子讲述的一段话并不需要上紧下扣，而是相对独立、各成篇章。因此学前儿童在讲述活动中发展的是独白语言，其语言要求比谈话活动高。当然，学前儿童在谈话活动和日常交谈中也在发展一定水平的讲述能力。

三、讲述活动的意义

学前儿童讲述活动因其相对正式的语境和独白的语言表达，对儿童的发展具有独特的作用，表现在以下方面：

（一）有利于培养学前儿童的表述能力

学前儿童语言教育的目标之一就是培养儿童的表述能力。在讲述活动中，学前儿童需要独立构思讲述的内容、讲述的顺序和重点，考虑别人是否理解和怎样让别人理解自己所说的话等。例如在讲述活动“我喜欢的区角”中，学前儿童在讲述前要思考哪些是自己喜欢的区角，先讲什么，再讲述什么，重点讲述自己喜欢的区角有什么特点和功能，有什么喜欢的物品，该用什么样的词语和句子来描述。所以，讲述活动能够帮助儿童掌握讲述的方法，使学前儿童能完整连贯地讲述一件事物，表达出自己想说的内容的同时，也促进了语言表述能力的发展。

（二）有利于锻炼学前儿童的独白语言能力

独白语言的运用与表达是学前儿童语言表达能力培养目标之一。在讲述活动中，儿童有机会在集体面前独自完成一段完整的话，他们可以自由地表达自己的感受和看法。教师在讲述活动过程中，要对学前儿童进行指导，使其所要讲的内容逐渐达到完整、清楚、符合逻辑等要求。但值得教师注意的是，引导应适度，不能过多干预，切不可抹杀学前儿童的创造性思维，应给予儿童一定的空间和时间自由思考和探索。教师在倾听学前儿童讲述时，不宜直接打断儿童，做过多的评价与限制。

（三）有利于帮助学前儿童掌握认识事物的方法

认识事物是学前儿童讲述活动的基础与前提。认识事物主要是认识凭借物的顺序和方法，而讲述活动为学前儿童提供了环境与条件支持。如中班讲述活动“我摸到的是……”就是引导儿童通过触觉来感知物体的手感、质地、形状，再利用这些线索来描述和形容物品。

同时，由于讲述活动有许多的听众，并且每个人对同一事物的看法又会有所不同，所以，在进行自我讲述和聆听他人看法时不论是讲述者，还是听众，每一个学前儿童都可以从更多的方面理解和看待同一事物，从而有利于儿童知识掌握的全面性和整体性，也有利于创造性思维的发展，并培养良好的倾听习惯。如中班语言讲述“娃娃”的活动中，儿童分小组讲述“娃娃和改错的形式”，活动中教师有意识引导儿童形成听清楚再回答的习惯，有利于儿童更为全面地认识事物。

(四)有利于促进学前儿童思维与想象力的发展

在讲述活动中,学前儿童需要观察和分析事物的特征、事件的起因和顺序,需要体会人物在不同的状态下的所思所感。比如在排图讲述中,儿童根据自己的理解与经验,把乱序的图片排序,构成一个完整连贯的情节,再将故事的内容讲述出来。在这一过程中,不仅需要学前儿童讲述图片事物的基本特征,还要注意细节,思考事件发展的情节,而这需要儿童经过一定的理解、判断、推理,才能将零散的图片和情节串联起来,最后用语言表达出来。没有对画面的丰富地想象,讲述活动则无法进行,所以,讲述活动有利于培养学前儿童的想象力、思维能力和创造性思维。

第二节 学前儿童讲述活动的设计

讲述活动主要旨在培养学前儿童认真倾听的习惯和按照一定的讲述思路进行完整、连贯、清晰、有条理表述的能力。围绕这一宗旨，讲述活动在目标设计时需要考虑目标指向。

一、讲述活动的目标指向

（一）形成感知、理解、讲述对象的能力

不同于谈话活动，学前儿童在讲述活动中不仅要学会说自己的想法，还要学会按照主体要求去构思和说话，这需要儿童能够积极感知和理解要说的内容。要感知和理解讲述对象，获得有关讲述对象的特征，不仅要求学前儿童能听懂指示，更要学会观察讲述对象——凭借物，然后运用多种思维形式，如概念、想象、推理、判断等进行认知加工。

（二）培养独立构思与清楚完整表述的意识、情感和能力

讲述活动对学前儿童语言发展的促进主要体现在三个方面：首先，在集体面前大胆发言。如敢于在许多人面前发表自己的看法；乐于跟别人分享自己的观点；在集体面前不做作、不害羞、不胆怯、不退缩；用高于平时说话的音量和正常的语调、适中的节奏在集体面前讲话等。其次，要用正确的语言内容和规范的语言形式进行讲述。学前儿童的语言是在不断尝试和修正语音、语法、词句等方面的错误的过程中而发展的。讲述活动要求学前儿童使用准确而规范的语言，可以引导儿童不断试误，从而掌握科学的语言内容和形式，提升语言水平。最后，要有中心、有顺序、有逻辑、有重点地讲述。有中心要求学前儿童要围绕凭借物

进行讲述，敏锐地察觉说话范围，不跑题，不偏题。有顺序、有逻辑要求学前儿童按照一定的逻辑规律来组织和表达自己的口头语言，增强说话的条理性和清晰度。有重点要求儿童要抓住凭借物的关键特征，向大家传达最重要的信息，避免盲目和漫无目的。

(三)掌握对语言交流清晰度的调节能力

在讲述活动中，学前儿童要通过以下方面掌握对语言交流清晰度的调适能力：首先，增强与听者的共鸣。讲述活动要求学前儿童的说话与交流要有共同指向的中心内容，儿童要关注自己的言谈内容与他人所说内容之间的关联，既要努力让别人听懂自己的想法，也要让他人对自己所谈内容产生兴趣和共鸣。其次，增强对语境变化的敏感性。讲述的凭借物不同，语境就不同，语言的要求也不同。即便相同的凭借物，其发展变化的每一阶段都有不同的状态，因此儿童要学会根据不同的语境变化调试语言内容和形式，增强对语境变化的敏感性。最后，及时接收听者反馈。讲述本质上是一个互动交流的过程，既有讲述者，又有听众，讲述时学前儿童应当及时发现和接收听者的讯号，根据听众反馈的信息（如是否听懂了？是否有趣？）及时修正和调整自己的讲述内容和方式，以形成更好的信息互动。

二、讲述活动的材料提供

教师在提供讲述材料时，应注意以下几个方面：

(一)提供可互动的材料，激起讲述兴趣

学前儿童以具体形象思维为主，具体、形象的事物最能激发他们的讲述兴趣，因此讲述材料就显得尤为重要。如在小班语言区，某教师提供了图书、讲述拼图、单幅或多幅讲述图片等讲述材料，在实际讲述活动中，学前儿童翻阅图书、在背景图上摆人物、动物等。学前儿童喜欢一切可以“动”起来的材料，但作为讲述材料，这些东西缺失了讲述功能。因此，我们必须思考两个问题：材料有了，儿童就有讲述兴趣吗？学前儿童的讲述能力能否在操作中获得提升？观察与反思后，教师可对材料做出以下调整：

(1)投放讲述图片和生活照片等儿童比较熟悉的讲述材料，便于引发学前儿童的讲述兴趣，与材料进行互动；

(2)当材料无法引发儿童主动探究时，教师可以进行支持性参与——把学前

儿童的口述故事记录下来，张贴在图画上，并把内容读给儿童听，鼓励更多的学前儿童主动讲述，还可以用分享的方式让学前儿童明白如何才能讲得更好，掌握基本的讲述要素。

（二）尽量以实物为凭借，增强形象性

这种讲述形式使用具体的物体来帮助学前儿童讲述，有真实可感的特点。教师用真实的物品、玩具、教具和自然景物等帮助学前儿童获得感知，进一步理解实物特征。这样，学前儿童在进行讲述时，就能把握实物的特征。这类讲述要求儿童对实物有丰富的经验，熟悉并了解它，才能有话可讲。

（三）创设适宜的讲述情境，大自然、大社会是活教材

兴趣是最好的老师，讲述前教师必须创设情境，激发学前儿童讲述的激情。如当春天万物苏醒时，带着儿童出游踏青，让儿童感受一下生机盎然、万紫千红的美景；在夏天，天空乌云密布、大雨将至时，带学前儿童到室外观察大自然的瞬息万变，让儿童理解"乌云密布""大雨来临"；在秋天里，带着学前儿童在公园捡落叶，让他们体会落叶缤纷的景象；冬日里，带儿童晒着暖暖的太阳，并让其谈谈感受，儿童会用"暖洋洋""舒适"等词语来描述，而偶有雪花纷飞时，他们会用"雪花漫天飞舞"来形容。学前儿童通过亲身体验和大量的语言练习，生动形象的词语与各种自然的景物一同融入他们的脑海。在讲述活动时，他们对季节的描述就能根据自己的生活经验和语言储备，对不同的景物进行较为恰当的描述。真实而丰富的生活情境有助于帮助儿童想说、愿说、敢说、能说。

三、讲述活动内容与方法的选择

在学前儿童讲述活动实际开展中，存在许多问题，许多教师在内容和方法的选择与组织上存在误区，主要表现在：

（一）讲述内容的选择脱离实际，忽视语言环境的创设

蒙台梭利曾说过，我听过了，我就忘了；我看见了，我就记得了；我做过了，我就理解了。学前儿童的讲述一定是建立在自己已有经验的基础上，只有联系儿童实际生活的讲述主题，才能让儿童有话可讲。

（二）讲述方法的应用不切实际，存在重"教"轻"学"的现象

在引导学前儿童进行讲述的过程中，教师可运用提问、游戏、示范、讨论等方

式方法。在实际讲述活动中，这些方法却往往沦为教师教给孩子某一句型、某一逻辑表达的工具，教师往往只顾着自己的教而忽视了儿童主体性的学。如在提问的过程中不考虑学前儿童的想法，只关注与自己的教相关的回答；在示范时过分要求学前儿童模仿和学习自己，忽视了"孩子有一百种语言"，一百种讲述方式，从而对儿童新经验的引导不足；在讨论时，完全由自己主导，让讨论失去了民主性和平等性，变成了实际上的"诱导"等。

（三）讲述过程中师幼的关系不平等，交流过少

教师在引导学前儿童进行讲述的过程中，指导重点往往放在如何教会儿童某个句式或某种表达。教师更多的指导方式是示范，采用"教师示范—儿童模仿练习—教师点[illegible]再练习"的过程。教师始终扮演着指导者、组织者、管理者的角色，学前[illegible]相对被动，始终跟着教师的节奏"走"，自身的想法和创造性发挥不[illegible]

（四）活动[illegible]移不够，缺少语言教育方面的知识与技巧

整合就是把一些零散的东西通过某种方式彼此衔接，从而实现信息系统的资源共享和协同工作。其精髓在于将零散的要素组合在一起，并最终形成有价值有效率的一个整体。迁移指的是一种学习对另一种学习的影响，指在一种情境中获得的技能、知识或形成的态度对另一种情境中技能、知识的获得或态度的形成的影响。在学前儿童讲述活动中，如何将儿童已有经验和新经验进行有机整合与迁移，对教师来说是巨大的挑战。

针对以上问题，教师在选择讲述内容和方法时可从以下几个方面努力：

（1）尽量提供学前儿童熟悉的生活素材，有利于创设愉悦的讲述交流氛围；

（2）运用先进的、科学的手段和方法，提高学前儿童对凭借物的理解力、表达能力和想象能力；

（3）增强师幼互动，促成有效讲述交流；

（4）提供丰富的材料，为每个儿童都能运用多种感官、多种方式进行讲述提供活动条件。

总的来说，创设良好的讲述语境是关键。在讲述过程中，教师要重点发展学前儿童的思维能力，充分尊重儿童的主体地位，增强师幼互动和同伴互动，提升讲述的实效性。

第三节
学前儿童讲述活动的组织与指导

讲述活动在实施过程中要遵循讲述活动的特点和基本规律，适应学前儿童的年龄特征，循序渐进地提高学前儿童的讲述水平。在组织与指导讲述活动时，可按照一定的实施步骤来进行。

一、讲述活动的组织步骤

根据讲述活动自身的特点和学前儿童身心发展规律，讲述活动可从以下四步来开展：

（一）感知和理解讲述对象

开展讲述活动时，教师的首要任务就是帮助学前儿童通过观察感知和理解讲述对象。教师应引导学前儿童采用“多通道参与”（视觉、触觉、听觉、嗅觉等）来汲取关于讲述对象的方方面面的信息。

感知和理解讲述对象可从不同的角度入手：首先，依据讲述类型的特点来感知理解讲述对象。如叙事性讲述中，教师的指导重点为帮助学前儿童感知和理解事件发生的过程及人物的作用；描述性讲述则要重点感知物体或人物的状态、动作、特征及发展变化的过程等。其次，可依据凭借物的特点感知和理解讲述对象。教师要引导学前儿童抓住凭借物的关键特征和本质属性进行讲述。最后，可依据具体活动要求感知和理解讲述对象。每次讲述活动的侧重目标是不一样的，有时候要求学前儿童有中心、有重点地讲，有时候要求儿童有条理地讲，有时候有要求有顺序地讲。教师应通过不同的讲述活动对学前儿童讲述的各方面能力进行培养，发展儿童综合运用语言的能力。

(二)运用已有经验讲述

教师应尽量放手,鼓励学前儿童自由讲述,给予儿童充分讲述和表达自己已有经验的机会。教师组织学前儿童运用已有经验讲述的方式有多种。

(1)学前儿童集体讲述:在集体活动状态下给予每名儿童围绕感知对象充分发表个人见解的机会。

(2)学前儿童分组讲述:一般以4—5人为一组,提供给儿童更多针对同一感知对象轮流讲述的机会,保证每名儿童都有发言的机会。

(3)学前儿童个别交流讲述:既可以让儿童与邻座儿童结对互讲,也可以让儿童对着人偶、娃娃等物品或者假想角色进行讲述。

(三)引进新的讲述经验

新的讲述经验是讲述活动的重点,主要指讲述思路和讲述的方式。新讲述经验的引进有三种方式:首先,教师示范。教师在儿童讲述的基础上针对同一讲述对象提出新的讲述思路,并不是单纯地复述儿童的讲述,而是提供新的范本。其次,教师提示。教师可运用提问、插话等方法启发儿童讲述的思路,为其引入新的讲述经验。最后,师幼共商。类似于生成性课程,即教师通过分析某位儿童的讲述内容入手,教师问儿童答,与儿童共商讨论,帮助儿童厘清讲述逻辑,并与儿童一起归纳新的讲述思路。[①]

(四)巩固和迁移新的讲述经验

教师不仅要帮助学前儿童引进新的讲述经验,更要提供给学前儿童实际操练新经验的机会。教师可通过以下方式帮助儿童巩固和迁移新的讲述经验:首先,由A及A,即教师示范新的讲述经验,帮助学前儿童厘清讲述思路后让儿童尝试利用该经验和方法来讲述同一内容。其次,由A及B,即当学前儿童学习了一种新的经验后,教师提供同类内容,让儿童用讲述A的方法去讲述B,即举一反三。最后,由A到A1,即教师在原有讲述内容的基础上,提供给学前儿童发散扩展和延展深入内容的机会。

二、讲述活动的日常指导策略

讲述活动的日常指导重点在于引导学前儿童在日常生活中运用在集体活动

①余珍有.幼儿园语言领域教育精要——关键经验与活动指导[M].北京:教育科学出版社,2016:102.

中学到的讲述经验，促进儿童讲述经验的巩固和丰富。[①]具体来说，教师可从以下几个方面入手：

（一）给学前儿童提供在集体面前讲述的机会，增强满足感和自信心

如在音乐活动后，教师请学前儿童回忆、讲述或展示他们在活动中体验到的内容；在体育活动结束时，教师鼓励儿童说说他们喜欢的体育游戏和器械；在游戏活动后，教师请学前儿童讲述和总结自己的游戏体验等。这些活动有利于锻炼学前儿童完整讲述事物的能力。

（二）示范科学的讲述方法和技能

讲述活动不仅仅是学前儿童的讲述，也是教师的讲述。教师的引导作用着重体现在抓住契机为学前儿童示范讲述方法和技能。如外出参观回来，教师除了请学前儿童讲述自己的见闻外，还可以和儿童讲讲自己的看法和体验。要注意，教师在讲述时要运用规范、清晰、简洁的语言来感染儿童。

（三）鼓励和帮助中提升学前儿童讲述的自信

当学前儿童讲述较好时，教师要及时鼓励，强化儿童的自信，提升儿童对讲述的兴趣。而当学前儿童的讲述遇到困难时，教师要耐心帮助并锻炼其讲述能力。当学前儿童因急于表达而讲述不清时，教师要提醒其不着急、慢慢说、说清楚，耐心引导和补充，帮助学前儿童厘清讲述思路，发展讲述语言。

三、讲述活动的指导技巧

讲述活动在具体的实施中讲究一定的技巧，具体如下：

（一）创设良好的讲述环境

《纲要》中明确指出：“创造一个自由、宽松的语言交往环境，支持、鼓励、吸引幼儿与教师、同伴或其他人交谈，体验语言交流的乐趣”。《指南》指出“幼儿的语言能力是在交流和运用的过程中发展起来的。应为幼儿创设自由、宽松的语言交往环境”。为更好贯彻《纲要》精神和《指南》要求，促进学前儿童语言能力的发展，教师在开展讲述活动时，首要任务是为儿童创设一个良好的语言环境，激发讲述兴趣。

①余珍有.幼儿园语言领域教育精要——关键经验与活动指导[M].北京：教育科学出版社，2016：102.

1. 利用一日生活的时间契机为学前儿童创设良好语言环境

教师在组织讲述活动时要充分利用好一日生活的契机，创设适合的语言环境，把握良好的环节过渡，比如早谈时间。儿童刚入园时，教师可以引导儿童讲述最近发生的有趣的事情、记忆最深刻的事情等。形式有教师与儿童分享、儿童与老师分享、儿童与儿童分享。

2. 发挥图书区角的作用

教师可以为儿童创设图书区角，挑选适合儿童的绘本、连环画等。让儿童有书可看，有材料可分享和讲述，帮助儿童积累讲述经验。

3. 幼儿园自身文化

环境是重要的教育资源，是会说话的“老师”，教师应通过创设和有效地利用环境影响儿童。如让环境创设的主题符合儿童的兴趣，并结合儿童的生活经验，让孩子愿意讲、敢于讲、乐于讲、有得讲。在良好的讲述环境中，教师要积极参与儿童讲述，以平等的关系介入，与儿童分享有趣的讲述话题，创设轻松愉悦的氛围，师幼相互讨论交流，帮助儿童解决讲述中的遇到的难题。

（二）选择合适的讲述内容

《指南》提出，给儿童提供一定数量、符合儿童年龄特点、富有童趣的图画书。这就要求教师在选择讲述内容时，从儿童的兴趣、经验和需要出发，选择符合他们认知水平的内容，从而调动儿童讲述的积极性，感受讲述的乐趣，利于深入开展讲述活动。如《大熊的拥抱节》，画面生动易懂，主题思想突出，感情色彩浓厚，富有情趣。在活动中，环环相扣的问题激发学前儿童的兴趣，传递积极向上的主题，是对学前儿童情感、认知、态度、行为具有教育价值。我国著名教育家陶行知提出“教育即生活”，即生活无时不含有教育的意思。教师应该善于从一日生活中发现教育契机，捕捉生活中的讲述素材。

（三）充分发挥讲述材料的价值

在讲述活动中，讲述材料必不可少，充分发挥和挖掘讲述材料的教育、教学价值，调动学前儿童对讲述活动的兴趣，发挥儿童的积极性与创造性，这对于一个成功的讲述活动至关重要。例如在看图讲述中，教师可以适当变换图片顺序，让学前儿童自由想象并创编故事。或者教师可以先告知儿童事情的结果，让他们猜想故事的过程、情节。教师还可以在原有的图片基础上添加新的图画，进一步扩展讲述内容，发展学前儿童的想象力与创造力。

（四）采取灵活多样的组织形式

讲述活动形式多种多样，一般以集体形式开展，这种形式便于教师集中指导，利于教师和学前儿童的交流，但也存在着不足，例如课时有限，难以保证每个学前儿童都有发言的机会；注意力无法集中，儿童容易游离于课堂等。总而言之，不利于关注学前儿童的个体差异。并且，以同样的标杆衡量所有儿童，往往会造成有些儿童“吃不饱”，有些儿童“吃不下”的问题，特别是一些处于弱势的、吐字不清的、口语能力发展慢的学前儿童。针对这种现象，教师应采用灵活的教学组织形式，比如配合采用小组讲述、个别讲述的形式，集中讲一讲，分组议一议，弥补集体讲述的不足。这样便于调动学前儿童思考与讲述的积极性，便于因材施教，促进个性化发展，促使个体性与社会性的统一。

如叙事性讲述活动中，教师可抓住契机，创造多种游戏和学习的机会①：

（1）开展讲述游戏。①猜一猜，通过描述事物的状态，如出示表情，习得“垂头丧气”“无精打采”等词汇。②夸一夸，通过评价事物，如表扬教师或他人，习得“多么漂亮的……”“哇，你的……与众不同”等句式，感受不同句式的表达效果。

（2）开展讲述活动。①利用看表演、图片、短片的方式感知和理解讲述对象。在讲述活动“小兔的连衣裙”中，教师借助“穿白色连衣裙的小兔与花朵”和“小兔穿上了花朵连衣裙”这两张图片，引导儿童理解两图间的故事，把握角色间的对话。②提出具体的讲述要求。学前儿童在猜测花朵时，若讲述的语言过于简单，就可提出要求“为什么花朵要去小兔的裙子上，讲清楚原因”，让儿童更清楚地讲述事件的发展。③相同的经验换一个讲述内容，巩固和迁移新讲述核心经验。在学前儿童学会讲述“雨点连衣裙变成菜籽连衣裙”的基础上提供“菜籽连衣裙变小鸟连衣裙”“小鸟连衣裙变彩虹连衣裙”等讲述图片，让儿童运用新的讲述经验把一个单元故事讲述完整。

（3）开展游戏中的叙事活动。在角色游戏中创设丰富的游戏情境，如哄娃娃睡觉、顾客与服务员交流等，并适当引导与支持学前儿童的游戏。

（4）开展日常交流中的叙事活动。教师要不断与学前儿童进行互动与交流，如“早餐吃了什么”“周末去哪里玩”“你和朋友在做什么”等，给儿童创造更多的叙事机会。

---

①邹晓芳.从“叙事性讲述核心经验”角度谈幼儿的讲述活动[J].基础教育研究，2015(16)：87.

（五）帮助学前儿童积累语言经验

《纲要》指出“在丰富多彩的活动中去扩展幼儿的生活经验，提供促进语言发展的条件”。《指南》指出“幼儿的语言学习需要相应的社会经验支持，应通过多种活动扩展幼儿的生活经验，丰富语言的内容，增强理解和表达能力。”讲述活动是建立在一定语言基础上才能开展的，并非空中楼阁。它包括词汇的使用、句子的表达、语言的组织等。丰富的语言经验是学前儿童语言表达的前提和基础。教师应该有意识引导儿童观察，将观察渗透在一日生活的方方面面，帮助学前儿童积累语言经验。如参观植物角时，教师与儿童一同观察，讲述植物的颜色、外形、气味等，让学前儿童在轻松的氛围中学习到常用的词汇。在教学活动中，开展有趣的讲述活动，为儿童积累语言经验创造条件。在游戏活动中，教师可以开展故事大比拼、词语接龙等各种各样的语言活动。

（六）进行有意义的提问

提问是教学活动中最直接、最常用的一种师幼互动方式。在当前我国幼儿园教学中，教师提问仍然是教学活动中重要的环节。教师提问的质量直接影响儿童对活动的兴趣，也直接关系到教学活动的效果。①在讲述活动中，教师可采取以下几种提问方式：②

1. 描述性设问

描述性设问是教师针对画面内容设置的问题，主要有“是什么？”“有什么？”“是什么样的？”“有谁？”“在做什么？”“是什么表情？”等具体形式。它要求学前儿童用语言描述出画面人物名称及角色主要特征、动态等。描述性设问指向对整个画面的感性认识，有助于培养儿童初步的观察力和捕捉事物特征的能力，主要应用于看图讲述教学的开始部分。如在看图讲述活动“最大号的衣服”中，教师问：“图上有谁？它们在干什么？你们看看它们脸上有什么表情？”这种提问可以引导儿童描述出故事的开端：“动物园里的每个人都有自己漂亮的‘衣服’，河马妹妹非常羡慕。”

2. 判断性设问

判断性设问是在分解画面的基础上要求学前儿童进行综合判断而设置的问题，其提问形式主要有“是什么关系？”“在什么地方？”“是什么时间？”“是什么天

---

①王春燕，林静峰.幼儿园集体教学中教师提问的现状及其改进[J].学前教育研究，2011(2)：12.

②李娟娟.幼儿看图讲述活动中的提问设置与指导策略[J].学前教育研究，2013(2)：64-66.

气？”“什么不一样？”“什么一样？”这种提问方式一般也运用于教学活动的开始部分，目的在于启发儿童思考，引导学前儿童就图画中事件发生的背景、时间、过程等要素进行观察和回答。如看图讲述活动“高高兴兴上幼儿园”中，教师问：“这是什么地方？什么时候？天气怎样？”学前儿童需依据画面上的内容来判断回答：“这是一个好天气。一大早，兔妈妈送兔宝宝到幼儿园上学。”

3. 分析性设问

分析性设问是要求学前儿童对画面进行分析而设置的问题，主要有“为什么？”“是什么道理？”“怎么知道的？”等具体形式。它是对判断的追究，要求儿童有依据地讲述。分析性设问一般应用于故事的发展部分教学，教师引导儿童讲述出故事的原委或起因。①这种提问方式对儿童来说具有一定的挑战性，因为儿童认知思维发展水平还难以达到教师的问题预设水平，需要教师在教学活动中增加相应的辅助性提问或提示，通过引导儿童关注图画中事件进展的关键性因素来启发儿童思考，进而帮助儿童得出比较合理的答案。分析性设问是有一定深度的问题，对儿童思维的发展具有重要的促进作用，但由于小班儿童思维具有很强的具体形象性和直观性，且逻辑思维能力非常差，所以分析性设问更宜在中班和大班教学活动中使用。②

4. 推想性设问

推想性设问是为刺激儿童对画面内容判断分析后进行推想而设置的问题，主要有“没有画出来的有关系的内容是什么？”“之前会怎样？”“后面会怎样？”等具体形式。它可以激发儿童的想象力，挖掘儿童的发散性思维，一般适用于故事的高潮或结尾教学，是开发儿童想象力的一种重要发问方式。推想性设问能为儿童提供一个想象的空间，增强儿童对画面的理解力③，也可以运用于故事情节的发展部分。

问题是思维的起点，可以培养思维意识，激活思维灵感。在讲述活动中，教师的提问艺术对儿童观察、理解、想象、构思、创造和表达有重大作用。总的来说，在提问时教师应注意以下问题：

（1）多提启发性的问题，少提封闭性的问题，如“你看到了什么？”“你认为他们在干什么？”等。启发性问题利于学前儿童思维发展和讲述活动的深入开展。

---

①支娜.幼儿园集体教学中教师提问方式的特点与改进[J].学前教育研究，2010(2)：63-69.

②付晶艳，张莉.基于信息交流理论的幼儿数学教育中教师提问分析[J].当代学前教育，2011(4)：19-22.

③徐柳明.教师提问对学生的情感影响研究[J].时代文学，2006(4)：200-202.

这类问题会让儿童自主学习、探索与发现。

(2)问题具备目的性特征,如明确提问的目的,以实现教学目标、教学重难点。

(3)提问频率要适当。不能连续抛出多个问题,要给学前儿童留有思考的空间。如果教师片面地追求数量,不考虑问题的质量,会给儿童造成压力,导致儿童忽略问题或无法回答问题,挫伤讲述积极性。因此教师不能将提问变成画蛇添足,而应留给学前儿童足够的思考空间,培养思维习惯。

(七)开展科学合理的评价

教师对学前儿童讲述的评价也很重要。教师在评价儿童讲述活动时应注意:第一,学前儿童的语言能力发展水平具有个体差异,对于发音不清、用词不当、难以完整表达的儿童,教师应特别关注,注意因材施教。不能用统一标准衡量所有儿童,对他们取得的进步应该及时鼓励。第二,学前儿童由于生活经验、年龄、思维、词汇等限制,在讲述中难免会出现用词不当、表达不清、跑题等现象。学前儿童讲述出现问题时,教师不要急于打断,耐心听完,不去打压儿童积极性,以合理、温和的方式提出,促进儿童语言发展。第三,评价要有诊断作用,对于学前儿童语言运用的错误,要及时加以引导和改正,并对儿童讲述的合理部分进行鼓励,提升兴趣,促进语言和思维能力的发展。

四、教师角色

《纲要》中关于教师角色明确提出:"教师应成为幼儿学习活动的支持者、合作者、引导者。"根据《纲要》精神,结合讲述活动的教育要求与特点,将教师在活动中的角色定位概括为以下几种:

(一)合理示范者

教师平时的讲话就是最好的示范,教师的语言行为和语言表达方式是学前儿童学习和模仿的主要对象。教师是儿童学习生活中的示范者。

(二)平等的合作伙伴

以关怀、接纳、尊重的态度和学前儿童交往。在教学中,耐心倾听,努力理解儿童的想法。教师是儿童的朋友。

(三)引导者

教师要善于发现讲述中的转折点、难点,善于发现事件中隐含的教育价值,抓住契机，提问得当。

（四）评价者

教师是学前儿童讲述活动的多元评价者。教师要善于发现儿童讲述的“一百种语言”，不用同一标准衡量所有的孩子，针对每位儿童讲述的闪光点进行鼓励和促进。

（五）观察者

教师在讲述活动中要时刻以完全参与者的身份观察孩子的一举一动、一言一行。教师的观察者身份要求教师做到：①善于发现学前儿童的困难，并及时给予帮助；②善于发现儿童的闪光点，并及时给予鼓励；③善于抓住发展契机或关键期，并及时引导。教师要做一个学前儿童讲述活动的有效观察者。

综上，教师在组织开展学前儿童讲述活动时应扮演好自己的角色，既要对儿童的发展有所引导，又要尊重儿童，进而发展儿童的主体性和创造性，真正成为学前儿童讲述能力乃至整个语言能力发展的推动者。

五、讲述活动实施过程中需注意的问题

（一）面向全体儿童，关注语言差异

在幼儿园，讲述活动一般以集体语言活动的形式出现，如何在集体教学中关注儿童的个别经验感受以及个体能力的发展，是教师首要考量的问题。讲述活动不是“优秀”儿童的演讲，也不是教师一个人的舞台，讲述活动应该属于每一位孩子，通过有效地组织，讲述活动应成为每一位儿童发展讲述能力的契机。教师应面向全体儿童，关注个体的语言差异，具体而言，应做到：

（1）给予每一位儿童发言的机会，不要只请讲得好的儿童来讲；

（2）尊重和鼓励每位儿童的讲述，发掘儿童讲述过程中的闪光点进行鼓励和深入引导，增强儿童的自信和提高其讲述兴趣；

（3）对于讲得不那么好的儿童，要耐心引导和鼓励，切忌批评和嘲讽；

（4）引导儿童纵向评价，不要拿一把“尺子”衡量所有孩子，让儿童在评价中体验到成功和进步。

（二）全面感知讲述对象，突出讲述重点

教师要引导儿童发动各种感官全面感知和理解讲述对象，既要认识到讲述

对象的外在特征，更要深层次地理解对象的内在本质属性或逻辑关系。在儿童开始讲述之前，教师应有一些预设，帮助儿童认识到讲述重点；在儿童讲述过程中，教师应适时介入，帮助儿童围绕讲述重点来说，不跑题，不偏题；在儿童讲述完成以后，教师要总结重点，升华经验，帮助儿童补充和完善关于讲述对象的理解与认识。

（三）以科学且灵活的形式组织讲述活动，优化组织策略

在讲述活动中，教师应不断发掘讲述活动的新形式，如：①

1. 主题绘画讲述

在进行主题教学活动后，根据活动主题进行绘画，这样能充分发挥儿童的想象力、创造力和思维能力。要求绘画与主题相关联，画面的内容是儿童自己构思的，课后让儿童讲述自己的制作，充分发展儿童口语表达能力。同时还可以变换绘画的形式，如捏泥、手工制作、剪贴画、连环画等，让儿童结合主题进行创作并讲述。

2. 创意拼图讲述

教师提供各种拼图材料，如各种动物、几何形体的图形卡片，以及拼板积木、雪花积木等结构型玩具，让儿童自己创意拼插成各种立体结构，自由组合画面，然后进行讲述。由于拼图讲述的内容来源于儿童自己的创作设计，再用语言表达出来，既容易，儿童也具有浓厚的兴趣。创意拼图讲述是以玩具做教具，儿童边玩边讲，动静结合。这样的方法符合儿童好奇、好问、好动手的心理特点，不仅培养了儿童的口语表达能力，而且手、脑、口同时并用，也使儿童得到全面发展。

3. 感受音乐讲述

利用音乐可以使儿童的讲述更生动一点。在音乐的感染下，儿童有自己的想法和情绪，教师还可以结合其他的手段。如根据图片配上合适的音乐进行教学，效果就大为不同，音乐的旋律使图片中的人物形象变得栩栩如生，大大增强了儿童的学习兴趣与注意的持久性，可帮助儿童理解图意，发展其想象力和表达力。

4. 生活经验讲述

将讲述活动与儿童日常生活相联系，调动儿童已有经验。如讲述自己的喜好、生活经历、旅游经历、照片，看展览讲述等。尽量放开，让儿童自由讲述。一

①张慧敏.优化讲述活动，促进大班幼儿语言发展[J].科教导刊，2014(7)：122-123.

般采用集体讲述、分小组讲述、结伴讲述等方式。

5. 头脑风暴即兴讲述

大班儿童具有好奇心强、爱提问的特点，因此在开展此类讲述活动时，要为儿童营造一个宽松的语言环境，请一名儿童提出问题，全体儿童凭借对此问题的了解各抒己见。答案对错先不加定论，允许儿童表达不同的观点，大胆猜测，快速搜索自己在大脑中的知识经验。最后再通过资料收集、网上查找等途径解决问题，获取答案。

6. 情境再现讲述

放录像展示一段事件，向儿童展示可供其讲述的内容。比如：利用拍摄的儿童游戏时的活动场景，引导其回忆某一有趣经历，并与同伴分享其活动体验。这样直观地再现活动情境，提高了儿童的观察力，也为讲述活动提供了丰富的内容。

教师还可以通过以下方式优化讲述活动的组织策略：

（1）把课余、餐前、睡前的零碎时间利用起来，这样充分利用活动内外时间，营造宽松的语言环境，为儿童提供讲述机会，鼓励他们大胆讲述。不断丰富儿童的生活经验，抓住各种表达机会，使儿童有话敢讲、有话愿讲、有话可讲。

（2）灵活开展讲述活动，在一次活动中融合多种形式，吸引儿童参与，帮助他们感受语言的魅力，激发讲述兴趣。

（3）利用优秀的故事、儿歌、绕口令、相声等文学作品，让儿童欣赏学习其简练、生动而富于情感的语言。丰富儿童的词汇种类，如形容词、动词和副词等，提升其语言讲述质量。

（4）开展丰富的语言游戏活动，因人施教。讲述活动一般采用集体活动形式，一人讲众人听，这种形式虽然便于集中指导，但由于发言的机会有限，难以让全体儿童都有充分讲述的机会。作为教师要把握好尺度，看、听、说、做相互结合，增添讲述的趣味性。

（5）挖掘家庭教育的巨大资源，提供给家长合适的指导方法：①每天和孩子一起进行阅读、分享，跟他们讲故事；②在家为儿童提供更多的语言刺激环境，让儿童有话可说；③随时随地地跟孩子说说话，看到什么说什么；④多和孩子玩词、句方面的游戏，让孩子在玩中学，在学中玩。

（四）提问符合学前儿童年龄特点

以看图讲述活动为例。传统的看图讲述活动常常会有一个固定的提问模式："请小朋友仔细看看，图片上是什么时间？在什么地方？有谁？他们在干什么？发生了一件什么事？"教学程序也有一个固定模式：教师出示图片，根据图片设计问题；教师示范讲或请能力较强的儿童讲，或由全班儿童跟着老师一起讲；最后概括图片内容并起名称。儿童的思维被教师的问题框死了，教师成了活动的引领者、灌输者，儿童成了被动的讲学者、消极的记忆者，不能引发儿童思考与想象。这需要教师做以下改变：①

1. 设问应紧扣主题，简单明了

提问是教师引导儿童主动探索的方法之一。在看图讲述活动中，教师提问的艺术对儿童观察、理解、想象和表述、构思均有重要影响，但这并不意味着教师的提问越多越好。相反，过多的提问容易分散儿童的注意力，只有恰当而有针对性的提问才能起到应有的教育效果。如在中班看图讲述活动"兔子搬家"中，教师应主要围绕"兔子在雨天搬家该想什么办法避免淋雨"这一点来提问，并要求儿童学会正确使用动词"抱""背""顶""抬"等描述搬家的情节。教师就没有必要提与画面内容无关的问题，如时间、地点等。

2. 设问应层层深入，循序渐进

在活动中，教师要把握教育契机，根据儿童的观察水平，用富有启发性的提问，引导儿童根据画面提供的线索，大胆表述，层层深入，并要随时把握儿童的思维动向。当儿童在思维和讲述中出现断裂或者模糊的时候，教师要有意识地通过简单的问题对儿童进行提示，从而提高儿童思维的清晰度，引导儿童讲得清楚、连贯、完整、有条理，促进儿童语言能力的提高。具体而言，教师可以根据画面景物的远近、人物出现的先后、事件发生的前后等来设问。首先，设问要从易到难。教师必须逐步增加问题的难度，由浅入深地提出问题，而不是提一个问题，就让儿童望而生畏，失去自信心。其次，设问应由整体到局部，从主要情节到次要情节，这样才能紧扣主题，同时也为儿童掌握故事情节提供条件。最后，设问应由具体到抽象。任何一项针对儿童的教学活动都应该结合儿童的思维特点来进行，对儿童进行提问尤其应注意这一点。儿童思维具体形象的特点决定了教师在提问时必须将更多的精力放在具体的事物、事件发展上，但同时也要考虑

---

①李娟娟.幼儿看图讲述活动中的提问设置与指导策略[J].学前教育研究，2013(2)：64-66.

儿童的发展性问题，不能只局限于具体事物上。随着儿童年龄的增长，教师要有意识地逐步锻炼儿童的抽象思维能力，向他们提一些需要抽象思维才能解决的问题。

3. 设问应有启发性，能够引发师幼之间的积极互动

儿童观察图片一般比较粗略，容易看到表面明显的动作和表情，而常常忽略图画内容内在的联系，这就影响了其对图意的表达，所以教师的设问必须具有启发性，有意识地引导儿童就图画内容的内在联系进行思考，以促进儿童思维的发展。[①]如在看图讲述活动"猴子学样"中，教师可设计以下几个连续性问题："这群猴子戴草帽是为了遮太阳吗？它们都对老公公伸出双手，是问老公公要东西吗？它们为什么也在搔脑袋，老公公为什么把帽子送到箩筐里？"通过这些问题启发儿童积极思维，进一步领会猴子学样的滑稽、幽默之处。教师应避免提那些答案包含在内的选择性问题，对这样的提问，儿童只是机械地回答"是"或"不是"，是不利于其积极动脑的。

4. 设问应有机结合多种形式，融会贯通

教师在看图讲述活动中的设问主要是运用描述性设问、判断性设问、分析性设问和推想性设问，但要进一步引导儿童挖掘画面的内涵，或对画面进行全面的综合、判断、剖析，还需将各种设问有机地结合起来。帕林斯卡就曾谈到，教师应帮助儿童就内容的理解展开讨论，而不是只做字句上的重复；应灵活地利用儿童的理解，使之与新知识联系起来。[②]如将推想性设问与分析性设问相结合、描述性设问与判断性设问相结合，做到融会贯通，有机搭配，能大大提高教学效果，促进儿童思维水平的发展。

【案例分析】

猴子过河（大班）

◇活动目标

1.鼓励儿童注意倾听，并大声地在集体面前讲述。

①王春燕，林静峰.幼儿园集体教学中教师提问的现状及其改进[J].学前教育研究，2011(2):64.

②同上。

2.引导儿童有序地观察图片，根据提问完整、连贯地讲述故事，丰富词汇：又……又……

3.教育儿童在集体活动中遵守秩序。

◇活动准备

物质准备：教学挂图四幅，又大又红的桃子图片一张。

◇活动过程

1.出示桃子图片引入，激发儿童活动兴趣。

教师：这是一个什么样的桃子？谁最喜欢吃桃子？

2.引导儿童仔细观察图片，并尝试讲述。（出示图一）

教师：图上有几只猴子？它们来到了哪里？看到了什么？

教师：这是一棵什么样的桃树？小猴子看到桃树的动作是怎么样的？心里怎么想的？（丰富词汇：又大又红）

儿童通过看图片的提示观察事件的发展，尝试讲述图片，教师小结。

3.儿童根据提问尝试完整地讲述图片内容。（出示图二）

教师：河上有什么？小猴子是怎样过河的？你从什么地方看出它们在抢着过河，可以用什么词说说它们的动作呢？（丰富词汇：又推又挤）

教师：它们会听同伴的话吗？请你们猜猜故事会怎样发展。

儿童大胆猜想故事的发展。

4.同时出示两张图片，儿童根据连续提问用连贯的句子完整地讲述图片。（出示图三、图四）

教师：它们听了同伴的话了吗？现在怎样过河的？同伴又说了什么呢？这个方法好不好？为什么（丰富词汇：又快又稳）

儿童仔细观察事件发展完整讲述图片，教师小结。

教师：（出示图四）小猴子是怎样爬上树的？它们吃到了什么样的桃子，心里怎么想？（丰富词汇：又香又甜）

教师小结。

5.儿童仔细观察图片完整讲述故事。

（1）运用接龙的方式讲述故事。

（2）为故事取个好听的名字。

6.教师总结讲述方式，并教育儿童在集体活动中遵守秩序。

附图片。

活动评析

猴子过河的故事生动有趣，情节层层深入，逻辑条理清晰，内容环环相扣，能够很好地引发儿童的讲述兴趣。教师通过依次出示图片、循序渐进地提问，并让儿童仔细观察，既培养了孩子细心观察的能力，又丰富了儿童词汇（又……又……），加强了儿童对事物特点的认知。完整讲述故事部分，教师运用了有趣的接龙游戏方式，激发了儿童的讲述兴趣，并通过为故事取个好听的名字的方式，加深了儿童对故事内容和经验的掌握。最后教师画龙点睛，调强在集体活动时遵守规则的重要性，能够在儿童感知体验的基础上，强化其对于遵守规则和纪律的意识。

【本章小结】

讲述活动是一种有目的、有计划地培养学前儿童语言表达能力的语言教育活动。它有一定的凭借物，有相对正式的语境，锻炼独白语言。讲述活动有利于培养学前儿童的表述能力，锻炼学前儿童的独白语言能力，帮助学前儿童掌握认识事物的方法，促进学前儿童思维与想象力的发展。学前儿童讲述活动目标指向为：形成感知、理解、讲述对象的能力；培养独立构思与清楚完整表述的意识、情感和能力；掌握对语言交流清晰度的调节能力。

教师在提供讲述材料时，应注意以下几个方面：提供可互动的材料，激起讲述兴趣；尽量以实物为凭借，增强形象性；创设适宜的讲述情境，大自然、大社会是活教材。在学前儿童讲述活动实践过程中，主要问题表现为：讲述内容的选择脱离实际，忽视语言环境的创设；讲述方法的应用不切实际，存在重“教”轻“学”的现象；讲述过程中师幼的关系不平等，交流过少；活动的整合与迁移不够，缺少语言教育方面的知识与技巧。

学前儿童讲述活动设计的基本步骤为：感知和理解讲述对象；运用已有经验讲述；引进新的讲述经验；巩固和迁移新的讲述经验。讲述活动的日常指导策略有：给学前儿童提供在集体面前讲述的机会，增强满足感和自信心；示范科学的讲述方法和技能；鼓励和帮助中提升学前儿童讲述的自信。在实施过程中要注意以下问题：面向全体儿童，关注语言差异；全面感知讲述对象，突出讲述重点；科学且灵活的形式组织讲述活动，优化组织策略；提问符合学前儿童年龄特点。

思考与练习

1.简述讲述活动的特点。

2.讲述活动的讲述材料如何提供？

3.谈一谈你会如何选择讲述活动的内容和方法。

4.设计讲述活动要注意哪些问题？

【考查要点】

学前儿童讲述活动对儿童其他方面的学习与发展有着重要的影响，熟悉和掌握学前儿童讲述活动的特点、意义，明晰如何设计学前儿童讲述活动的步骤，如何创设学前儿童讲述活动的环境等尤为重要。学前儿童讲述活动在历年考试中多以活动设计题呈现，实践应用性较强。

【真题模拟】

一、多选题

1.通常幼儿园所开展的讲述活动一般应具备的主要特征包括(　　)。

A.有一定的凭借物　　　B.有相对正式的语境

C.旨在锻炼儿童的独白语言　　　D.提高儿童学习书面语言的兴趣

2.依据凭借物的特点,可以将幼儿园的讲述活动划分为(　　)。

A.看图讲述　B.实物讲述　C.情境表演讲述　D.叙事性讲述

3.组织儿童运用已有经验讲述的方式有(　　)。

A.集体讲述　　　B.儿童与老师一起讲述

C.分小组讲述　　　D.个别交流讲述

二、判断改错题

1.儿童是从使用独白语言逐渐过渡到使用对话语言的。

2.看图讲述是用生动形象的语言,把人物的状态、动作或物体以及景物的性质、特征具体讲述出来。

三、简答题

1.讲述活动具有什么作用?

2.幼儿园讲述活动设计与组织的基本思路是怎样的?

四、活动设计题

请以“小兔搬家”为主题,设计一次中班讲述活动。

【思考实训】

思考:

通过本章的学习,我学到了什么?究竟什么是学前儿童讲述活动?学前儿童讲述活动有什么意义?学前儿童讲述活动的内容与方法如何选择?组织与实施中教师的角色是什么?需要注意哪些问题?我还想了解什么?

实训:

1.每位同学课后搜集讲述活动案例,在课堂中进行交流分享,提升对学前儿童讲述活动的兴趣。

2.观摩一个幼儿园讲述活动视频，分组讨论讲述活动如何更加有效地组织和实施。

【推荐阅读】

[1]周兢.幼儿语言教育与活动指导[M].北京：高等教育出版社，2015.

[2]卡洛琳·爱德华兹，莱拉·甘第尼，乔治·福尔曼.儿童的一百种语言：转型时期的瑞吉欧·艾米利亚经验[M].尹坚勤，王坚红，沈尹婧，译.南京：南京师范大学出版社，2014.

【小憩驿站】

扫描二维码，聆听黄豆豆老师为大家讲述《我爱我的爷爷》。

第 8 章 学前儿童听说游戏活动设计与指导

在学习学前儿童听说游戏活动的课堂上，老师问同学们在幼儿园里看到了哪些听说游戏活动，有同学说有数数歌，还有的说儿歌。老师告诉同学们，这都不是听说游戏，其余的同学也都各抒己见。

那么，什么是学前儿童听说游戏活动呢？在这一章，我们将具体介绍学前儿童听说游戏活动的相关知识，以及如何设计、实施学前儿童听说游戏活动。

【学习目标】

1.知识目标：理解学前儿童听说游戏的含义与特点。

2.能力目标：掌握设计学前儿童听说游戏活动的过程与方法。

3.情感目标：乐意参与学前儿童听说游戏活动的设计与指导。

【学习重难点】

1.学习重点：理解学前儿童听说游戏活动的特点，并掌握学前儿童听说游戏活动设计的过程与方法。

2.学习难点：能够根据学前儿童的不同年龄特点设计听说游戏活动。

【知识结构图】

- **学前儿童听说游戏活动设计与指导**
  - 学前儿童听说游戏活动概述
    - 含义
    - 特点
    - 价值
    - 主要类型
  - 学前儿童听说游戏活动的设计
    - 目标的确定
    - 材料与方法的选择
    - 环境的创设
  - 学前儿童听说游戏活动的组织与指导
    - 实施步骤
    - 指导要点

第一节
学前儿童听说游戏活动概述

听说游戏活动是一种特殊的语言教育活动，兼具游戏和活动的共同特点。这种活动能够充分调动学前儿童的积极性，让每一位儿童都乐在其中，享受听说游戏活动轻松愉快的氛围，满足了学前儿童最基本的游戏需求，极大地发挥了儿童的主体作用。

一、学前儿童听说游戏活动的含义

我们常常从儿童口中、专家讲座，甚至在解读学前教育相关文件精神时听到"游戏"一词，大家首先映入脑海里的是幼儿园教室里的"娃娃家""小医院"等。我们从游戏组织者来剖析听说游戏活动，听说游戏活动不是由学前儿童自发组织的游戏活动，它是由教师设计与组织，儿童自主参与，以游戏的方式进行，主要培养学前儿童倾听和表述能力的一种特殊形式的语言教育活动。它同时具有游戏和活动的双重性质。

我们要注意区别语言游戏和听说游戏，听说游戏不是语言游戏。所谓的语言游戏是指学前儿童在语言发展过程中自发地玩弄和操练语言、语词的一种现象[①]。语言游戏是无意义的、非具体指向性的语言活动。而听说游戏是由教师设计组织，有显著的语言学习指向目标，有明确的语义内容，因而与上述的语言游戏有较大的区别。

二、学前儿童听说游戏活动的特点

听说游戏活动是学前儿童语言教育的重要途径和方式之一，它大量使用地

①赵寄石，楼必生.学前儿童语言教育[M]. 北京：人民教育出版社，2003：107.

域文化、民族文化等为题材，在游戏活动中有目的地进行教学活动。学前儿童听说游戏活动主要有以下特点：

（一）双重性

听说游戏活动同时具备游戏和活动的双重性质。它以活动的方式开始，以游戏的方式结束。教师在活动开始时的主导作用十分明显，随着学前儿童掌握程度的提升而又逐渐减弱；当学前儿童可以完全自主地进行游戏时，教师也就退出儿童的活动，以观察者的身份继续与学前儿童一起活动。教师是学前儿童活动的支架搭建者。

（二）规则性

游戏需要遵循相关规则，听说游戏也不例外。教师在设计听说游戏活动时，要制订符合学前儿童身心发展的教学目标，选择合适的学习内容，同时将学习重点转化为游戏规则。让学前儿童明确自己在游戏中要做些什么，说些什么。

（三）丰富性

听说游戏的题材来源特别广泛，它可以从传统的儿歌、童谣中衍生出词汇游戏或者语音游戏；它也可以围绕诗歌、民间故事、绕口令等进行描述性游戏。进行游戏的方式特别灵活，不受时间与地域的限制。

（四）针对性

听说游戏活动结束后要求学前儿童达到一定的学习目标，并让儿童的语言得到提升。每一个听说游戏活动都包含了对学前儿童语言发展的具体要求，具有一定的针对性和阶段性特点。比如让大班的孩子进行“z、c、s”发音的听说游戏活动练习，效果不会很明显，因为大班儿童已经基本掌握了平舌的发音规则。这样的活动如果在小班开展，3岁儿童会比较感兴趣，他们正处于语音敏感的时期，开展此类听说游戏活动为其提供了练习的机会，让他们在生动活泼的游戏活动中复习、巩固已学内容，掌握正确的发音。

三、学前儿童听说游戏活动的价值

学前时期是儿童语言发展的关键时期，发展儿童的语言能力至关重要。听说游戏活动将语言融入游戏之中，让学前儿童能在愉悦轻松的氛围下习得语言，因此，听说游戏活动具有丰富的价值，具体如下：

(一)激发学前儿童学习语言的兴趣

由于听说游戏活动将学前儿童语言学习的重点内容转换为游戏规则且贯穿活动始终,因此有了游戏的成分,与其他类型的语言教育方式相比,更具趣味性,也更容易激发学前儿童的兴趣。在听说游戏活动中,学前儿童需要迅速领悟游戏规则,否则便会被淘汰,无法实现参与游戏的愿望。这种激励的结果,使学前儿童逐步适应要求的场合,迅速领悟游戏规则,学习热情更高,活动效果更好。

(二)促进学前儿童智力发展

听说游戏活动注重游戏活动的过程,学前儿童在参与时需要根据一定的规则迅速调动个人已有语言经验进行“编码”。这种场合下不允许儿童慢慢地想或太过于仔细地思考,如果速度太慢,游戏便会受到影响。因此,需要学前儿童在活动中迅速地做出反应,注意力也要高度集中,这使得学前儿童的智力得到发展。

(三)提高学前儿童语言学习和运用的能力

听说游戏活动的规则是要求学前儿童按照规范的方式进行表达,并且没有太多的时间让儿童仔细斟酌。所以,一切都是在快速的直接感受的状态下说出来的,这提升了学前儿童在口语交往活动中迅速、机敏、灵活地倾听和表达的能力。

总之,听说游戏活动作为一种特殊形式的语言教育活动,为学前儿童的语言能力发展提供了特别的机会。教师应当抓住这些教育契机去促进儿童的语言学习,为学前儿童语言能力的整体提高创造良好的教育环境。

四、学前儿童听说游戏活动的主要类型

听说游戏活动以训练学前儿童口语表达能力和提高学前儿童倾听水平为目标,主要包含以下几种类型:

(一)语音游戏

语音游戏是以练习正确清晰地发音和提高学前儿童辨音能力为目的的游戏活动,重点是帮助儿童练习他们平时在交流中容易发错和感到困难的音。例如,小班语音游戏:

《小水壶》:小水壶,真灵(líng)巧,水儿一开“呜呜”叫。

小壶盖,蹦蹦(bèng)跳,“咕嘟咕嘟”冒泡泡。

《小画报》:宝宝口袋小(xiǎo),东西可不少(shǎo)。

有狼(láng)又有豹,有狗还有猫。

翻开瞧一瞧,是本(běn)小画报(bào)。

《踩水花》:脱鞋脱袜,露(lòu)出脚丫。

脚丫脚丫,齐踩水(shuǐ)花(huā)。

中班语音游戏:

《抽中指》:抽中指,抽得着。抽着了,剥(bāo)豆角。

豌豆角,胡豆角,随你抽来随你剥,一剥剥个光壳壳。

《地铁》:轰隆隆,轰隆隆,地下跑着一条龙。

送我去上学,送你去劳动。

跑得快,一阵风,眼睛一眨钻出洞。

《摇》:绿叶,摇着花宝宝睡觉;枝条,摇着鸟宝宝睡觉;

风儿,摇着云宝宝睡觉;妈妈,摇着乖宝宝睡觉。

大班语音游戏:

《漏嘴巴》:小胖娃,漏嘴巴,鸡蛋汤,到处洒,白米饭,满下巴。

大公鸡,乐坏啦,去啄胖娃小嘴巴。

《花生》:花生妈妈,田里安家。地上开花,地下结荚。小小房子,谁俩娃娃。

《大肥鹅》:我家有只大肥鹅,放学回家我喂鹅。

我喂鹅,鹅下蛋,蛋变鹅,鹅下鹅蛋,鹅孵鹅。

(资料来源　崔钟雷.童谣300首[M].沈阳:万卷出版公司,2010.)

(二)词汇游戏

词汇游戏是以丰富和扩展学前儿童的词汇,训练其在交际中正确运用词汇为目的的游戏活动。例如,小班词汇游戏:

"小小邮递员"

邮递员:叮咚!

齐问:谁呀?

邮递员:我是送信的邮递员呀!

齐问:信从哪里来呀?

邮递员:信从北京来呀!(城市的名称每次都要换)

齐问:信要送给谁呀?

邮递员:信要送给×××!

中班词汇游戏：

"逛公园"

齐念：今天天气真晴朗，全家出门公园逛。

师：公园里面真热闹，今天我们把花赏。小朋友我问你，什么花开放了？

幼1：公园里菊花开。（每个幼儿要说不同的花名，不能重复说）

师：公园里面真热闹，今天我们把花赏。小朋友我问你，什么花开放了？

幼2：公园里百合花开。

……

大班词汇游戏：

"是谁偷吃了盒子里的饼干"

齐问：是谁把盒子里的饼干偷吃光了？

师：是×××把盒子里的饼干偷吃光了。（幼儿的名字每次都要换）

×××：什么！我？

齐念：就是你！

×××：不可能！

齐问：那是谁？

×××：是××把盒子里的饼干偷吃光了。（新的幼儿名字，每次都要换）

（资料来源于本章作者课堂教学实录日记）

（三）句子和语法练习游戏

句子和语法练习游戏是以训练学前儿童按语法规则将词语组合成句，并能熟练地在活动中使用不同句式为目的的游戏。例如，小班句子和语法练习游戏：

"吃什么"

规则：老师提问一些与幼儿生活和经验相匹配的问题，幼儿按照相应句式回答，回答正确即可获得相应的动物卡片。如：

师：小兔子吃什么？

幼：小兔子吃萝卜。

中班句子和语法练习游戏：

"说反话"

规则：一人为正方，一人为反方，正反方所说的话相反或者动作要相反，但句式要相同。如：

正方：我把右手举起来。

反方：我把左手举起来。

正方：我往前面跳。

反方：我往后面跳。

正方：我向后转。

反方：我往前转。

正方：我站着。

反方：我坐着。

大班句子和语法练习游戏：

“盖楼房”

规则：1.使用“……越……越……”句型表达。如“太阳越升越高”，回答正确即可为自己盖一层高楼；

2.注意倾听别人的讲述，不能重复同伴讲过的内容；

3.不用“……越……越……”的句型谈话的幼儿，说得不恰当或重复同伴语句的幼儿，均不能给他盖楼房，连续两次者，则要减少一层高楼。

（资料来源于本章作者课堂教学实录日记）

（四）描述性游戏

描述性游戏是以帮助学前儿童针对所见所闻运用较连贯、完整的语言，形象具体地对其进行描述的游戏活动。例如，小班描述性游戏：

“我看见”

规则：幼儿根据所看见的图片，尽可能地完整描述画面里面的内容。

中班描述性游戏：

“猜一猜”

规则：选一位幼儿出来，准备一个实物，其他幼儿闭上眼睛，把东西藏起来，这名幼儿向其他幼儿描述物品的特征。如果听了他的描述，其他幼儿能猜出来，就可以获得小奖励。

大班描述性游戏：

“连连答”

规则：幼儿两人相对，以一问一答的方式，进行游戏。答对了，对方小朋友拍手表示通过，答不对可提出反问，以积分来统计结果。

问：什么白？

答：大雪白。（或白云白、棉花白、小兔白皆可）

问：什么红？

答：太阳红。（或红旗红、玫瑰红、西红柿红皆可）

问：什么圆？

答：皮球圆。（或月亮圆、烧饼圆、馒头圆皆可）

注意：提问要选择幼儿生活中常接触到的一些事物。

还可问：什么硬，什么软，什么会叫，什么会跳，什么会天上飞，什么会水中游，什么在树上搭窝，什么在地下挖洞，什么最亮，什么最黑……

（资料来源于本章作者课堂教学实录日记）

第二节 学前儿童听说游戏活动的设计

作为一种特殊的学前儿童语言教育活动，听说游戏活动在设计与组织时要注意在游戏活动中发展学前儿童倾听和表述的能力，创设生动活泼的氛围，促进学前儿童语言的发展。

一、学前儿童听说游戏活动目标的确定

语言的发展前提是必须要学会倾听与表达，因而在设计学前儿童听说游戏活动时也要以培养儿童倾听与表达能力为目标导向。结合《指南》，我们可以总结概括出听说游戏活动设计与组织的重要目标：

（一）帮助学前儿童在一定规则中进行口头语言学习与表达练习

由于听说游戏活动的特殊性，这里所讲的一定规则要求是指按照国家使用语言的规范而制订的游戏规则要求，因此从以下三个子目标进行教学活动的设计。

1. 复习和巩固发音

教师可以根据所在地区的语言特点，有针对性地开展一些方言语音练习，尤其是选择一些常常干扰发音或难发的语音进行练习。

2. 练习和扩展词汇

词汇的累积主要来源于同类词扩词和不同类词搭配。

3. 尝试使用句式和简单语法

要有意识地培养学前儿童使用句式和运用简单语法进行正确表达。

(二)使学前儿童懂得倾听、乐于倾听和善于倾听

由于听说游戏活动为学前儿童提供的是一种不同于其他语言类别学习的场合,学前儿童在参与学习时具有更多的主动性和自主性,因此,在听说活动中,学前儿童能更加积极地参与倾听、乐意倾听,在教师的引导下更加懂得如何倾听,掌握倾听的技巧,在社会交往中善于倾听、乐于倾听。

(三)增强学前儿童在交流过程中语言表达的灵活性和准确性

听说游戏活动中,学前儿童语言表达的机会增多,语言不仅能通过倾听输入,同时要借助表达输出,这一语言交流过程要求儿童有较强的语言分辨能力和组织能力,能够灵活应对语言信息,并将话语表达得准确无误,因此,听说游戏活动能够促进学前儿童语言表达的灵活性与准确性。

二、学前儿童听说游戏活动材料与方法的选择

《纲要》指出,幼儿园的教育应"以游戏为基本活动"。儿童的游戏世界多种多样,教师应选择适宜的教学材料和方法来开展听说游戏活动,以达到语言教育目标,从而促进学前儿童身心全面的发展。

听说游戏活动材料的来源可从以下几个方面进行考虑。

(一)当地民俗文化

中国的文字与语言有着源远流长的历史,而在这条历史的长河里也形成了各种地区特色鲜明的语言文化。可以从本土文化入手,选择具有当地特色的童谣、儿歌来帮助学前儿童接触不同的语言环境。如:

四川童谣《胖嘟嘟》

胖娃胖嘟嘟,骑马赶成都;成都又好耍,胖娃骑白马;

白马骑得高,胖娃耍弯刀;弯刀耍得圆,胖娃吃汤圆;汤圆吃得多,胖娃屙坨坨。

广东童谣《月光光》

月光光,秀才郎,骑白马,过莲塘,

莲塘背,种韭菜,韭菜花,结亲家,

亲家门前一肚塘,放的鲤鱼八尺长,

长的拿来炒酒吃,短的拿来给姑娘,给姑娘,矮咄咄,

晨早起来打屎窟(屁股),打得屁股绵咯咯,鸡公鸡嫲食矣咯咯咯。

上海童谣《小丫头》

小丫头,勿成器,勿会做生活,看看真讨气。

叫伊淘淘米，揿脱仔饭箩底；
叫伊挽挽水，驳起屁股摸螺蛳；
叫伊拔拔葱，登拉田里竖烟囱；
叫伊纺纺纱，锭子头上开朵花；
叫伊绣绣鞋，好像鸡脚赖；
叫伊织织布，布机潭里撤堆污；
叫伊兜兜火，东家白话西家坐；
叫伊捉捉花，偷仔隔壁田里瓜。
北京童谣《过新年》
小孩儿小孩儿你别馋，过了腊八就是年；
腊八粥，喝几天，哩哩啦啦，二十三；
二十三，糖瓜黏；
二十四，扫房子；
二十五，冻豆腐；
二十六，去买肉；
二十七，宰公鸡；
二十八，把面发；
二十九，蒸馒头；
三十晚上熬一宿，初一、初二满街走。

（二）社会热点

作为教育者要善于捕捉教育的契机，可以将社会热点进行改编或者创设听说游戏活动，让学前儿童能够运用已有的经验进行游戏活动，也可以充分发挥家园共育的作用。例如，中班听说游戏：

"国庆游"
师：国庆游，国庆游，请问你去哪里游？
幼：国庆游，国庆游，我去乐山游。（每次换地方名）
师：乐山好，乐山妙，请问乐山有什么？
幼：乐山好，乐山妙，乐山有大佛。（说出当地的特色景点）

大班听说游戏：
"各行各业的人"
规则：根据图片中的人物（各行各业的）进行描述。描述中要包含职业名称、衣着、工作的地方、工作的时间，以及他们为我们解决什么问题，他们会遇到什么事情。

（资料来源于本章作者课堂教学实录日记）

（三）从学前儿童正在探索或者感兴趣的主题衍生

现今许多幼儿园都以“主题式探究”方式开展教学活动。前期教师预设了一些与主题相关的游戏活动，而在实施的过程中常常又会生出一些新的与主题相关的活动。这时候教师就要充分发挥研究者的作用，根据学前儿童的兴趣特点进行及时的调整，设计适宜的听说游戏活动。例如，中班听说游戏：

“我的妈妈本领大”

背景：此主题是在3月份以“我妈妈”为主题活动中的一个子主题，目的是让幼儿通过音乐、绘画、讲述来表述自己妈妈的本领。在中一班进行绘画活动“画出妈妈的本领”时，就衍生出了新的教学活动——听说游戏“我的妈妈本领大”。

侨侨和瑄瑄挨着一起在绘画，侨侨画的是妈妈拿勺子，想要表达妈妈做饭特别好吃，而瑄瑄画的是妈妈端着锅，也是表达妈妈做的饭很香。侨侨看见了，她们发生了如下对话：

侨侨：瑄瑄，我的妈妈做的饭很好吃，你看我画了勺子。

瑄瑄：侨侨，你看，我的妈妈做饭也很好吃，你看我画了锅。

侨侨：我的妈妈会炒肉。

瑄瑄：我的妈妈也会，我的妈妈还会煮蛋。

侨侨：我的妈妈会煮鱼。

瑄瑄，我的妈妈也会，我的妈妈还会炒胡萝卜。

侨侨：我的妈妈会炒花椰菜。

瑄瑄：我的妈妈也会，我的妈妈还会包饺子。

……

老师看到这样的情况受到启发，在接下来的教学活动中设计了听说游戏“我的妈妈本领大”。

A：我的妈妈会××。

B：我的妈妈也会，我的妈妈还会×××。

A：我的妈妈也会，我的妈妈还会××××。（每次说的本领都不一样）

通过这样的活动，让幼儿在一问一答中不断地联系生活经验，回想妈妈所做过的事情，从而迅速地反应进行表达。

（资料来源于本章作者课堂教学实录日记）

三、学前儿童听说游戏活动环境的创设

教师要运用环境的布置来给予学前儿童一个良好的语言氛围，可以利用实物、图片等来进行环境的创设。更重要的是教师要结合学前儿童已有经验和最近发展区的需要进行环境的及时更换。让环境启发学前儿童想说、愿说、敢说的兴趣，为听说游戏活动的开展提供丰富有趣的素材。

听说游戏活动中，教师可以用与听说活动有关的物品(玩具、日用品等)，布置游戏的场景，制造游戏的氛围，激发学前儿童积极参与的兴趣。除物质环境以外，教师还可以通过语言直接描述或指出游戏中角色所处的环境，用生动的语言引导学前儿童进入游戏角色，营造活跃的气氛。甚至还可以让学前儿童在教师的语言描述下用动作表演，让儿童在这样的环境中敢说、想说、愿意说。

第三节 学前儿童听说游戏活动的组织与指导

学前儿童听说游戏活动具有游戏和活动的双重特性，作为一种特殊的语言教育活动，听说游戏活动需要按照一定的思路有步骤地进行组织与实施，才能产生良好的教育效果。

一、学前儿童听说游戏活动的实施步骤

听说游戏活动侧重听与说的结合。在设计活动的时候，教师往往会以成人的角度与思维去设定，想让学前儿童在一次活动中就能够达到其预设的目标。站在成人的视角设计与实施活动会让儿童玩起来有负担，教师应当反思怎样的听说游戏活动才能让儿童乐玩、乐学、乐说，让自己易导、易记、易升。

（一）创设听说游戏活动情境

在听说游戏活动开始时，也就是活动的导入部分，教师就需要开始思考，如何设置符合这次游戏活动的情境。游戏情境应来源于学前儿童生活，贴近儿童生活经验。一般创设游戏情境的方法有以下三种：

1. 物品创设听说游戏活动情境

教师使用一些与听说活动有关的物品，如玩具、日用品等，布置游戏的场景，制造游戏的氛围，激发学前儿童参与的兴趣。可以利用实物创设，也可以利用图片进行设置。例如，中班听说游戏：

“小兔去做客”

教师在创设情境时，应考虑到故事中出现的不同动物（小兔、小猪、小猫、小

熊)、不同场景及动物情绪的变化等。教师在布置情境时需要根据故事发展的过程,将事先准备好的图片进行摆放,并制作头饰。

2. 动作创设听说游戏活动情境

教师通过肢体动作的展示与表演,让学前儿童通过观察,想象出游戏的角色、情境,营造游戏气氛。老师也可以适当地通过一些小魔术或者乐器演奏来创设出游戏情境。

3. 语言创设听说游戏活动情境

教师通过语言直接描述或指出游戏中人物角色及所处的环境。常常可以使用猜谜或者谈话的形式进行听说游戏情境的创设。例如,小班听说游戏:

"我家都有谁"

游戏规则:儿童在魔法箱中抽取卡片,然后教师提问:小朋友我问你,你家里都有谁?儿童根据卡片上的人物回答:老师,老师,我告诉你,我家里有妈妈(爸爸、奶奶、哥哥等)。

教师在游戏开始前通过语言创设情境。

教师:今天老师带来一个魔法箱,魔法箱里装着不同人的照片,有爸爸、妈妈、爷爷、奶奶、外公、外婆,还有哥哥、姐姐。现在我们要通过自己的努力将他们找出来,你们有信心吗?……

当然,在创设情境时需要注意:首先,教师所创设的情境需要自然,贴近儿童的年龄特点和活动内容本身;其次,情境一定要简洁、生动和准确,不能喧宾夺主,也不可偏离主题;最后,在实际教学过程中,一般不会只使用某一种创设情境的方式,而是运用多种组合的形式,来创造有利于调动儿童积极性的情境。

(资料来源 本章作者根据歌曲《我家有几个人》改编而延伸设计的教学活动)

(二)交代游戏规则,明确听说游戏活动玩法

当听说游戏活动情境创设完成之后,教师要向学前儿童交代听说游戏规则。这一步骤实际上是教师对儿童布置任务,讲解要求,使儿童明确听说游戏活动的玩法。教师可以采用语言解释和动作示范相结合的方式,为学前儿童讲解听说游戏的基本规则、步骤和要求。一般对于中大班的孩子,可以使用教师讲解、儿童示范的方法进行,而对于能力水平相对较弱的学前儿童可以采用教师讲解与示范的方法。

教师在交代和讲解听说游戏规则时，需要注意以下几点：

(1)注意语言的简洁明了，重点突出规则；

(2)注意讲明白听说游戏活动的开展顺序和游戏规则要点，交代清楚听说游戏中会使用的语言；

(3)注意讲解和示范时的语速要慢。

教师在交代听说游戏相关规则的时候语速要慢，尤其是讲解游戏规则中回答的问题或说一句话时，要保证学前儿童能够听得清楚，可以通过提问的方法，帮助儿童理解和巩固相关规则。

(三)教师引导学前儿童进行听说游戏活动

当教师交代完听说游戏规则后，在学前儿童理解游戏规则的基础上，教师可以带领儿童开展听说游戏活动。

教师带领学前儿童一起开展听说游戏活动，是以教师为主体指导儿童游戏的过程。在这一段时间内，教师在游戏中担任着重要角色，把控着游戏的进程。学前儿童参与活动的方式：一种是部分儿童参与，也就是一部分儿童参加到游戏活动中去，另一部分儿童观察听说游戏活动和熟悉游戏规则，然后实行轮换；另一种是全体儿童参加游戏的一部分活动，待学前儿童熟悉掌握游戏规则后再完全参加听说游戏活动。

对年龄较小的学前儿童开展活动时，以教师担任主要角色直接参与听说游戏为主。游戏开始时请个别能力强的儿童和教师共同游戏以起到示范作用，等到所有学前儿童熟悉游戏规则后，逐步过渡到全体儿童参与。在中大班，以教师讲解玩法和规则为主，请能力强的学前儿童进行示范。

虽然教师开始时主导游戏，但在游戏进程中一定要逐渐减少教师自己在整个游戏中的作用，以便激发学前儿童主动参与游戏的积极性。

(四)学前儿童自主进行听说游戏活动，教师一旁观察

学前儿童通过前面三个步骤，已经熟悉和掌握了游戏的玩法和规则，同时打下了良好的独立开展听说游戏活动的基础，因而可以在准备充足的情况下进入儿童自主游戏阶段。

在学前儿童独立开展听说游戏活动的阶段，教师需从游戏主导者的角色中渐渐撤出，让儿童自己把控听说游戏，教师以旁观者的身份进行观察。要观察听说游活动戏的进程，以便随时为学前儿童提供帮助；要关注个体，针对不同能力

的儿童进行及时的指导；要在听说游戏活动小结中总结观察时所发现的一些现象，以便提升听说游戏的水平。

二、学前儿童听说游戏活动指导要点

听说游戏活动的有效实施能够促进学前儿童语言能力的发展，提升儿童对语言学习的兴趣。听说游戏活动的实施效果取决于教师对游戏活动关注和指导的程度。

（一）把握不同年龄阶段听说游戏活动的重点

不同年龄阶段的学前儿童其知识经验的积累程度不同，因此，对不同年龄阶段儿童开展的听说游戏活动也各有侧重。如小班儿童的听说游戏，以听音和发音练习游戏、词汇教学游戏为主，教师直接参与指导和示范的情况要多些；中大班儿童的听说游戏则以识字游戏、学说句子和描述游戏为主，教师会给学前儿童更多的自主权，提供适宜的环境材料，在听说游戏过程中观察儿童，与儿童一起游戏。

（二）适时变换听说游戏规则

听说游戏活动过程中，教师要根据学前儿童对游戏的适应程度，灵活地变换规则。如果在游戏进行中，发现难度过高，多数儿童不能顺利完成时，应及时予以调整，降低听说游戏的难度或者变更游戏规则，以适应学前儿童当前的语言发展水平。

（三）恰当处理听说游戏活动中的违规情况

听说游戏活动是有规则的，学前儿童必须遵守游戏规则。教师在听说游戏活动过程中，要扮演好督导者的角色，保证听说游戏在严格的规则下开展。如发现不遵循规则的儿童，教师应及时分析原因，给予适当的违规处理，保证听说游戏活动顺利开展，同时也给其他儿童以良好的示范和引领。如果学前儿童对规则不是很清楚，教师需要补充示范并进行讲解；如果学前儿童因为玩得兴奋而忘记规则，教师要给予及时的提醒与约束；如果学前儿童故意在听说游戏活动中犯规，教师应用游戏的口吻按规则处罚，对于违规的处理应一视同仁。

(四)听说游戏活动应寓教于乐

听说游戏活动具有双重性,如何在活动中更好地游戏,在游戏中更好地进行听说活动是教师必须把握的一点。教师在设计和组织听说游戏活动时,应注意将游戏性和活动的教育性有机结合,充分体现听说游戏活动的双重特性,达到寓教于乐的效果。

【本章小结】

听说游戏活动是一种特殊的语言教育活动,兼具游戏和活动的共同特点。学前儿童听说游戏活动具有以下特点:双重性;规则性;丰富性;针对性。学前儿童听说游戏活动能激发学前儿童学习语言的兴趣;促进学前儿童智力发展;提高学前儿童语言学习和运用的能力。学前儿童听说游戏活动主要有以下几种类型:语音游戏、词汇游戏、句子和语法练习游戏、描述性游戏。

学前儿童听说游戏活动的设计与组织首先要确定目标,要遵循以下几点:帮助学前儿童在一定规则中进行口头语言学习与表达练习;使学前儿童懂得倾听、乐于倾听和善于倾听;增强学前儿童在交流过程中语言表达的灵活性和准确性。在选择材料与方法时要考虑当地民俗文化、社会热点,从学前儿童正在探索或者感兴趣的主题衍生。学前儿童听说游戏活动的实施步骤为:创设听说游戏活动情境;交代游戏规则,明确听说游戏活动玩法;教师引导学前儿童进行听说游戏活动;学前儿童自主进行听说游戏活动,教师一旁观察。指导要点包括:把握不同年龄阶段听说游戏活动的重点;适时变换听说游戏规则;恰当处理听说游戏活动中的违规情况;听说游戏活动应寓教于乐。

思考与练习

1.学前儿童听说游戏活动的类型有哪些?

2.学前儿童听说游戏活动有何特点?

3.简述实施学前儿童听说游戏活动的步骤。

4.学前儿童听说游戏活动在实施过程中指导要点有哪些?

【考查要点】

学前儿童听说游戏活动是一种特殊的语言教育活动，具有游戏性和活动性双重特点，对儿童的语言学习与发展有着重要影响。熟悉和把握学前儿童听说游戏活动的特点、意义，懂得如何设计学前儿童听说游戏活动，如何创设学前儿童听说游戏活动的环境十分重要。学前儿童听说游戏活动在历年考试中多以活动设计题呈现，实践应用性较强。

【真题模拟】

一、多选题

1.学前儿童听说游戏由活动向游戏过渡所需的转换有(　　)。

A.由外部控制向内部控制转换　　B.由真实情境向假想情境转换

C.由他人教育向自我教育转换　　D.由外部动机向内部动机转换

2.学前儿童听说游戏活动设计与组织应遵循的基本步骤依次有(　　)。

A.交代游戏规则　　B.教师引导游戏

C.设置游戏情境　　D.儿童自主游戏

二、判断改错题

1.学前儿童听说游戏活动属于渗透的语言教育途径。

2.学前儿童听说游戏活动的教育目标以培养儿童倾听和表述能力为主，活动内容主要集中在培养儿童听和说的能力方面。

3.在儿童自主游戏的阶段，教师不应该放手让儿童自己开展活动。

三、名词解释

学前儿童听说游戏活动

四、简答题

学前儿童听说游戏活动具有哪些特点？

【思考实训】

思考：

通过本章的学习，我学到了什么？什么是学前儿童听说游戏活动？学前儿童听说游戏活动有什么意义和特点？要如何设计学前儿童听说游戏活动？听说游戏活动有哪些步骤？如何进行有效指导？我还有什么疑惑？我还想了解什么？

实训：

1.每位同学课后搜集有趣的学前儿童听说游戏活动案例，在课堂中进行分享，提升对学前儿童听说游戏活动探究的兴趣。

2.观摩一个学前儿童听说游戏活动视频，分组讨论听说游戏活动是如何设计与实施的？

【推荐阅读】

[1]Judith Van Hoom, Patricia Monighan Nourot, Barbara Scaies, 等.以游戏为中心的幼儿园课程[M].史明洁等，译.北京：中国轻工业出版社，2017.

[2]董旭花，韩冰川，刘霞.幼儿园自主游戏观察与记录——从游戏故事中发现儿童[M]. 北京：中国轻工业出版社，2015.

[3]黄瑾.幼儿园教育活动设计与指导[M].第2版.上海：华东师范大学出版社，2014.

[4]彭俊英，魏婷.幼儿园游戏活动的组织与指导[M].北京：教育科学出版社，2014.

[5]朱家雄.幼儿园课程[M].第2版.上海：华东师范大学出版社，2011.

[6]周兢，余珍有.幼儿园语言教育[M].北京：人民教育出版社，2004.

【小憩驿站】

扫描二维码，聆听黄豆豆老师为大家讲述《悟空，乖》。

第 9 章

学前儿童语言区角活动设计与指导

在语言区角活动中，学前儿童自主选择活动，自主探索、阅读、交流等，有利于学前儿童自主性、独立性、主动性和语言能力的发展，能够满足学前儿童多方面的需求；有利于满足学前儿童与同伴，与教师交往的需求；有利于提高儿童的社会交往能力和语言表达能力。通过对这章内容的学习，能理解学前儿童语言区角活动，掌握如何合理地设计学前儿童语言区角活动，以及其组织与指导策略。

【学习目标】

1.知识目标：理解学前儿童语言区角活动的内涵和特点；了解学前儿童语言区角活动的意义；掌握学前儿童语言区角活动设计的要点和指导策略。

2.能力目标：能够比较灵活地运用语言区角活动设计的相关要点设计学前儿童语言区角活动，并进行模拟教学。

3.情感目标：敢于在集体面前开展语言区角活动，并树立正确的活动指导意识。

【学习重难点】

1.学习重点：掌握学前儿童语言区角活动的设计方法、流程与指导策略。

2.学习难点：能很好地展开学前儿童语言区角活动的组织与指导。

【知识结构图】

学前儿童语言区角活动设计与指导

- 学前儿童语言区角活动概述
  - 含义
  - 特点
  - 意义
- 学前儿童语言区角活动的设计
  - 目标的确立
  - 材料的提供
  - 内容的选择
  - 环境的创设
  - 空间的设计
- 学前儿童语言区角活动的组织与指导
  - 指导策略
  - 教师角色
  - 实施中需注意的问题

第一节
学前儿童语言区角活动概述

促进学前儿童语言发展，除了需要组织专门的语言教育活动外，还应该将语言教育渗透在一日生活的各个环节。《纲要》中指出，"发展儿童语言的关键是创设一个能使他们想说、敢说、喜欢说、有机会说并能得到积极应答的环境"。因此，幼儿园需要为孩子创设语言活动区角，有针对性地为孩子创造一个自由、宽松的语言环境，支持、鼓励、吸引儿童与教师、同伴或其他人交谈，体验语言交流的乐趣，学习使用适当的、礼貌的语言交往。那么什么是学前儿童语言区角活动呢？它有着什么样的特点呢？

一、学前儿童语言区角活动的含义

学前儿童语言区角活动是教育者依据语言教育活动目标、学前儿童感兴趣的语言活动材料及活动类型，有目的、有计划地创设语言环境，将活动室的空间划分为不同语言区域，促进学前儿童与材料、环境、同伴的充分互动，从而使儿童获得个性化语言学习与发展的一种区域活动。语言区角活动是实现语言教育目标的有效途径，是实施语言教育活动的重要环节，也是落实语言教育任务的具体手段。幼儿园常见的语言区角有图书角、故事角、表演角、电话亭、视听角、构图说话角等。

创设语言区角活动环境，吸引学前儿童积极主动地参加阅读、表演、交流等活动，能愉悦儿童的情感，开阔儿童的视野，使儿童体验成功并获得自信，从而有效地促进学前儿童语言的发展。正因为如此，语言区角活动越来越受到广大幼儿园的关注。

二、学前儿童语言区角活动的特点

语言区角活动作为学前阶段一种特殊的教育活动有着自身显著的特点。

(一)互动性

与其他专门性的语言教育活动相比,在语言区角活动中,学前儿童完全是在与材料、环境、同伴充分互动的过程中获得语言的发展。学前儿童置身于语言发展的良好物质环境与随意自在的心理环境中,充分地接触他们感兴趣的材料并与之进行"对话",与同伴及教师之间进行充分的交流、商讨、合作与分享,这都是语言学习互动性的体现。在互动的过程中,学前儿童获取的语言信息量增大,语言信息内容也更丰富。

(二)自主性

在语言区角活动中,儿童学习语言的自主性体现在:学前儿童自主选择活动方式,同伴之间自由地组织,积极主动地参与活动。可以说,以语言区角活动为手段,培养儿童的自主性是非常恰当的。学前儿童自主学习语言的能力不是由教师直接教授的,而是通过儿童自由、自主的探索学习,通过积极快乐的情感体验逐步培养起来的。语言区角活动能提供适当的语言环境刺激,让学前儿童有机会在活动中通过自主阅读、操作和思考来发现语言学习中的新问题,逐步积累语言经验。

(三)宽松性

语言区角活动中的语境是十分宽松自由的,教师不要求学前儿童有统一的答案,不要求儿童有一致的思路,也不特别要求儿童使用十分规范的语言。无论原有经验如何,学前儿童都可以根据自己的意愿和内心感受,自由地表达自己的见解,与大家进行交流与分享。在语言区角活动中,学前儿童可以借助自然、轻松的语言交流氛围提高语言的敏感度,从而使表述的内容更丰富,语言表达更流畅。

三、学前儿童语言区角活动的意义

儿童可以在幼儿园语言区角听故事、看图书、讲故事、玩、进行表演,还可以自制图书和道具。过去人们对语言区角活动的认识比较狭窄,如有的人认为语言区角活动只是学前儿童集体学习活动的延伸,有的人认为语言区角活动的功能重在发展学前儿童的语言能力,还有的人认为教师只需为语言区角提供图书就可以了。为此，我们有必要来分析一下学前儿童语言区角活动的意义。

（一）促进学前儿童语言的发展

语言是交流和思维的工具。学前期是语言发展的重要时期，语言区角活动为学前儿童创造了语言表达、交往、运用和学习语言的机会。《纲要》指出："语言能力是在运用的过程中发展起来的，发展儿童语言的关键是创设一个能使他们想说、敢说、喜欢说、有机会说并能得到积极应答的环境。"因此，在幼儿园开设语言区角十分必要。

教师可以把集体学习活动中相关的内容延伸到语言区角，通过自主、自愿、自由的活动方式，使学前儿童在没有压力的环境中说说看看、写写画画、玩玩做做，既可以使儿童有说话的时间，也可以使儿童彼此间有话可说、有话想说，极大地调动了学前儿童语言学习的积极性，有利于儿童语言能力的发展。此外，语言区角丰富的活动材料，也会引起学前儿童语言学习的兴趣。在这个过程中，儿童能体验并学习如何表达和交流，养成良好的语言表达习惯。教师还可以在语言区角开展游戏和表演活动。这类活动要求内容丰富有趣且形式动静结合，以符合不同年龄阶段和不同个性特质的儿童的需要。活动的过程是学前儿童与情境化的环境、材料互动的过程，他们通过观察、思考、倾听来获取信息，完成语言的输入，在完成游戏任务和表演的过程中完成语言的输出。非正式的前书写活动也是语言区角活动的重要内容，学前儿童可在写写画画的过程中体验文字符号的功能，培养书写兴趣，为未来的书写活动做准备。在语言区角活动中，学前儿童之间愉快情绪的相互感染，也有利于提高儿童学习语言和运用语言的兴趣和敏感性。

（二）促进学前儿童情感的发展

在语言区角活动中，学前儿童更容易获得成功的体验，感到愉快和满足。这些积极的情感体验又能促使儿童更积极地参与到新的活动中去，从而形成良性循环。在活动中，儿童与儿童、儿童与教师之间的情感交流机会也比较多。学前儿童之间相互模仿、启发、鼓励是经常性的。来自同伴间的鼓励和赞扬与来自教师的支持和引导，都会使学前儿童获得积极的情感体验，促进儿童情感的发展。

（三）促进学前儿童社会性的发展

《指南》指出："幼儿在运用语言进行交流的同时，也在发展着人际交往能力、理解他人和判断交往情境的能力、组织自己思想的能力。通过语言获取信息，幼儿的学习逐步超越个体的直接感知”。在语言区角活动中，学前儿童通过阅读会对社会有更深入的了解；通过游戏、表演、制作等活动会增进对现实世界的了解，增强理解他人的能力，并逐步建立规则意识。和其他区角一样，在语言区角中，学前儿童会学会相互理解，有助于儿童学习交往、合作、沟通等社会生活交往技能。学前儿童不断学习社会经验和行为准则，学习如何处理人际关系和扮演各种角色，逐步认识、理解自身的义务和职责，从中体验思想感情，进而使同情心、责任感得到发展，规则意识得到增强，并养成良好的行为品质，从而促进儿童的社会化过程，为儿童的终身发展奠定基础。在教师的引导下，他们也会自然地获得大量的自我服务、自我学习的机会，逐渐形成良好的行为习惯。

（四）提升学前儿童操作能力和创造能力

在语言区角，儿童不仅要进行语言交流，还要动脑、动眼、动手。学前儿童在语言区角“拼一拼、玩一玩、认一认、说一说”的操作活动中，小肌肉群和手、眼协调性得到发展。有的教师在活动室里设置构图讲述角，为学前儿童准备了不同的背景图和各种动物、人物角色，以及废旧图书、图片，儿童可以按自己的意愿进行选择与讲述，可以根据情节的发展从废旧图书、图片中剪取图画等所需物品。在“做做、剪剪、说说”的故事创编活动中，学前儿童的语言能力和动手能力都可以得到明显的提高。此外，学前儿童也还可以根据故事内容搭建故事场景并进行故事表演。形式多样的游戏或表演活动不仅有利于加深儿童对故事的理解，还有助于他们发挥想象力和创造力，开展故事续编活动或剧本创作活动。

第二节 学前儿童语言区角活动的设计

学前儿童语言区角活动的开展首先应该考虑学前儿童的年龄阶段特点和发展水平，营造合适的语言区角环境，提供丰富的语言区角材料，在教师间接引导下组织，这些都需要基于学前儿童语言区角活动的方案设计。

一、学前儿童语言区角活动中目标的确定

学前儿童语言习得是依照一定的方式和顺序，在一定时期进行学习的。学前时期是语言发展最为迅速的时期，语言区角为学前儿童提供了丰富的语言教育环境，以听、说、读、写为活动线索，全面促进儿童口头语言和书面语言的发展。在《纲要》和《指南》中都明确规定了学前儿童语言活动的总目标要求。其中，《指南》明确了我国3—6岁儿童语言学习与发展的目标要求。这些目标要求从儿童语言运用能力的角度，提出在幼儿园阶段儿童语言学习和发展必须形成和获得的基本能力。

幼儿园的语言区角，应为儿童创设相对安静舒适的区域空间和自由宽松的语言交往环境，引导儿童依照一定的方式和顺序来进行活动。具体体现在语言区角所提供的活动材料，包含听、说、读、写四个基本部分。学前儿童语言能力的发展是在与他人交往、主动运用语言的过程中完成的。教师应遵循儿童学习语言的规律和需要，以发展儿童的听、说、读、写能力为基本线索，按照由浅入深、由易到难、由简单到丰富的层次递进，把语言区角材料转化为学前儿童可视听、跟读或操作的材料，让儿童通过自主学习促进语言能力的发展。依据《纲要》和《指南》可将学前儿童语言区角活动的目标确定为：

（一）语言区角活动总目标

（1）乐意与人交谈，讲话礼貌。

（2）注意倾听对方讲话，能理解日常用语。

（3）能清楚地说出自己想说的事。

（4）喜欢听故事、看图书。

（5）了解、感受中国传统特色语言。

（二）幼儿园语言区角活动目标

1. 小班

（1）初步学习常用的交往语言和礼貌用语。

（2）安静地倾听，能听懂、理解简单的指令。

（3）愿意用完整的短句进行讲述。

（4）初步感受文学作品的语言美。

（5）喜欢看书，知道看书的基本方法；感受语言和其他符号的转换关系；激发对文字的兴趣。

（6）喜欢古诗，感受古诗的韵律和节奏。

2. 中班

（1）继续学习交往语言，提高语言交往能力。

（2）耐心地倾听，能听懂、理解多重指令。

（3）愿意用清楚、连贯的语言进行讲述。

（4）喜欢文学作品，进一步感受文学作品的美。

（5）懂得爱护图书，知道图书的构成；了解汉字的由来和简单的汉字认读规律；激发主动探索文字的愿望。

（6）了解、感受民间歌谣、绕口令的韵律和节奏。

3. 大班

（1）乐意运用交往语言，进一步提高语言交往水平。

（2）积极倾听，不断提高倾听能力，能迅速把握和理解较复杂的多重指令。

（3）愿意用较清楚、连贯、流畅的语言进行讲述。

（4）愿意欣赏文学作品，积累文学语言，并尝试运用。

（5）有浓厚的阅读兴趣，知道图画书中的画面与文字的对应关系；积极辨认汉字。

(6)了解、感受成语、歇后语、颠倒歌、谚语等中国传统特色语言文化，掌握正确的书写姿势和基本的书写技能。

语言区角中的阅读活动，以培养儿童的阅读兴趣和良好的阅读习惯为主要目标，通过阅读活动发展儿童的想象力和理解能力，培养对文学作品的审美情趣。语言区角为儿童提供了适宜的图片、文具等，满足了儿童认读文字和书写的需要，也培养了儿童对文字的兴趣和对字体结构的观察能力，为儿童今后的识字、书写打下基础。

二、学前儿童语言区角活动中材料的提供

《纲要》中指出："提供丰富的可操作性材料，为每个学前儿童都能运用多种感官、多种方式进行探索提供活动的条件"。材料的投放是决定语言区角活动成效的关键。

(一)提供丰富的材料

在语言区角中，教师提供的材料包括图书、游戏材料、音视频设备、光盘、耳机、各种纸张、供绘画和记录用的笔以及纸偶等。教师可以选择情节简单重复、语言丰富押韵、插图色彩鲜明的图书给年龄较小的儿童，而年龄较大的儿童则喜欢情节可预测的、知识信息量大的、带有传奇和异域色彩的故事。教师选择图书时不能有个人偏见，画面风格和故事内容要体现多样性。教师也可鼓励儿童把家里自己喜欢的图书带到幼儿园语言区角中与小伙伴分享。在语言区角中，教师如果能提供有关角色装扮的材料，儿童就可能会表演自己熟悉的故事，如《白雪公主》《灰姑娘》《龟兔赛跑》《三打白骨精》《小红帽》等。情境表演所需的材料很多，如头饰、服装、道具、场景、故事小舞台、手偶、皮影戏道具等。这些表演材料可配合相应的图书、故事拼图、故事盒等材料使用，以便儿童熟悉故事内容，为表演活动积累必要的前期经验。教师还可提供大量的纸张、笔、剪刀和废旧画报等材料，以便儿童随时开展绘画、记录、制作等活动。此外，教师要引导儿童定期检查图书，及时修补破损的图书，这将有利于儿童从小养成爱惜图书和自我服务的好习惯。

(二)提供材料时应注意的问题

1. 材料的安全卫生性与艺术性

语言区角的环境设置以及投放的材料要符合安全卫生要求，要排除潜在的

安全隐患,保障学前儿童的健康和安全。如阅读区光线要适中,符合用眼卫生;区角的设置应动静分开,避免相互干扰;视听角的用电要安全等,这些都是十分重要的安全卫生问题。此外,语言区角活动的材料应该符合学前儿童心理特点,应色彩鲜艳、形象生动,体现艺术性。

2. 材料的目的性与动态性

教师提供的材料必须紧紧围绕语言教育活动的目标,因为语言区角材料的投放是实现语言教育目标的手段,是发展学前儿童语言的媒介。教师应该首先制订出合理的教育目标,然后根据教育目标去选择材料,这样才能避免材料投放的盲目性。此外,语言区角活动的材料,教师要根据对学前儿童活动的观察,及时、定期地更换与补充,不能一成不变,体现动态性。

3. 材料的适宜性与层次性

教师投放的材料要与学前儿童的年龄特点、经验和能力相适宜。比如图书角的设置,供小班儿童阅读的图书应该色彩艳丽、画面大、情节简单并贴近儿童生活,书的纸质要结实,相同的图书要多一些。供中大班儿童阅读的图书,故事的人物、情节可以稍复杂些,书的种类要多一些。图书放置的高度也要适合儿童自由取放。难度不同的材料能满足不同发展水平的儿童的需要,使每个儿童都能够在其原有水平上获得发展。所以,教师在选择、投放语言区角材料时,应对所要投放的材料和孩子通过操作该材料可能达到的目标进行预先思考,做到由浅入深、由易到难,体现层次性。

4. 材料的丰富性与探究性

数量充足、丰富多彩的材料可以为学前儿童提供充分的活动条件和表现自己的机会,能大大激发学前儿童的活动兴趣,使其积极地投入到语言区角活动中。反之,过于陈旧、简单、单一的材料,会使学前儿童很快丧失活动兴趣,影响活动效果及语言发展进程。但是,材料并不是越多越好,多则滥,滥则泛,所以材料投放要与主题活动相匹配,要有针对性、科学性以及探究性。教师要细心观察和研究材料的数量和种类在什么情况下对学前儿童来说是合适的,怎样才能更好地引导学前儿童积极地参与活动和主题的探究。

5. 材料的可持续性和自制性

对于活动材料,要运用可持续发展的眼光,学会利用废旧材料,做到循环利用。对于缺少的材料,要引导儿童自己动手进行制作,或发挥创造性思维,运用现有的其他材料进行替换，这样不仅能减少材料成本和费用，还能培养学前儿童的动手操作能力。

三、学前儿童语言区角活动中内容的选择

教育活动内容是教育活动目标转化为学前儿童发展的一个中介，好的活动内容不仅能唤起儿童的极大兴趣，更能激发学前儿童积极参与的热情和强烈的求知欲，实现教育的有效性。语言区角活动作为幼儿园教育的一个重要组织形式，其活动内容的选取应遵循《幼儿园工作规程》《纲要》及《指南》精神，体现：目标性，依据发展目标选择活动内容；规律性，遵循儿童身心发展规律选择活动内容；并列性，不同活动内容实现不同目标；整合性，多种活动内容指向一个目标，一个活动内容指向不同目标。

除此以外，根据语言区角活动的特点，教师在设计和选取活动内容时，还应注意以下三个方面：

（一）体现生活性

所谓生活性是指活动内容应该源于学前儿童的生活与经验。对于儿童来说，唯有存在的才是真实的，这是由他们的感知和思维发展特点所决定的。学前儿童需要的、感兴趣的就是那些在他们生活与学习中出现过的、发生过的、目睹过的、听说过的，并随时随地与他们的客观生活紧密联系在一起的内容。语言区角活动体现和注重的是学前儿童自我经验的构建过程，因此，语言区角活动内容选择如果脱离了儿童的现实世界，他们将无从感知和体验。当然，活动内容向学前儿童的生活回归，并不意味着对生活的简单复制，对于儿童喜欢、热衷的信息也需要进行整理、分析、筛选，发掘出其中与发展目标一致，与本地区、本园、本班儿童实际最为贴近，最有价值的活动内容，并对其进行适当的加工和提炼，有针对性地创设环境、投放材料，而不是简单随意地投放和设置。

（二）注重实践性

“看看说说，做做玩玩，边做边想，先做后想”，是学前儿童思维与活动的一大特点。在对环境、材料进行诠释的过程中，儿童的思维能力、动手能力会得到有效提升，他们会主动地去思考如何说、如何玩，同时利用自己已有的经验与感受付诸实践，不断内化，从而实现真正意义上的“做过了就学过了，学过了就明白了”的内化过程。所以，语言区角活动选择的内容要能够让学前儿童有机会说、

愿意听、乐于亲自体验等，这样既满足语言教育活动内容本身所需要的实践功能，也满足学前儿童个体自我成长与经验积累的需要。

（三）结合主题性

当前，综合主题式活动已成为幼儿园课程实施的一个主要方面，如何依据主题背景开展语言区角活动也自然成为广大教师关注的一个焦点。语言区角活动可以帮助教师完成那些十分重要但又无法完整纳入主题活动的学习内容。因此，语言区角活动可以依托主题展开，注意学前儿童语言区角活动与主题教学活动之间的相互渗透与整合。

1. 语言区角活动为主题教学做准备

一些主题教学开始前，需要有目的地在语言区角活动中开展准备性活动，让孩子在活动中获得一些主题教学所需要的经验或技能，为主题教学活动的顺利开展做好铺垫。当主题教学活动正式开展时，因为有了前期经验的积累，孩子们对语言活动的探索会更主动，学习会更自主。

拓展阅读

在开展语言活动“小蝌蚪找妈妈”之前，教师在语言区角为儿童投放了各种图文并茂的图书、挂图、音频设备等。儿童自由地听录音、学故事，玩根据图片找字或根据文字找图片、连线等游戏。有的儿童找到了散文中的字，兴奋地大叫：“老师，我找到了那些字，我都认识！”有的儿童刚刚跟录音学了一遍就迫不及待地向同伴炫耀：“我会读了，你听……”爱画画的儿童到美工区自由发挥想象，把蝌蚪画下来，并说：“这是我给小蝌蚪穿的衣服……”这时，教师来到儿童中间，及时给予他们支持(把儿童的话记录下来，给每幅图配上相应的文字)，同时引导儿童把图画装订成书并加上封面。教师告诉儿童：“这就是你们自己编的书了，一定要爱惜。”儿童在老师的帮助下，把写好的句子贴在图画的下面。订好书的儿童迫不及待地找到听众，并兴致勃勃地讲着。

（资料来源　郑健成.学前教育学[M].上海：复旦大学出版社，2005.有改动）

2. 语言区角教育活动为主题教学做延伸

在主题教学活动中，为了促进学前儿童主动学习，要重视儿童在活动过程中的动手动脑、操作摆弄。但是，由于受材料数量的限制，儿童只能合用一些材料，许多被动型的儿童就只能被动地观望。此外，学前儿童的发展水平不一致，主题教学活动的时间又有限，有些动作慢的儿童常常被迫终止探索。还有这样的情况，活动结束时有个别儿童对探索的内容意犹未尽，还有深入下去的愿望，却不能在活动中得到满足。这些都成为主题教学中的不足之处，影响了主题教学的效果。为解决这些问题，教师可以将主题教学的有关内容放到相应的活动区角中，让主题教学内容在语言区角活动中得到延伸，更好地做到面向全体儿童，满足儿童语言个性化发展的需要。

3. 通过语言区角活动生成新的主题

在语言区角活动过程中，学前儿童会产生新的问题，教师可以从中选择有价值的部分作为主题教学活动的新主题。比如，老师发现图书角里有很多破损的图书，班上存在有部分儿童不爱护图书的情况。根据这一情况，教师可生成新的主题："小图书笑了"。帮助孩子知道图书是用纸做的，容易破损，使其学会爱护图书，学会正确翻阅图书的方法：轻拿轻放，一页一页轻轻地翻阅。

四、学前儿童语言区角活动中环境的创设

幼儿园语言区角要为孩子们创设一个能使他们想说、敢说、喜欢说、有机会说并能得到积极应答的环境。幼儿园可以创设图书角、视听角、表演角等语言区角，在创设这些语言区角时，应注意为儿童创设一个良好、适宜的区角环境。

（一）图书角的环境创设

图书角是以阅读活动为中心而构思设计的活动天地。通过对这个区域空间和环境材料的创设，营造温馨的阅读环境，吸引儿童积极主动地参加阅读活动，愉悦情感、开阔视野，并对阅读产生浓厚的兴趣。

图书角创设要依据幼儿园实际和班级特点，体现风格的多样化。可以创设园级的大型图书馆；可以在班级创设小图书馆；还可以创设像家一样温馨的小书吧。在创设图书角时要注意以下问题：首先，要注意光线充足、空气清新、环境安静。图书角应该是所有区角中最安静的，并且应有充足的光线。因此，适合靠窗而设，远离音乐表演区、角色游戏区等较为嘈杂的地方。其次，墙面和窗帘的色彩以淡蓝、淡绿为佳。再次，可以铺上地毯，投放一些小桌椅、坐垫、靠垫、布偶、小沙发等。这些材料能给儿童温馨舒适的感觉，使他们带着愉悦的心情阅读。最后，图书角要根据年龄特点为儿童提供多种多样的图书资料，自制图书和制

作、修补图书的工具，如：①故事书，如有关家庭、幼儿园生活的故事，动物、植物的故事，童话故事，科学故事，人物故事等；②杂志、画报，如《看图说话》《幼儿智力世界》《小朋友》《小青蛙报》等；③知识书，如《幼儿十万个为什么》《热带鱼图片大全》《看图识字》《交通工具大全》等；④自制图书和制作、修补图书的工具，儿童结合平时的教学活动自己绘制的图书，以及供儿童记录或自制图书的工具，纸张、彩笔、剪刀、胶水、卡片等。注意选择小班儿童图书时要选择色彩鲜艳、画面大、情节简单并贴近儿童生活的图书，书的纸质要比较结实，相同的图书要多。中大班儿童可以考虑故事的人物、情节复杂一些的图书，书的种类要多，注意投放儿童自制的图书。

图书的投放要以儿童为本。可以用图书架、图书柜、图书布袋等多种形式，还可以就地取材利用墙壁、柜子的背后等直接装订松紧带放书。或者利用修剪的大树枝，经安全卫生处理后做成书树挂书，高度要适合儿童自由取放。图书还应分类投放，分类的标志可以由儿童设计。有条件的幼儿园还可以配卡通电脑、安全的电源开关、一定数量的儿童电子图画书。

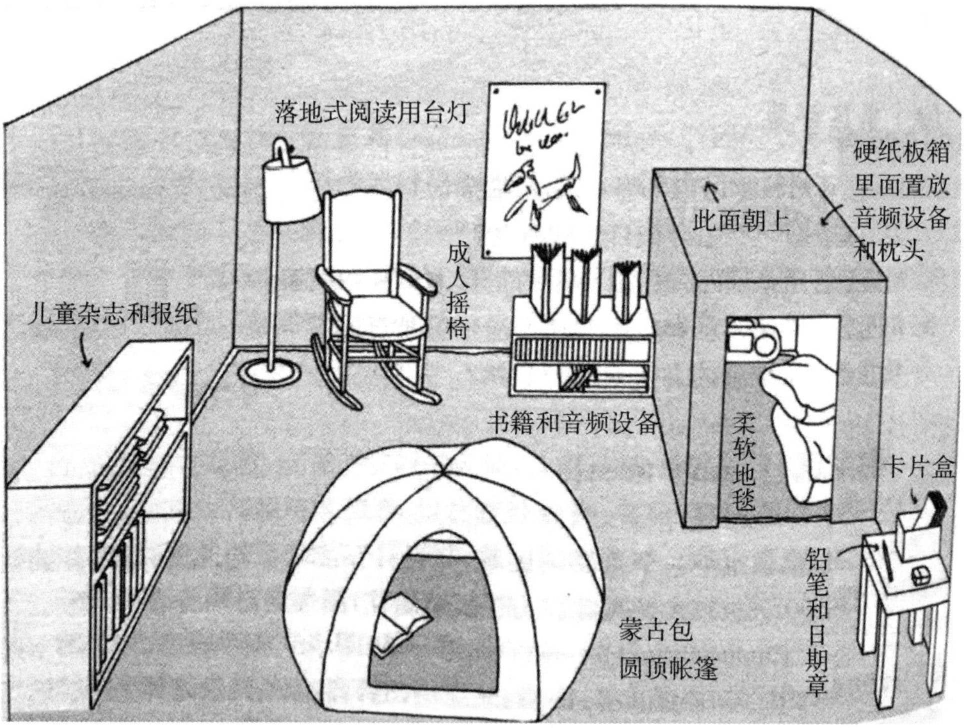

图 9-1 图书角

（图片来源　汤志民.幼儿园环境创设[M].华东师范大学出版社，2013：104.）

（二）视听角的环境创设

信息技术的发展，多媒体设备的普及，为学前儿童语言的发展提供了重要的工具，为幼儿园语言教育开辟了新的途径。

视听角是利用各种现代技术为学前儿童创设视听结合的发展儿童语言的活动区角。视听角设施设备的投放应因地制宜。首先，有条件的幼儿园可以在视听角里安置电视、电脑、投影仪等现代设备；选择一些生动形象、情节有趣、内容浅显、适合儿童欣赏的光盘、幻灯片、视频等；还可以选用一些家庭录制的视频。其次，可以投放一些学前儿童喜欢的图书，并用与儿童翻阅图书相配的速度将图书的内容录音，儿童可以自己边听边翻阅图书。最后，可以在地上铺上地毯，安放一些软垫、小凳子、桌子等，方便儿童自由安排活动。

（三）表演角的环境创设

表演角是为学前儿童进行表演活动而创设的区角。学前儿童的表演活动可以是用动作、表情、语言表现自己对语言文学作品的理解和再现作品内容的活动；也可以是学前儿童表演自己创编的故事以及他们经历过的事件的活动。它包括主题角色剧、故事剧、哑剧、木偶剧、皮影戏、分角色阅读等活动。设计和布置表演角，满足了学前儿童表现文学作品内容、自己的创编故事以及自己经历过的事件的需要，儿童在表演活动中主动积极地与语言和非语言材料互动，提高了儿童语言的表达能力。在创设表演角的环境时，应根据幼儿园和本班实际，既可以设计固定式的表演角、小舞台，也可以根据活动室的门厅过道、走廊等设计活动的表演角、可移动的小舞台。投放服装、道具、头饰、面具、人偶等表演材料，供儿童自由地进行表演活动。

五、学前儿童语言区角活动中空间的设计

语言区角活动的空间设计是教师根据活动需要，在教室内外布置活动区域的空间状态。简言之，即如何进行区角的安置。一般情况下，语言区角的空间设置可以从以下三方面把握。

（一）在空间上挖掘延伸

幼儿园中每个班级都有一个相对独立的空间，除了主要的活动室外，其他空间如寝室、走廊、厅道等，也可以充分利用起来。例如，利用走廊、厅道、活动室角落开辟语言区角，创设公共阅读区、亲子阅读区等。如无可供阅读的专属空间，

那么书籍也可以放在儿童感兴趣的其他角落中(如装扮区)。

(二)在布局上注重各区域间的相容性

布局上我们要重视班级各活动区之间的相容性,即在布置活动区时要考虑各个区域的性质,尽量把性质相似的活动区安排在一起,以免相互干扰。美国学者布朗把活动区的性质描述为静态、动态、用水、不用水等特性。图书角就属于静态,因此,教师应尽量把安静的图书角和以动脑为主的益智区放在一起,如果把以安静阅读活动为主的阅览区和以操作为主的构建区放在一起就不太合理。

(三)设置独立而开放的区域

一般而言,区角和区角间应该是开放的,可以全敞开,也可以半敞开,这需视活动需要而定。语言区角可以相对封闭,但这个封闭不是拒绝,只是视线交流上的暂时隔离。

教师可以使用矮柜、架子、小栅栏、桌子和长凳等家具来形成不同大小的围合或半围合空间。教育专家认为,小组式的、相对围合的区域空间会让儿童产生安全感,有利于他们专注地开展活动。学前期的儿童比较喜欢小团体,他们和几个小朋友在一起,会觉得比较自在,也会比在集体活动时更投入、更融洽。

总之,在学前儿童语言区角活动的空间设计中,教师需要把握和考虑空间设计要与学前儿童的经验水平相契合,要符合儿童的年龄阶段特点,要从学前儿童发展的实际需要出发合理规划,同时体现创新性。

第三节 学前儿童语言区角活动的组织与指导

《纲要》指出:"教育活动的组织与实施过程是教师创造性地开展工作的过程","教育活动的组织形式应根据需要合理安排,因时、因地、因内容、因材料灵活地运用"。在语言区角活动中,教师对区角材料的有效投放和适时指导对于幼儿园语言区角活动的顺利开展有着非常重要的作用。

一、学前儿童语言区角活动的指导策略

学前儿童语言区角活动有着自身的特点,在组织与实施时应注意以下策略:

(一)制订必要的规则

语言区角并不是任意活动的场所,应建立必要的活动规则以保证语言区角活动的顺畅有序。如使用材料要遵循先来后到的原则,用什么拿什么,用完要放回原处;要爱护图书,轻拿轻放,阅读时保持安静;要学习轮换阅读与分享阅读;注意阅读时的坐姿与用眼卫生;活动结束时,要快速地收拾、整理物品,并能将垃圾放入垃圾箱。还可以制订学前儿童之间相互交往的规则,包括活动时不影响和干扰别人;爱惜自己和别人的作品;学会协商、谦让、轮流和等待等。规则可以由教师直接讲解,也可以与学前儿童一起商讨制订,要让儿童明白为什么要制订这样的规则,增强儿童活动的自主性、秩序感与规则意识,使其养成良好的活动习惯。

(二)观察记录学前儿童

观察记录学前儿童的表现,了解儿童的水平和需要。如教师可以通过观察

了解到某个儿童对什么样的主题感兴趣，常采用的阅读方式是什么，在阅读中是否有困难，阅读的速度如何，是否喜欢利用道具来复述故事，是否愿意把自己对故事的理解用绘画的方式表现出来，是否乐于与他人沟通和交流，是否会主动整理图书，等等。这些具体的评价有助于教师了解学前儿童语言发展和其他方面发展的状况和需求，从而增进教师对儿童的理解，以便给予适当的回应。

（三）整理分析信息

整理分析收集到的信息，形成有针对性的指导策略。在观察记录后，教师可定期整理自己记录的信息，进行客观科学的统计和分析，从而形成阶段性的总结材料，为下一步教育计划的制订、为形成更具针对性的教育指导策略做准备。通过大量的记录和分析，教师可以了解学前儿童对哪类故事、话题、材料感兴趣，还可以了解儿童的阅读习惯和理解问题的方式。

（四）把握指导的时机

在语言区角活动中，应充分体现学前儿童活动的自主性，体现儿童语言的个性化发展。如果教师指导的时机不当，指导反而容易变成干扰。一般来说，出现下面几种情况时，教师必须要介入指导：第一，儿童在活动过程中出现危及自身或他人安全的行为；第二，儿童主动寻求教师的帮助；第三，儿童面临挫败，无法继续活动；第四，儿童在活动过程中出现消极、负面的语言或行为等。当出现上述情况时，教师就应该及时出现并适当地予以指导。在其他情况下，教师需要根据现场具体情况灵活判断是否应介入指导。

（五）运用正确的方法

在语言区角活动中，有效的指导不仅要注意把握时机，做到适时，还要注意适度。所谓适度，即教师的指导应留有余地，收放有度，既不完全替代，又不放任自流，真正引导学前儿童在语言区角活动中自主学习、自主探索。只有这样适当的指导，才能使学前儿童的语言水平在原有基础上得以提高，真正实现语言区角活动的教育目的。在语言区角活动中，教师的指导方法要根据活动内容、材料、儿童语言发展水平及具体活动状况而定。下面介绍几种具体的指导方法：

1. 直接参与

对于做事没有耐心、需要个别指导的儿童，教师可以直接参与到语言区角活动中去，提出具体明确的要求，进行适时、适度、适当的指导。如儿童在表演“猪八戒吃西瓜”，不一会儿，就有几个男孩子滚作一团。这时候，教师可以以唐僧的身份介入游戏，阻止学前儿童继续混乱下去，并帮助儿童拓展游戏的内容。

2. 扮演记者

教师扮演记者，以采访的形式记录并指导学前儿童的语言区角活动，再以新闻发布会的形式进行评价。

拓展阅读

在语言区里，幼儿在玩“夏天的歌”。我拿着话筒、纸和笔对他们说：“我是小精灵电视台的记者，今天我要采访你们。请问你们唱的是什么歌呀？你们是怎么玩这份材料的？”接着我把话筒交给了幼儿，让他们轮流说说所选材料的玩法，并进行原文朗诵、选图创编、绘画创编。我就像记者一样边记录他们的操作过程边不停地鼓励他们。“采访”完后，我接过话筒说：“采访结束了，你们的表现真不错，我写了一篇报道，现在要进行新闻发布了。”然后我将刚才记录的过程用生动的语言讲述了一遍。他们认真地听，当说到谁的事情时，他们还偷偷地笑。在播新闻的环节中，我先评价幼儿好的地方，再根据幼儿掌握诗歌的情况，加上一两句建议，幼儿欣然地接受，并在接下来交换玩的环节中玩得更好。

（资料来源　郑健成.学前教育学[M].上海：复旦大学出社，2005.）

3. 旁观者

教师以旁观者的身份介入学前儿童的游戏，以言语或非言语的方式指导儿童语言区角活动。言语的方式主要是指教师的建议、询问、提示等，非言语的方式主要是指教师运用表情神态、动作等肢体语言指导学前儿童的活动。

语言区角活动的指导方法没有统一固定的模式，应该灵活多样。教师无论采用哪一种方式，都要注意避免干预过多，尊重学前儿童活动的自主性，鼓励儿童的创造性。正如《指南》在教育建议中说到“无论幼儿的表达水平如何，都应认真地倾听并给予积极的回应”。

（六）鼓励学前儿童积极参与

在语言区角活动中，教师不仅要注意物质环境的创设，还要为学前儿童创设良好的、宽松的心理氛围。儿童只有在语言区角感受到宽松自由，才会在活动中有话想说、有话敢说。学前儿童的语言发展速度有快慢之别，教师要积极鼓励儿童，增强儿童的信心。当学前儿童在语言阅读区角活动时，教师不要在阅读时间和阅读内容方面做硬性规定，要使阅读成为儿童喜欢的事情。尤其是对于少言寡语的儿童，更需要教师和他们交流，给予他们关心和帮助，加强个别指导。教师可以采取语言激励、动作激励、物质激励等方法鼓励儿童，充分激发学前儿童参与语言区角活动的积极性，让儿童在阅读中体验快乐与成功，从而促进他们的语言发展。

二、学前儿童语言区角活动中教师角色

在学前儿童语言区角活动中，教师和儿童构成一定的互动关系，体现了学前儿童的主体地位和教师的主导作用。教师处于主导地位，扮演着指导者、引路者的角色，是儿童学习的帮助者和促进者。教师的主导作用不仅体现在设计组织活动方面，而且存在于活动过程中。由于语言教育活动有多种形式，教师在不同活动中参与的要求和发挥的作用亦有差别，所以，教师在活动中作用的方式与作用的量不同，教师与儿童在活动中的互动关系也会随之出现变化。从教师和学前儿童在语言区角活动中作用关系的角度来看，教师角色有：

（一）指导者

在指导性活动中，教师通过自己的指导来刺激学前儿童接受学习内容，并与语言教育活动的环境材料产生交互作用。这种互动关系的特点表现在几个方面：

第一，活动中教师将学习内容要求传递给学前儿童，向儿童提出挑战，激发儿童与语言信息和材料互动的兴趣，并由此引导儿童开动脑筋进入学习过程。例如：指导学前儿童阅读图书的时候，教师用语言和动作引起儿童阅读的兴趣，帮助其了解阅读的要求。在教师的启发下，学前儿童开始尝试图书阅读。

第二，教师的指导往往是直接的，是比较明确地将如何掌握学习内容的方法、途径告诉学前儿童，从而使儿童有参照地学习。例如：在学前儿童图书阅读活动中，儿童会从教师那里获得如何阅读的明确信息，如翻书的顺序、观察画面人物形象的方法等，使儿童在教师的具体指导下一步一步地掌握独立阅读图书的能力。

第三，在指导性活动的互动关系模式里，学前儿童有两种与教师交往的关系。一是根据教师的要求予以直接反应，如回答问题，按照教师要求谈个人的见解或进行操作。另一种是间接反应，学前儿童在与语言信息及材料的互动过程中对教师的指导给予及时的反馈。

(二)引导者

引导性活动中,教师参与活动的成分相对减少,给学前儿童以更多的自由操作和探索的机会。在这类突出体现儿童主动地位的活动中,教师的引导作用主要体现在,通过创设活动环境提供给儿童与语言学习内容、材料接触的机会。教师在活动中,给予适当的点拨,提出一定的建议,改进儿童学习的方式方法,从而促使儿童在活动中更好地完成学习任务。比如教师在活动室内设置故事表演角落或编构角落,放置一定的材料、工具等,学前儿童在这样的环境中自发产生表演故事或编构故事的愿望,并将愿望付诸行动。教师在观察时给予适当的引导,保证儿童活动的顺利进行。引导性活动中教师对学前儿童的指导是即兴的,一旦发现儿童需要,随时随地给予帮助。这种局部的指导影响着儿童与环境中语言信息、材料互动的进程。当学前儿童表演故事或编构故事出现困难时,教师及时地指导可以帮助其排除困难,使儿童的活动沿着正确的思路展开。

在语言区角活动中,教师支持儿童的自主学习,但儿童的自主学习并不意味着不需要教师的帮助与指导。当儿童遇到困难时,教师应启发儿童动脑解决问题,帮助儿童寻找解决问题的方法、策略,支持儿童在活动中获得成功。

(三)参与者

在语言教育活动过程中,教师有时会扮演一定的中介角色参与到活动当中去。例如赋予一个娃娃固定的姓名"明明",使之成为某个中介角色形象,参加到活动中。这便导致了教师与学前儿童在活动中互动关系的变化。在语言教育活动中,中介角色往往有两大类型。一类是"拟人形象",教师选择适当的玩具扮演角色,有的是动物形象,有的是人物形象。这些玩具一旦被教师用来充当某一个角色,便成为有感情、有思想、有语言的形象,当然这些感情、思想和语言是通过教师来表达的。教师往往会手举玩偶说:这里有个小客人明明。明明今天来参加小朋友们的活动。"小朋友,你们好!"这样便使玩偶"活了起来"。另一类是"表演形象",选择其他成人或儿童来扮演一个角色,参加到活动中来。例如,文学作品《野猫的城市》活动的最后一个环节:让一个其他班的学前儿童扮演野猫来到儿童中间。当头戴野猫头饰的小朋友出现时,孩子们纷纷向野猫阐述自己对城市的看法。教师以中介角色参与活动时,其与儿童的关系发生了变化:教师与儿童似乎不再直接交往,而是通过中介角色来传递信息、提出要求、介入指导,使得语言区角活动更有趣味性,儿童参与活动的积极性得到提高。

三、学前儿童语言区角活动实施中需注意的问题

越来越多的幼儿园开始着手开设语言区角活动来促进儿童语言能力的发展。开展语言区角活动需注意以下几个问题：

第一，尊重儿童的兴趣，了解儿童的需求，由此提供活动材料。近年来，越来越多的幼儿园重视语言区角活动，并在活动材料上加大投入，保证活动的丰富性，为儿童带来更多丰富多彩的活动。不过，在对活动材料的投放和选择上存在着一些问题，如选择的图书阅读资料并不是孩子们需要和感兴趣的，通常教师看着满意却不一定受到孩子们的喜欢。由此造成了财力、物力以及人力不必要的浪费。儿童根据自己的兴趣爱好以及思维水平选择学习对象。因此，教师在语言区角活动中应多与儿童进行交流，了解儿童的兴趣爱好及需求，并以此提供相应的符合主题内容的语言区角材料。

第二，老师支持儿童积极主动探索，尊重儿童的意愿。语言区角活动这种学习方式，并不是老师为学生选择学习内容，而是儿童根据自己的兴趣爱好自由选择。这个过程并不是单纯对知识的传递，而是儿童主动学习和产生认知的一个过程。儿童主动学习，接受知识和信息。因此，开展语言区角活动需要结合儿童的意愿，针对不同儿童选择不同的活动类型和活动材料等，充分尊重儿童的意愿。同时，在语言区角活动中，老师还要支持儿童积极主动探索，通过灵活的学习方式来参加活动，并在活动中给儿童留下足够的空间探索与解疑。

第三，鼓励儿童相互交流，分享快乐。学前期的儿童，他们的思维发展还不够完善，特别是在思维的判断、推理以及分析、理解能力方面有着很强的直观性和表面性，因此他们在判断或理解问题的时候，只会从问题的外在或表面的特点出发，不能把握问题的实质或内部含义。因此，这就需要教师在阅读过程中，引导儿童学会讨论交流。可以是教师参与其中一起讨论，也可是儿童之间共同讨论阅读的内容、交流阅读的心得等。在指导儿童交流讨论时，教师应以协助者的角色创设问题的情境，引导儿童就阅读的内容进行讨论与交流，帮助儿童进行思考和表达。例如，可以引导儿童就某一情节或某一角色进行讨论，并说出自己的看法，或者让儿童说说在这个故事中他最喜欢谁，为什么。比如在阅读《小猪飞上天》的过程中，让儿童讨论："你认为小猪能不能飞上天？""你有什么办法可以让小猪飞上天？"等。在讨论交流的过程中，教师应多引导、多鼓励、多支持，为儿童营造一个宽松的交流环境，帮助儿童大胆地表达自己的意见和感想。

第四，为儿童的交流创造机会，让儿童与年纪相仿、认知水平相当的同伴一

起活动。他们在一起可以不受拘束地交谈和讨论,这种放松与互动的交流是教师不能实现的。儿童在交流中,不仅可以拓宽学习途径,丰富学习的方法,还能够在实践中互帮互助,并为接下来的学习打下基础。

第五,提供的材料要有独特性。对于儿童来说,不适宜的材料很难具有强烈的吸引力,有的儿童在经过一段时间的游戏之后,对活动材料也会心生厌烦,为激发孩子的兴趣以及促进儿童与活动材料的互动,教师要根据儿童的需求与个体差异,选择有独特性的活动材料。

【本章小结】

学前儿童语言区角活动是教育者依据语言教育活动目标、学前儿童感兴趣的语言活动材料及活动类型,有目的、有计划地创设语言环境,将活动室的空间划分为不同语言区域,促进学前儿童与材料、环境、同伴的充分互动,从而使儿童获得个性化语言学习与发展的一种区域活动。学前儿童语言区角活动的特点有:互动性;自主性;宽松性。它能促进学前儿童语言、情感、社会性的发展,提升学前儿童操作能力和创造能力。

学前儿童语言区角活动目标的确定要按照一定的要求,提供材料时应注意材料的安全卫生性与艺术性、目的性与动态性、适宜性与层次性、丰富性与探究性、可持续性与自制性。在选择学前儿童语言区角活动内容时要体现生活性;注重实践性;结合主题性。在创设语言区角活动环境时需注意图书角、视听角、表演角的环境创设。在设计学前儿童语言区角活动空间时要注意在空间上挖掘延伸,在布局上注重动静交替并设置独立而开放的区域。

在组织与实施学前儿童语言区角活动时应制订必要的规则;观察记录学前儿童;整理分析信息;把握指导的时机;运用正确的方法;鼓励学前儿童积极参与。在学前儿童语言区角活动过程中教师扮演着指导者、引导者、参与者的角色。同时,教师要尊重儿童的兴趣;支持儿童积极主动探索,尊重儿童的意愿;鼓励儿童相互交流,分享快乐;为儿童的交流创造机会;提供的材料要有独特性。

思考与练习

1.学前儿童语言区角活动有哪些特点?

2.简述学前儿童语言区角活动的意义。

3.请结合自己的理解,谈一谈学前儿童语言区角活动的指导策略。

【考查要点】

学前儿童语言区角活动对儿童语言的学习与发展有着重要的影响，熟悉学前儿童语言区角活动的特点、意义，掌握设计学前儿童语言区角活动的要点，学会创设适合的学前儿童语言区角活动环境非常重要。学前儿童语言区角活动在历年考试中多以活动设计题和区角环境设计题呈现，实践应用性较强。

【真题模拟】

一、单选题

1. 下列选项中哪一项不是学前儿童语言区角活动的特点？（　　）

A.互动性　　B.自主性　　C.宽松性　　D.规则性

2.下列哪项不是学前儿童语言区角活动中教师的角色？（　　）

A.指导者　　B.参与者　　C.引导者　　D.实施者

二、多选题

1. 学前儿童语言区角活动的意义有哪些？（　　）

A.促进学前儿童语言的发展

B.促进学前儿童情感的发展

C.促进学前儿童社会性的发展

D.提升学前儿童操作能力和创造能力

2.学前儿童语言区角活动中，提供材料时，要注意材料的（　　）。

A.安全卫生性与艺术性

B.目的性与动态性

C.适宜性与层次性

D.丰富性与探究性

E.可持续性和自制性

3.在设计学前儿童语言区角活动空间时要注意（　　）。

A.在空间上挖掘延伸　　B.在布局上注重动静交替

C.设置独立而开放的区域　　D.多放置一些教玩具

三、简答题

简述学前儿童语言区角活动指导策略。

【思考实训】

思考：

通过本章的学习，我学到了什么？究竟什么是学前儿童语言区角活动？学前儿童语言区角活动有什么意义？学前儿童语言区角活动如何设计？在组织与实施的过程中需要注意哪些问题？教师应该以什么样的角色来介入语言区角活动？我还有哪些困惑？我还想了解什么？

实训：

以小组为单位开展关于学前儿童语言区角活动设计、材料投放及教师观察与指导的问卷调查活动。要求：

（1）根据调查统计的数据概括学前儿童语言区角活动的现状并分析成因。

（2）选择你印象最深的一家幼儿园，谈谈如果你是园长，将如何带领教师利用现有教育资源设计并指导幼儿园的语言区角活动。

【推荐阅读】

[1]陈端端，许炎骏.幼儿园环境设计：区角布置[M].南京：江苏凤凰美术出版社，2015.

[2]杨棣，李驰宇，遇红艳，等.幼儿园区角设计素材总汇：主题篇[M].长春：吉林美术出版社，2014.

[3]福建儿童发展职业学院附属幼儿园.幼儿园区角操作活动150例[M].福州：福建教育出版社，2012.

[4]张卫，等.幼儿园环境布置系列·幼儿园活动区角设计[M].武汉：湖北美术出版社，2009.

[5]李季湄，冯晓霞.《3—6岁儿童学习与发展指南》解读[M].北京：人民教育出版社，2013.

【小憩驿站】

扫描二维码，聆听黄豆豆老师为大家讲述《熊爱上蝴蝶》。

第 10 章

学前儿童英语教育活动设计与指导

现在家长对孩子的英语教育越来越重视，有许多幼儿园和幼教机构热衷于开展学前儿童英语教育活动。有的家长纯粹把孩子会英语当成一种炫耀的资本，或者只看重英语知识本身，而忘了学习英语的本真。有人批判，说不要过早学习外语，会对母语学习有干扰。有人支持，认为年龄越小，学习语言越容易。

到底学前儿童应不应该学习英语？学前儿童英语教育的意义是什么？要达到什么目标？学前儿童英语教育活动有什么特点？教师如何设计和开展学前儿童英语教育活动才能使儿童取得较大收获呢？学前儿童英语教育活动在组织与实施中应该注意些什么？带着这些疑问，我们进入本章的学习和探讨。

【学习目标】

1.知识目标:了解学前儿童英语教育活动的含义、特点、意义和教师角色;掌握学前儿童英语教育活动的目标、内容和方法。

2.能力目标:能设计学前儿童英语教育活动,创设相应的环境,并会做相应的指导。

3.情感目标:乐意创新设计并组织学前儿童英语教育活动。

【学习重难点】

1.学习重点:掌握学前儿童英语教育活动的特点、方法,学会设计学前儿童英语教育活动。

2.学习难点:能创新设计适合学前儿童语言学习规律的英语教育活动,并做相应的指导。

【知识结构图】

- **学前儿童英语教育活动设计与指导**
  - 学前儿童英语教育活动概述
    - 含义
    - 特点
    - 意义
  - 学前儿童英语教育活动的设计
    - 目标的确定
    - 材料的提供
    - 内容与方法的选择
    - 环境的创设
  - 学前儿童英语教育活动的组织与指导
    - 不同类型英语教育活动的组织与实施
    - 指导策略
    - 教师角色
    - 实施中需注意的问题

第一节
学前儿童英语教育活动概述

要设计学前儿童英语教育活动，首先要了解英语教育活动的含义、特点及其对学前儿童的意义，让我们进入这一节的学习。

一、学前儿童英语教育活动的含义

英语作为一门世界通用语言，在我国得到高度重视。它是沟通中外文化、政治的桥梁。全球教育战略使得外语教育在世界各国受到空前重视。20世纪90年代以来，外语教育在国际上出现了低龄化趋势。如今，有条件的家庭更是注重学前儿童英语教育，许多幼教机构和幼儿园开设了专门的学前儿童英语教育活动，双语幼儿园更是层出不穷，儿童英语热只增不减。如何开展学前儿童英语教育活动，促进学前儿童英语语言能力的发展值得我们深入思考和研究。

学前儿童英语教育活动，指的是根据学前儿童身心发展特点和英语语言学习规律，对学前儿童开展的以培养儿童英语学习兴趣和语感，锻炼儿童语音和语调，使其掌握简单英语词汇和句子的语言教育活动。开展好学前儿童英语教育活动的重要前提是要基于学前儿童的身心发展特点和语言学习规律。如果忽视学前儿童语言学习的特点，一味地进行机械强化的语言训练，打着国际化的幌子，急功近利迎合家长需求，这样的英语教育不是真正的学前儿童英语教育活动。

二、学前儿童英语教育活动的特点

学前儿童英语教育活动除具有学前儿童教育活动和英语学习活动的双重性质外，学前儿童英语教育活动的特点还包括：

(一)活动目标的启蒙性和感受性

学前儿童英语教育活动的目标不是单单让学前儿童学习系统的英语语言知识及英语语言技能。而是要通过创设自然的英语生活情境,让学前儿童初步感知英语,感受英语的语音、语调,并逐步学会使用简单的日常英语进行交流,在学习过程中体会到英语交流的快乐,能够积极主动地使用英语,乐意参与英语活动。此外,学前儿童英语教育活动还能促进学前儿童对语言和文化多元性的感知,最终达到丰富儿童生活和学习经验的目的,促进学前儿童全面和谐地发展。

(二)活动内容的趣味性和生活性

学前儿童英语教育活动的内容要简单易懂,在教学过程中尽量采用生活化的情境和有趣的游戏,以引起学前儿童参与的兴趣和主动性,而儿童也更容易理解教学内容。例如,在教学过程中,教师可以通过直观教具、多媒体等来激发学前儿童对英语的兴趣。此外,注重英语与学前儿童实际生活的联系,教学内容与生活贴近,才能让学前儿童更容易理解。

(三)活动形式与方法的丰富性

根据学前儿童身心发展特点和语言学习规律,学前儿童英语教育活动要形象直观、丰富且趣味性强,注重学前儿童的身心直观体验,促进儿童参与的主动性。因此,学前儿童英语教育活动的形式多以听说游戏为主,而方法则是丰富多样的。常见的学前儿童英语教学手段有英语故事教学、英语儿歌律动、英语情境表演、英语对话模仿等。

(四)活动环境的自然性与生活性

对于学前儿童英语教育活动,教师要更加重视听说能力的发展,帮助儿童积累大量听的经验,在此基础上发展学前儿童的口头表达能力,因此英语教育活动环境的创设要注意营造自然和生活化的英语听说环境。在进行英语教育活动时,要尽量多地使用英语,创设英语语言文化环境,潜移默化地在日常生活和学习中发展儿童的英语听力和口语表达能力。当学前儿童表达困难或出现错误时,教师要对孩子多包容,适当降低要求,维持学前儿童学习英语的热情与兴趣。

(五)活动评价方式的多样性

学前儿童英语教育活动的评价方式应该是多种多样的,应更注重过程评价,而不是结果评价。可以用档案袋评价,采用观察、记录等方式去了解学前儿童对英语活动和英语学习的兴趣度、主动性和参与性。还可以通过表演、讲故事、编故事、谈感想、音乐律动、绘画展示等形式，了解儿童的创新思维和个性化收获。

三、学前儿童英语教育活动的意义

随着社会的进步和经济的发展，英语和英语文化已经成为我国文化生活中的一个重要部分，深入到人们的日常生活之中，对学前儿童来说，英语的学习显得非常有必要。它不仅能使学前儿童了解其他民族的文化和精神，同时，两种语言的学习对学前儿童的语言、认知、社会性等方面的发展有促进作用。

(一)激发学前儿童英语学习的兴趣

学前期的儿童正处于语言敏感期，此时他们积累了大量的母语经验，已基本掌握用汉语表达的能力。英语的出现会让学前儿童感到好奇，有利于儿童较早建立起对两种语言差异和语言符号本身结构的敏感性，有利于儿童语言意识的早期萌发，对儿童的语言和思维发展起促进作用，且会在学前儿童的心灵中种下一颗对英语感兴趣的种子。

(二)培养良好的英语听音、发音习惯

学前儿童在语言敏感期接受英语口语训练，能使儿童对英语的发音有更深刻的认识，同时能将语音及其语义自然联系起来。在积累足够的听的经验上，学前儿童会产生英语表达的欲望，在多次游戏活动后，学前儿童的英语发音也会更加纯正。

(三)帮助形成初步的英语认知思维

学前儿童是在一定情境下学习英语的，因此儿童在参与英语教学活动时仿若进入了一个全新的语境，在这样的情境中，儿童会利用自己已有的经验去理解老师所表达的意思。在这样的情境中，学前儿童是将感情、物体、肢体语言等综合在一起去理解老师的言语，母语并不是中介。在多次生活化的语境交流中，学前儿童会自然而然地形成一种英语思维，为未来的英语学习打下坚实的基础。

(四)提升英语交际能力，促进社会性发展

多元文化的发展使得世界范围内人们的流动和相互接触加强，相互交往成为可能的首要条件是语言的相通。未来的人才必须掌握两门或两门以上的语言，生活中越来越多的英语介入使得学前儿童必须掌握除母语以外的第二语言

交流工具。学前儿童英语教育活动的开展能够加强儿童对英语的认识，增进第二语言感知，提升儿童的英语交往能力，为学前儿童将来在日常生活中运用英语与他人进行简单交流打下牢固的基础，促进其社会性的发展。

总之，学前儿童英语教育活动可以使学前儿童对英语产生直观感知和体验，激发儿童学习英语的兴趣，建立初步的语音、语感基础，促进学前儿童语言能力的提高，提升儿童认知思维的水平，培养学前儿童初步用英语进行交际的能力。

第二节 学前儿童英语教育活动的设计

学前儿童英语教育活动是非常具体的语言教育活动。每一位教师面对不同类型的语言教育活动会有不同的设计思路、方法。应该如何设计学前儿童英语教育活动呢？让我们进入下面的学习。

一、学前儿童英语教育活动目标的确定

学前儿童英语教育活动目标的确定需要参考《纲要》《指南》等文件，要为国家对儿童培养的总目标服务，不能脱离总的儿童教育要求。确定活动目标时要根据学前儿童身心特点、已有的知识经验和能力，同时还要参考教学大纲和教材。

学前儿童英语教育活动的总目标：使学前儿童具有强烈的学习兴趣，能掌握日常基本词汇和简单的交际用语，养成良好的听说习惯，具有运用英语进行简单日常交流的能力；建立初步语感，感受语言美；开发潜能，培养观察、记忆、注意、想象、表达和创造能力；开阔视野，对英语学习中接触到的外国文化习俗感兴趣；在学习中乐于参与，积极合作，主动请教；初步形成多元开放的思维态度，为儿童的可持续发展打下良好基础。具体来讲，包括五个目标：掌握少量的最基本的语言知识；发展听说语言技能；激励情意；学习策略；培养文化意识。①

在幼儿园，具体的英语教学活动要求如下：

(1)小班：纯语音、语调输入或认知发展阶段，以认知为主。

①在课堂上，借助实物、图片，以及教师的动作、表情，能对教师用英语提出的要求做出基本正确的反应。

①杨文. 幼儿英语教学法[M]. 北京：中国书籍出版社，2006：8-13.

②能够听懂，并根据实物、图片、动作等用正确的语音、语调说出所学单词50个左右。

③会唱所学的英文歌曲、童谣。

④能够掌握最基本的日常交际用语。能够进行非常简单的对话，如发出简短的指令、做出简单的陈述、使用简单的疑问句以及对简单的疑问句和选择疑问句做出回答等。

（2）中班：语音、语调输入和完整语言发展阶段，继续听说，以句子为主。

①基本能够听懂课堂用语。

②能够用正确的语音、语调说出所学的句子。

③能够根据场景，用正确的语音、语调进行简单的对话。

④能够听懂并用正确的语音、语调说出所学单词150个左右。

（3）大班：语调输入和语篇阶段，说用结合，无意识读。

①能够用正确的语音、语调说出所学的单词和句子，能够用正确的语音、语调说出所学单词300个左右。

②能够在所学语言知识范围内，进行日常对话。

③喜欢阅读附有简短英文的简易图画故事。

④认识常见的标识及语言。①

二、学前儿童英语教育活动材料的提供

学前儿童英语教育活动有着自身的特点，在组织开展英语教育活动前，需有一定的物质和经验准备。在材料的准备上，教师应该把握以下要点：

（一）熟悉英语教育活动材料的特点

英语教育活动材料的准备是有讲究的：一是注意贴近学前儿童的日常生活；二是要直观形象、简单易懂，让学前儿童容易理解材料所表达的含义，以引出教学重难点且使课堂充满趣味，在上课过程中才能做到循序渐进；三是符合学前儿童身心发展的特点；四是结合英语语言发展特点和规律；五是结合教育目标、大纲、教材和园本特色。

（二）准备不同类型的材料

具体而言，英语教育活动的材料可以有实物、图片、手偶、模型、视频、音频、

①杨文. 幼儿英语教学法 [M]. 北京：中国书籍出版社，2006：50-51.

文本、玩具、文具、软件、多媒体设备等，教师要根据具体英语教育活动的特点和学前儿童学习英语的规律挑选适合活动内容的材料来开展活动。

（三）合理得当地使用材料

英语教育活动中，材料的提供和呈现需自然，且符合具体的英语教学情境，不能突兀，或者为了呈现材料而呈现。材料需为英语教育活动服务，在合适的时间、合适的场景进行运用才能发挥材料最佳的价值。

三、学前儿童英语教育活动内容与方法的选择

英语教育活动内容是实现英语教育目标的手段，也是英语教育活动实施的依据，选择合适的英语教育活动内容和方法十分重要。

（一）内容的选择

英语教育活动的内容应该为英语教育目标服务，以发展学前儿童的语感和听说能力为主。内容要贴近学前儿童的生活，考虑学前儿童身心发展特点且符合学习规律，还应考虑学前儿童的已有知识经验，教学内容要在儿童的新旧经验之间建立联系。此外，学前儿童英语教育活动内容应简单易记、直观形象，便于儿童把握和运用。在英语教学过程中教师要讲究循序渐进，并注意英语语言的重复、强调和实际生活应用，让学前儿童真正掌握英语知识，并能够灵活运用英语进行交流。

（二）方法的选择

英语教育活动方法的选择对于活动的效果起至关重要的作用，所以选择适宜的方法显得尤为重要。常见的英语教学法有翻译法、直接法、听说法、视听法、功能法、全身反应法。但“教无定法”，即没有万能的教学方法，教师应根据英语教育活动的具体教学目标、教育对象、教学条件和教学环境，选择适宜的教学方法。可能在一个活动中会综合运用多种教学方法；在学习的不同阶段，教学方法的选择和运用也不同。结合常见的英语教学法和学前儿童英语教育活动的特点，在学前儿童英语教育活动中常用的方法与手段有直观法、模仿法、游戏法、音乐法、故事法、儿歌法、情境教学法、全息全感英语教学、浸入式英语教学法等[①]。

①高敬.幼儿英语教育[M].上海：华东师范大学出版社，2007：35-44，61-67.

1. 直观法

由于学前儿童年龄较小，具体形象思维占主导，所以呈现实物、图片、视频、动作、表情等直接可视可感的东西能有效帮助儿童理解。此外，直观法还强调口语及语音教学，符合学前儿童身心发展规律及学习特点，也抓住了英语学习的根本。在学前儿童英语教育活动的始终，都应该注重熟练运用直观法。例如教“banana”这个单词时，教师可以先出示相关图片，然后再念一次，提供听觉刺激，将语义及读音建立起联系。

2. 模仿法

学前儿童正处在自然模仿时期，不管是口头语言还是肢体语言，这个时期的儿童会有样学样。如果在学前儿童英语教育活动组织中能充分利用儿童语言学习的这个特点，准备好足够多且有意义的模仿材料、内容、动作，那么教师就能很好地帮助学前儿童理解和重复活动内容，加深他们的记忆和参与度。

3. 游戏法

游戏是每个孩子最喜爱的活动，也是学前儿童英语教育活动中运用十分频繁的一种方法。需要注意的是英语游戏的设计需要有目的性和教育性，游戏的设计需要考虑儿童的兴趣和发展需要，游戏的组织应注意学前儿童的参与度和活动开展的有效性。因此教师应该把握好英语游戏的难度和目标，真正地做到寓教于乐。

4. 音乐法

音乐能深入心灵，激发学前儿童语言学习的兴趣。歌曲中的英语词汇配合优美的旋律和节奏呈现，能调动学前儿童乐观积极的情绪，带给儿童美的享受和体验。学前儿童在听到歌曲后会自然跟唱，在不知不觉中自然习得英语。

5. 故事法

学前儿童喜欢听故事。教师在绘声绘色地讲故事时，会吸引儿童，儿童的头脑中会出现故事的画面，能体会真实的故事情境。在理解英语故事内容后，教师可以让学前儿童尝试用简单的英语单词回忆整个故事，或者表演故事片段，甚至在教师的提示引导下大胆续编英语故事。

6. 儿歌法

儿歌一般都是朗朗上口、易于理解的，不管是母语还是英语的学习，儿歌无疑都是非常重要的方法和手段。在选择儿歌时要考虑学前儿童的身心发展水平和兴趣，选择贴近学前儿童日常生活且非常押韵的英文儿歌。教师在组织英文儿歌教学时，还可以配上合适的音乐让学前儿童在音乐的旋律中感受英文儿歌的美。

7. 情境教学法

情境教学法要求给学前儿童创设一定的英语情境，让儿童在自然的情境下进行英语语言的训练和学习。为学前儿童创设的情境要注意贴近他们的真实生活，让儿童在情境中自然习得和使用语言。教学的情境可以利用视频、故事等引入，也可以在日常生活和区角活动中进行模拟学习。

8. 全息全感英语教学法

这种方法是由著名的儿童英语教育专家杨文老师独创的，巧妙地将多种教学方法的优点有机结合，使儿童在自然状态下学习英语。这种方法主要通过制造语言环境，加强语言输入，在语言信号的反复刺激中，让孩子脑中的语言神经接收站不断链接，形成记忆。具体概括为：采用多种手段，制造交际动机；调动各种感官，注重无意学习。教师在教学过程中，可以使用教具，或是采用一些让学前儿童感兴趣的手段，创设出快乐的学习氛围、情境，激发儿童的参与度与学习的欲望，让学前儿童在无意识中习得英语。①

9. 浸入式英语教学法

浸入式教学是一种以英语为各学科教学语言的教学方法。它使学前儿童“浸入”在英语环境中学习各种学科知识。英语不仅是学习的内容，同时也是学习各种知识的工具，英语语言学习与学科知识的学习相互渗透。在使用这种方法时，要注意正确处理母语教学活动与英语教学活动之间的关系。此外，浸入式英语教学法对教师的英语水平要求较高，开展浸入式英语教学应充分考虑幼儿园自身的英语师资配备问题。

在活动中不是只采用某种方法，也不是什么方法都采用。具体采用什么方法和手段应根据具体情况，重点考虑怎样运用才能有助于达到好的活动效果。

①杨文.幼儿英语教学法[M].北京：中国书籍出版社，2006：66-68.

四、学前儿童英语教育活动环境的创设

环境创设对学前儿童英语教育有着重要作用。环境的创设需要符合学前儿童的身心发展特点，色彩舒适、自然，物体的摆放和环境的整体感觉需要符合真实的情境，这样才能让学前儿童有带入感，并且自然地与生活结合，产生真实自然的交际，唤醒语言的自然习得和使用。

（一）园内物质环境创设

幼儿园可以在公共区域设立英文标识，营造双语氛围，可以设立英文图书室、英语角、英语广播站等。班级内也可以设立英语区角，增添英文标识等。

（二）园内英语氛围创设

幼儿园一日生活和英语课堂活动中多用英文，在幼儿园里可以有英文广播，倡导用英文打招呼等简单交流，可以过英语国家的节日，了解英语国家的文化。

（三）园外英语氛围的创设

与家长沟通，让家长在家庭中也为孩子营造英语氛围，无论是物质环境布置还是语言学习和使用中都可以进行英语氛围的营造，可以陪着孩子一起看英文儿童电影、绘本故事等。此外，培养孩子在社会环境和社会生活中观察和使用英语，利用社会公共资源习得英语。

良好的环境创设利于学前儿童自然习得、学习和使用英语。家园共同努力，加上对社会公共资源的充分利用，多方协调配合，才能更好地促进学前儿童在良好的氛围中感受和使用英语。

第三节 学前儿童英语教育活动的组织与指导

学前儿童英语教育活动重在锻炼儿童的英语听说能力、进行简单的英语语音练习和教授基础的英文词汇，在愉快的英语游戏体验中得以开展。具体英语教育活动的组织与实施要讲究一定的指导方法和技巧。

一、不同类型英语教育活动的组织与实施

不同类型的英语教育活动的侧重点不同，其指导方法也不同。

（一）学前儿童英语听说教学活动的实施与指导

语言的实质功能是交流，交流包括理解言语及生成话语并表达出来。听与说是通过语言活动理解后进行表达的技能。设计好学前儿童英语听说教学活动，对学前儿童英语学习有重要意义。

1. 学前儿童英语听说教学活动含义

基于学前儿童的身心发展特点和学习规律，学前儿童英语听说教学活动是学前儿童学习英语的主要方式。它是有目的、有计划、有组织地对学前儿童进行以听和说为主的语言教学活动，在实施过程中符合学前儿童英语学习的心理特征，并且与其他教学活动内容保持一致。

2. 学前儿童英语听说教学活动的要求

（1）听的要求。

学前儿童学习语言都要经历一个过程：先听，然后理解所听内容的含义，接

着去模仿,最后学会表达。因此,教学要严格按照学前儿童学习语言的规律来实施活动。

①听的内容一定要真实。

学前儿童在学习母语的时候,是因为每天都生活在这样的环境之中,耳濡目染,在会说以前,就已经能听懂许多单词。同样的道理,让学前儿童每天都在仿真情境中学习英语,当这样的听力活动积累到一定量时,儿童便逐渐能用英语表达自己的想法了。

②由易到难。

学前儿童在学习母语时,都是从语音模仿开始,然后是词语、句子。因此儿童学习英语时也应遵循这样的规律,先从英语语音练习开始,逐渐过渡到单词、句子。

③发音纯正。

学前儿童在学习英语的初始阶段,任何影响都是非常深刻的,如果此时没有习得纯正的发音,在以后再想纠正过来是十分困难的。因此,在组织英语听说活动时,教师一定要注意自己的发音是否标准。

④使用儿童用语。

在组织听说活动时,教师要尽量多地使用简单词语和儿童能够理解、易于把握的词汇,帮助学前儿童理解上课内容。

(2)说的要求。

①不要强迫学前儿童说英语。

教师要明确,学前儿童学习英语最重要的是激发他们的兴趣。不要强迫学前儿童枯燥学习、重复练习,以免让儿童对英语学习产生抵触情绪。

②不要死记硬背。

让学前儿童学习英语,是为了激发他们对英语的兴趣,并为英语发音、理解打下基础。因此教师不能为了儿童学习的单词量来逼迫儿童死记硬背,让学前儿童积极参与英语活动才是最重要的。

3.学前儿童英语听说教学活动的实施原则

(1)不增加压力,让学前儿童在轻松的状态下学习英语,个别儿童存在差异性,教师要保持耐心,不要急躁。

(2)活动中灵活调整内容与程序。活动设计得再好,在实施时依然会有问题出现,教师要根据学前儿童的反应,对教学内容、程序及方法及时做出调整,保持儿童对英语听力活动的兴趣。

(二)学前儿童英语语音教学活动的实施与指导

1. 学前儿童英语语音教学活动的含义

学前儿童英语语音教学活动是教师有目的、有计划地组织学前儿童进行以英语语音学习为主的语言教学活动。

2. 学前儿童英语语音教学活动的要求

(1)引导学前儿童模仿是语音教学的主要方法。

进行学前儿童英语语音教学活动时,不要一味地强调读音,而是要引导儿童进行模仿。如果学前儿童辨音能力较强,在感知发音的基础上进行模仿学习会更容易掌握发音。

(2)多鼓励儿童。

同其他语言教育活动相同,教师要保持赏识的态度对待学前儿童。当儿童读音较为准确时,教师要及时表扬予以肯定。当个别儿童发音不够标准时,教师可以再示范一次来鼓励儿童。

(3)音义结合。

学前儿童学习英语一定要将单词、句子的含义与读音相结合,这两者是不能互相脱离的。为了让学前儿童更好地学习英语,所接触的语言都应是语音与语义的结合体。

(4)循序渐进。

在学前儿童英语语音教学活动中,教师应引导儿童先从模仿简单的单词、句子开始,在儿童掌握后,再教授难度较大的单词与长句。

3. 学前儿童英语语音教学活动的方式

学前儿童英语语音教学活动应以"耳濡目染"与"模仿"为主要方式。清华大学外语系程慕胜教授认为,准确的发音只能从听准确的发音、模仿准确的发音而来。[①]因此要尽可能多地让学前儿童感受英语发音。当英语听力训练积累到一定量时,儿童就会产生表达的欲望,即开始模仿所听英语的发音。此时,教师可以将音素、音节或单词从句子中分离,让儿童先掌握单词的发音,再教授如何模仿简短句。

---

①杨文.幼儿英语教学法[M].北京:中国书籍出版社,2006:66.

4. 学前儿童英语语音教学活动的指导

学前儿童英语语音教学活动最常用的方法就是教师引导儿童模仿英语原版动画片或是听英语原版儿歌。当儿童接受到足够的听力练习后，口语活动也会开始进行。

（1）多看英语原版动画片。

学前儿童都非常喜欢观看动画片，这样的教学方式不仅符合儿童的兴趣，同时也让儿童受到英语的熏陶。教师可以将动画片中经典的片段截取下来反复播放，让儿童对其中的单词、句式留下深刻印象，帮助学前儿童学习标准发音。

（2）区分易混淆音。

在学前儿童英语语音教学活动中，区分易混淆音是教学难点。英语单词中有一些极易混淆读音的单词，如“see—sea”“read—raid”“look—book”等。在活动中，教师要创设相应的情境，帮助儿童理解单词含义，感知音的不同，培养学前儿童对语音的敏感性。

（3）音素、音节、单词、句子相结合，注重培养语言习惯。

要想让学前儿童习得纯正的英语发音，就不能脱离一致的情境。在英语语音教学活动中，单词的重音与非重音、升降调等都应让儿童掌握好。在句子中教语音，在情境中让儿童感受语音、知觉语义有利于他们语感的形成，有利于他们习得标准流利的英语，也有利于培养良好的语言习惯。①

（三）学前儿童英语词汇教学活动的实施与指导

1. 学前儿童英语词汇教学活动的含义

词汇是构成语言的基本要素。任何表达都不能离开词汇。掌握英语词汇的数量及质量对学前儿童学习英语有极大影响。掌握词汇越多，学前儿童使用英语表达的能力更强，学习英语的积极性会更高。学前儿童英语词汇教学活动是教师有目的、有计划地组织学前儿童进行以英语词汇学习为主的语言教学活动。

2. 学前儿童英语词汇教学活动的要求

（1）在兴趣中教授词汇。

兴趣是学前儿童最好的老师，任何知识的学习都不能脱离兴趣。因此，词汇教学部分应在儿童感兴趣的活动中进行。例如，教师可以设计一些有趣的游戏，

①杨文.幼儿英语教学法[M].北京：中国书籍出版社，2006：68.

还可以通过歌谣、看动画等方式，让学前儿童掌握词汇。

（2）让儿童直接感知词义。

学前儿童的身心发展特点决定了教师在教授单词时一定要直观形象，让儿童在真实的环境中学习单词。例如，当教授名词时，教师可让学前儿童看着实物学习，如“table—This is a table”；教授颜色同时，将具体颜色与单词相对应；教授动词、形容词时，可以借助多媒体，让儿童充分感受单词的含义。

（3）有计划地进行词汇教学。

在教授单词时，教师要顾及大局，计划好在什么阶段教什么单词。直观性是学前儿童英语教学，特别是词汇教学的首要原则，实景教学是首选的教学模式。[①]教师教授单词时应尽可能地贴近儿童生活。例如在春天，可以教与春天相关的词语：“spring”“flower”……

3. 学前儿童英语词汇教学活动的方式

首先，让学前儿童边听边说，从模仿开始。其次，让儿童边说边做，加深对单词的理解、记忆，例如学习“jump”“run”等词语时，可以带领学前儿童做出相应的动作。再次，看物说词，让儿童尽量将单词与实物联系起来。最后，看图说词，当不方便拿出实物时，教师可以借助图片，让学前儿童看着图片回顾学习的单词。

4. 学前儿童英语词汇教学活动的教学步骤

（1）复习学习过的单词，巩固学前儿童对单词的记忆。

（2）学习新单词。

（3）在教师带领下，儿童学习模仿新单词的读音。

（4）学会应用新单词，教师可以创设一些新的情境，并引导学前儿童使用这些单词。

（四）学前儿童英语游戏教学活动的实施与指导

1. 学前儿童英语游戏教学活动的含义

游戏是学前儿童最喜欢的学习方式，能满足儿童好玩的天性，也是让学前儿童健康成长的重要途径。学前儿童刚开始学习英语时，不能用机械、枯燥的方法，要利用游戏调动学前儿童的兴趣，让他们快乐地学习英语。学前儿童英语游戏教学活动是教师组织学前儿童开展趣味性的英语游戏活动，在游戏的同时习

①杨文.幼儿英语教学法[M].北京：中国书籍出版社，2006：70.

得英语的语言教学活动。

2. 学前儿童英语游戏教学活动的方式

学前儿童英语教学游戏化，会使儿童更加主动地学习英语，主要有以下几种方式：

（1）英语体育游戏活动。

它是让学前儿童通过肢体语言来加深对英语的理解。教师使用简单、重复度较高的英语语言，组织学前儿童身体活动起来，同时帮助他们理解英语词义的游戏。如“run”“jump”等动作类单词在学前儿童英语体育游戏中教学效果最好。

（2）英语角色游戏活动。

英语角色游戏是让学前儿童在一个轻松的氛围中学习英语，同时有丰富的角色游戏教玩具辅助游戏开展。学前儿童能根据自己的想法，通过表演的形式，用英语描述生活中的情境。

（3）英语表演游戏活动。

学前儿童可以模仿日常生活中的一些行为，例如学前儿童学习“cat”单词时，可以模仿猫叫来辅助记忆；学习“rabbit”单词时可以将手指竖起来，模仿兔子的耳朵。

（4）英语音乐游戏活动。

英语音乐游戏活动是用英语组织的以英语儿歌为主要教学内容的游戏。英语音乐游戏活动包括说、唱、表演，学前儿童通过肢体语言理解英语意义，通过儿歌感受韵律，能极大调动儿童参与的积极性。

3. 学前儿童英语游戏教学活动的教学步骤

（1）呈现新内容。

（2）讲解演示，介绍游戏的玩法与规则。

（3）组织学前儿童游戏。

（4）教师总结、评价。

二、学前儿童英语教育活动的指导策略

学前儿童英语教育活动的指导策略是指教师为促进学前儿童英语语言发展和身心健康发展，在英语教育活动中采用的具体指导方法。

学前儿童英语教育活动的指导策略应该包含学前儿童教育活动的基本指导策略，这也是各类学前儿童教育活动的通用策略。学前儿童英语教育活动的指

导策略还有一些特殊的策略，是学前儿童英语教育活动中独有或者常用，比其他教育活动更侧重使用的策略，大致如下：

（一）组织活动策略

学前儿童英语教育活动不同于其他各类教育活动，因为英语对孩子们来说是相对陌生的，在日常生活中很难有足够的语言环境（即真实的英语生活情境）。日常接触少、经验少，导致学前儿童在理解和使用上相对有些困难。所以在设计活动时应从情境再现，真实模拟生活的角度出发，组织有带入感、真实感和趣味性的活动，例如浸入式的英语教育活动。

活动在精心准备后，在特定的时间和地点，针对活动的对象组织实施活动。活动的实施一般分为导入、学习、高潮、结束几个环节。导入环节可以用呈现材料或呈现音频、视频、问题导入，设计悬念导入，故事导入等策略。学习环节是理解、操练新内容的阶段，可以用讲解、演示的方法，引导学前儿童模仿，并反复操练，策略有游戏等。高潮环节是应用、创新的阶段，在这个环节中可以采用例如启发诱导、表演、竞赛、情境模拟、角色扮演或引导创新等策略。结束环节可以用总结归纳、延伸等策略。

（二）观察策略

观察学前儿童在活动中的反应，在其需要回应时及时给出回应，有时，还需要根据情况调整活动的内容或形式。记录学前儿童的发展变化，既包括活动中儿童的变化，也包括长期的纵向变化。教师要注意观察学前儿童的参与度和兴趣，尤其是孩子情绪的变化。因为有些儿童听不懂或者语言点掌握得不是很好，想参与游戏又不知道怎么玩，长此以往，可能会影响学前儿童的自信心，导致儿童变得烦躁甚至不喜爱英语。所以观察到孩子对语言掌握得不是很熟练时，可以带领孩子进行多次操练，帮助孩子加深理解。

（三）师幼互动策略

师幼互动的关键是要建立良性循环的师幼关系，这在学前儿童英语教育活动中也是非常重要的。因为英语对孩子来说是有难度的，很容易因为讨厌英语而讨厌英语老师。那么，英语老师怎样才能在学前儿童英语教育活动中和儿童建立良好的师幼关系呢？首先，任何时候都要尊重儿童，维护儿童的权益，尤其是儿童的自尊、自信和选择权。比如：不要强制学前儿童必须说英语，儿童可以在不会的地方用汉语或者非语言行为表达。也不要孩子一说错就急于纠正他。

允许学前儿童犯错误，在耐心听完儿童全部表达之后，先给予肯定的评价，再委婉指出怎样改进更好。然后，多用形成性评价，对于学前儿童的点滴进步和正确的行为给予及时有效的好评或者奖励。比如：不敢说英语的学前儿童尝试开口说英语了，可以大大表扬和给予充分的肯定，鼓励其再接再厉。

此外，师幼互动是人与人的交往，良好的师幼互动是一个良性循环，不仅是对学前儿童有益，对教师也同样有益，教师会更有存在感、价值感和幸福感。所以，在学前儿童英语教育活动中，尽可能使孩子感到轻松、愉快，而不是压抑、打击，这样能促进孩子发挥自身的主观能动性，促进孩子的健康成长。

三、学前儿童英语教育活动中教师的角色

教师在学前儿童英语教育活动中有多种角色。教师扮演好这些角色对英语教育活动的顺利有效开展起到至关重要的作用。

（一）教师是活动的准备者

首先，教师是活动的准备者。活动的准备意味着需要初步设计好英语活动，包括写英语活动计划、准备英语活动材料、创设英语活动环境等。具体开展什么活动，教师要根据大纲，以及学前儿童的兴趣、已有知识经验、认知能力等情况进行设计，具体采用的教学形式应考虑英语教育活动的内容、对象、时间、场地等因素。活动材料和活动场地对活动的开展有重要影响，所以教师应准备好恰当充足的英语教育活动材料，选择适宜的活动场地，并做好英语活动的环境创设。

（二）教师是活动的组织者

教师需要在英语教育活动开始前设计活动，准备活动材料，创设活动环境，并在活动开始的时间组织学前儿童到活动地点。在英语活动进行中，需要组织各种资源确保活动的顺利开展，还需要鼓励主动性不高的学前儿童积极参与，体验活动的快乐。在学前儿童需要帮助时，及时给予回应或帮助，帮助儿童解决困难，建立儿童的自信心。活动结束时总结本次英语活动，为下次活动做好铺垫。

（三）教师是活动的观察者

幼儿教师需要读懂儿童，而观察正是读懂学前儿童的重要方式之一。观察活动能让教师更深入了解学前儿童的情绪、心理状况、兴趣、需要和特点，能促进教师改进英语教育活动，提供必要的帮助，及时反馈和反思。教师能从儿童的不

同反应中了解活动对每个个体产生的不同影响，教师可以按此制订每个学前儿童的成长档案和成长方案，循序渐进，因材施教。对于观察所得的信息，教师应及时整理和反思，以总结规律，获得经验。

此外，教师从旁观察，也可以避免干扰学前儿童独立参与活动、创造活动。教师可以给予学前儿童适当的信任和足够的空间，看看学前儿童能通过自己的努力和兴趣做什么。还孩子活动主体地位，能让孩子们更开心，更有兴趣。

（四）教师是活动的参与者

教师不能只是在一旁观察，还要做英语活动的参与者，可以在活动开始时做示范，便于学前儿童模仿。可以在英语活动过程中给予儿童必要的帮助，和儿童一起参与活动，建立亲密的师幼关系。在英语活动结束时，对活动的结果及时反馈，并总结活动，引导学前儿童总结活动经验等。

总之，教师在学前儿童英语教育活动中的角色是非常重要的，教师应扮演好相应的角色，促进学前儿童活动能力的提高和身心健康和谐地发展。

四、学前儿童英语教育活动在实施中需注意的问题

教师在组织与实施学前儿童英语教育活动时需要注意以下问题：

（一）有明确的英语活动目标和活动任务

活动在实施时需要让学前儿童明确英语教育活动的任务是什么，而这个任务需要为教学目标服务，不能漫无目的地进行。要引导学前儿童为完成活动任务积极思考和行动。

（二）让学前儿童了解英语活动内容和规则

通过讲解、示范等方式，使学前儿童知道英语活动的参与方法和规则。教师应引导学前儿童遵守英语活动规则，有秩序地参与英语教育活动。

（三）注意突出新内容

对于学前儿童不熟悉的内容，教师在活动时需要反复呈现和引导练习，加强和巩固学前儿童的理解、记忆和运用。对于英语活动中新出现的内容，教师要采用丰富多样的方法引导学前儿童认识与理解，重点突出与强调新内容的学习。

（四）尊重学前儿童，因材施教

学前儿童是活动的主体。教师应在英语教育活动中充分尊重学前儿童的意愿，儿童可以自行设计玩具、游戏。此外，因为每个个体都是不一样的，所以要针对每个孩子的具体情况进行不同的指导或帮助。在集体讲解活动规则和示范后，在学前儿童实际操作中，儿童可以有自己的主张，教师需要观察儿童，同时针对每个学前儿童的不同情况，在尊重儿童主观愿望的前提下进行具体帮助或指导。

（五）吸引和引导学前儿童参与

有些儿童在英语教育活动中可能注意力不集中，因此在实施活动时，要注意观察儿童的状况，通过提高英语活动的趣味性，采用奖励、竞争、鼓励等方式吸引并引导学前儿童积极参与活动。

（六）灵活处理活动中出现的各种情况

英语教育活动有预设性，也有生成性。在活动设计中不可能考虑完所有可能发生的状况。在活动的实际实施中可能会出现各种各样的情况，教师应该根据实际情况，适时调整活动的内容、形式和步骤，灵活处理各种突发情况。

（七）综合利用各种资源

在英语教育活动的实施中，可以综合利用各种资源促进活动的顺利开展，解决各种突发状况。这种资源可以是物体，也可以是人。教师要学会充分利用各种资源有效组织英语教育活动，引导学前儿童灵活使用各种活动资源。

（八）对活动结果进行及时有效的反馈

同样的英语教育活动对不同的学前儿童有不同的效果，对于同样的玩具不同的儿童玩法不同。对于学前儿童在活动中的表现，教师应该给予及时有效的反馈，这样才能促进学前儿童的进步，同时能增加儿童对英语活动的兴趣，还能促进教师对活动的反思。

【案例分析】

我的动物朋友(中班)

◇活动目标

1.认知目标:小朋友知道小狗的英文名是“puppy”,小猫是“kitty”,小鸭是“duckling”。

2.情感与态度目标:能积极参与英语活动,体验活动的快乐。

3.能力与技能目标:能在老师的带领下,用肢体动作和声音模仿狗、猫和鸭子。

◇活动准备

动物手偶、图片。

◇活动重点

单词“puppy”“kitty”“duckling”。

◇活动难点

单词的读音和动物的声音。

◇活动方法

情境法、感知法、模拟表演法、练习法。

◇活动过程

一、热身:问好,复习

老师:Hi,小朋友们好,你们还记得我是谁吗? 丽丽老师。你们还记得前天来和我们一起玩的两个外国小朋友吗?他们的头发是金黄色的,眼睛是碧绿色的,鼻子高高的。你们还记得小男孩叫什么名字吗?(此时老师呈现小男孩的图片)

幼儿或老师:Bobby.

老师:来,我们一起跟Bobby打个招呼吧! Hi,Bobby.

幼儿:Hi,Bobby.

老师:Hi Bobby.

幼儿:Hi,Bobby.

老师：Bobby看小朋友们跟他打招呼了，他也跟小朋友们打招呼，Hi，小朋友们好！前天Bobby把他的妹妹也带来跟我们一起玩了，大家还记得她的名字吗？（此时老师呈现小女孩的图片）

幼儿或老师：Lisa.

老师：来，我们一起跟Lisa打个招呼吧！Hi，Lisa.

幼儿：Hi，Lisa.

老师：Hi，Lisa.

幼儿：Hi，Lisa.

老师：Lisa看小朋友们跟她打招呼了，她也跟小朋友们打招呼，Hi，小朋友们好！

二、故事导入——初步认知

太阳公公出来了，Bobby和Lisa和他们的动物朋友到森林里一起玩。大家玩得正高兴，突然电闪雷鸣（老师有动作表情），狗狗Puppy吓得汪汪汪直叫（老师学狗叫，然后呈现第一个动物手偶），害怕得瑟瑟发抖（老师做发抖的动作）。这时，小猫Kitty（呈现第二个动物手偶）跳出来说：Puppy，有什么好怕的，胆小鬼，喵——喵——Puppy吓得叫得更厉害了：汪汪。还好有一只好心的小鸭子Duckling（呈现第三个动物手偶），走到狗狗Puppy身边，拍拍Puppy的肩膀说：不怕不怕，我是Duckling，我来保护你，嘎嘎。这时，风呼呼地吹，Bobby和Lisa带着Puppy，Kitty和Duckling一起跑到山洞。刚进洞，大雨就哗哗地下下来了。大家生起了火，等雨停。雨很快就停了，大家又一起去森林里唱啊，跳啊。小朋友们，我们来跟他们打个招呼，一起玩吧。

三、挨个呈现——进一步认知

1.呈现狗的手偶

老师：这是谁啊？（呈现狗的手偶）

幼儿：……

老师：对，是Puppy。来，我们一起跟Puppy打个招呼：

Hi，Puppy. Hi，Puppy.（老师念，幼儿跟着念）

老师：小狗是puppy，puppy，puppy。（老师念，幼儿跟着念）

老师：刚刚打雷闪电时，狗狗Puppy是怎么叫的呀？

幼儿：汪汪。

老师：对，我们来学Puppy的叫声，Puppy，Puppy，汪！汪！汪！（老师念，幼儿跟着念）。

老师：小朋友们，我们可以学学狗狗Puppy站着的样子。（老师有模仿狗的动作）

老师表扬表演得好的小朋友，请他上台表演。请大家一起跟着表演。（大家一起表演并模仿狗的叫声。）表扬小朋友，请他回去。

2.呈现猫的手偶

老师：狗狗害怕时，谁说狗狗是胆小鬼的啊？

幼儿：……

老师：对，是小猫Kitty。（呈现猫的手偶）来，我们一起跟小猫打个招呼：

Hi，Kitty. Hi，Kitty.（老师念，幼儿跟着念）

老师：小猫是kitty，kitty，kitty。（老师念，幼儿跟着念）

老师：小猫Kitty是怎么叫的呀？

幼儿：喵！

老师：对，我们来学小猫Kitty的叫声，Kitty，Kitty，喵！喵！喵！（老师念，幼儿跟着念）

老师：小朋友想想我们怎么用动作表示小猫呢？

老师表扬表演得好的小朋友，请他上台表演。请大家一起跟着表演。大家一起表演并模仿小猫的叫声。表扬小朋友，请他回去。

3.呈现鸭子的手偶

老师：小朋友们，刚才谁安慰小狗Puppy，说要保护他的呀？（此时老师学鸭子走路，帮助小朋友识别和回忆）

幼儿：（小）鸭子。

老师：对，是小鸭子Duckling（呈现鸭子的手偶）。来，我们一起跟小鸭子打个招呼：

Hi，duckling. Hi，duckling.（老师念，幼儿跟着念）

老师：小鸭是duckling，duckling，duckling。（老师念，幼儿跟着念）

老师：小鸭子是怎么叫的呀？

幼儿：嘎嘎。

老师：我们一起来学鸭子叫，Duckling，Duckling，嘎！嘎！嘎！（老师念，幼儿跟着念）

大家一起表演并模仿小鸭子的叫声。

老师：现在我们和小狗、小猫、小鸭在一起玩，开心极了！

四、练习——加深印象

1.老师：我们再来跟他们打个招呼吧。

老师把动物从头到尾呈现一遍，边呈现边教小朋友读：

小狗是puppy。Hi，Puppy，Puppy，Puppy，汪！汪！汪！

小猫是kitty。Hi，Kitty，Kitty，Kitty，喵！喵！喵！

小鸭是duckling。Hi，Duckling，Duckling，Duckling，嘎！嘎！嘎！

2.小朋友和老师一起念并做动作。

Puppy，puppy，汪！汪！汪！

Kitty，kitty，喵！喵！喵！

Duckling，duckling，嘎！嘎！嘎！

（小朋友先坐着，做动作时站着，做了动作后坐下，做下一个动作时又起立）

3.做动作。

老师说动物的名称，幼儿做动作和发声音（可重复玩）。

老师可请个别小朋友上台表演，其他小朋友在台下一起表演。表扬上台的小朋友和台下的小朋友。

五、情境模拟——巩固创新

小朋友们模拟动物聚会的情境表演，有称呼，动作，表情和声音。

六、总结和拓展：

老师：小朋友们，今天有哪些动物来看我们了呀？

幼儿：Puppy……

然后，老师带着幼儿把这些动物名称的儿歌念几遍。

老师：小朋友们，你们看窗外有小鸟，小鸟用英语怎么说呀？

你们还喜欢哪些动物？你知道他的英文名字吗？知道英文名字的说英文名字，也可以说中文名字。（此时小朋友说出自己喜欢的动物）

活动延伸：

搜集更多动物的英文名字、声音和动作。

活动评析

幼儿很喜欢听故事，该活动的故事引入设计得符合幼儿的口味，如果教师能生动形象地讲或表演这个故事，能非常吸引幼儿的注意力，英语词汇也自然在听故事时能产生初步的印象，甚至自然习得。进一步认知和加深印象的环节也设计得不错，将动物名称、声音和动作形象融合在一起，动用幼儿的多重感官，直观形象，易于理解、记忆，能起到较好的效果。最后巩固创新环节能促进幼儿运用语言的能力，以及想象力、创造力和表演力的发展。此外，手偶道具也选用得直观形象、实用好用。为了取得最佳效果，教师在实际操作中需要有生动形象的表演力和感染力，并且可以根据现场情况生成一些活动形式或内容。

【本章小结】

学前儿童英语教育活动，指的是根据学前儿童身心发展特点和英语语言学习规律，对学前儿童开展的以培养儿童英语学习兴趣和语感，锻炼儿童语音和语调，使其掌握简单英语词汇和句子的语言教育活动。学前儿童英语教育活动主要有以下特点：活动目标的启蒙性和感受性；活动内容的趣味性和生活性；活动形式的多样性；活动环境的丰富性和生活性；活动评价方式的多样性。学前儿童英语教育活动可以帮助儿童形成初步的英语认知思维；激发学前儿童英语学习的兴趣；培养良好的英语听音、发音习惯；提升英语交际能力，促进社会性发展。

在设计学前儿童英语教育活动时，首先要确定目标：小班是纯语音语调输入或认知发展阶段，以认知为主；中班是语言语调输入和完整语言发展阶段，继续听说，以句子为主；大班是语调输入和语篇阶段，说用结合，无意识读。活动所需材料在特点、类型上有不同要求。活动内容及方法的选择也有一定的讲究。学前儿童英语教育活动的环境创设包括园内物质环境的创设，园内英语氛围创设和园外英语氛围创设。学前儿童英语听说教学活动、学前儿童英语语音教学活动、学前儿童英语词汇教学活动和学前儿童英语游戏教学活动有不同的组织与指导方法，教师在英语教育活动的组织中扮演着准备者、组织者、观察者和参与者的角色。

思考与练习

1.学前儿童英语教育活动有什么特点?

2.学前儿童英语教育活动应如何选择合适的内容与方法?

3.尝试自己设计一个学前儿童英语教育活动。

4.学前儿童英语教育活动的组织策略有哪些?

【考查要点】

学前儿童英语教育活动对发展学前儿童的英语口语和了解异国语言文化来说十分重要,它不仅能帮助学前儿童形成初步的英语认知思维,还能提升儿童英语交际能力,促进其社会性发展。了解和熟悉学前儿童英语教育活动的概念、特点对于开展与实施英语教育活动非常重要,不同类型的英语教育活动可以采用不同的方法,用不同的方式开展指导。本章内容在历年教师资格考试中涉及较少,多以活动设计题呈现。

【真题模拟】

一、单选题

1.对中班儿童进行英语教育活动的教学要求是(　　)。

A.在课堂上,借助实物、图片、教师的动作,能对教师用英语提出的要求做出基本正确的反应

B.会唱所学的英文歌曲、童谣

C.能够用正确的语音、语调说出所学的句子

D.能够听懂,并根据实物、图片、动作等用正确的语音、语调说出所学单词50个左右

2.下列不是学前儿童英语教育活动设计的方法的是(　　)。

A.直观法　　B.模仿法　　C.游戏法　　D.翻译法

二、多选题

1.学前儿童英语教育活动的特点是(　　)。

A.启蒙性　　B.感受性　　C.趣味性　　D.生活性

2.学前儿童英语教育活动的意义是(　　)。

A.帮助形成初步的英语认知思维

B.激发学前儿童英语学习的兴趣

C.培养良好的英语听音、发音习惯

D.提升英语交际能力,促进社会性发展

三、简答题

简述教师在学前儿童英语教育活动中的角色。

【思考实训】

思考:

通过本章的学习,我学到了什么?我还有哪些困惑?如何促进学前儿童自然习得英语?如何提高学前儿童英语学习的兴趣?如何设计与组织不同类型的学前儿童英语教育活动?在活动实施中有什么指导策略和需要注意的地方?

实训:

一、观摩与评析学前儿童英语教育活动

1.观摩优质课录像或进幼儿园实地观摩,记录教师开展英语教育活动的全过程。思考观摩的内容,形成自己的观摩报告。

2.分组讨论,各抒己见,形成小组总结的意见,每个小组派代表陈述本组讨论的结果。

3.总结评析的结果。

二、设计与实施一个学前儿童英语教育活动

1. 每位同学设计一个学前儿童英语教育活动。

2. 小组内部试讲,并相互点评,选择最优者全班展示。

3. 各小组进行全班展示。

4. 自评与他评,包括自我评价、同组成员评价、组间评价、教师评价。

5. 修改和完善设计的学前儿童英语教育活动。

【推荐阅读】

[1]王锦.学前儿童英语教育 [M].北京：高等教育出版社，2016.

[2]高敬.幼儿英语教育 [M].上海：华东师范大学出版社，2007.

[3]袁爱玲，何秀英.幼儿园教育活动指导策略[M].北京：北京师范大学出版社，2006.

[4]杨文.幼儿英语教学法 [M].北京：中国书籍出版社，2006.

【小憩驿站】

扫描二维码，聆听黄豆豆老师为大家讲述《只有你》。

第11章

学前儿童语言教育活动的评价

语言教育活动的评价就是收集教育活动系统各方面的信息，并依据一定的客观标准对教育活动及其效果做出客观的衡量和科学的判定过程。在学前儿童语言教育活动中，教师对学前儿童的评价是教学过程中不可或缺的重要组成部分，直接影响着活动的效果，对儿童各方面的发展具有重要的作用。在学前儿童语言教育活动中，如果教师能做恰当而有效的评价，师幼会产生有效的互动，使教学活动处于一种鲜活的状态。

【学习目标】

1.知识目标:理解学前儿童语言教育活动评价的意义;掌握学前儿童语言教育活动评价的原则;熟悉学前儿童语言教育活动评价的内容和方法。

2.能力目标:能够比较灵活地运用语言教育活动评价的相关要点评价学前儿童语言教育活动,并进行模拟。

3.情感目标:敢于评价学前儿童语言教育活动,并树立正确的评价意识。

【学习重难点】

1.学习重点:理解并掌握学前儿童语言教育活动评价的原则,熟悉学前儿童语言教育活动评价的内容和方法。

2.学习难点:能灵活地运用语言教育活动评价的相关要点评价学前儿童语言教育活动。

【知识结构图】

- **学前儿童语言教育活动的评价**
  - 学前儿童语言教育活动评价的意义
    - 诊断语言教育活动
    - 调整和改进语言教育活动
    - 提升语言教育活动科学性和有效性
  - 学前儿童语言教育活动评价的内容与原则
    - 评价的内容
    - 评价的原则
  - 学前儿童语言教育活动评价的方法
    - 自由叙述法
    - 观察评价法
    - 综合等级评定法

第一节 学前儿童语言教育活动评价的意义

语言教育活动评价是语言教育活动过程中一个不可缺少的环节。学前儿童语言教育活动的设计与组织，总是不断指向教育目标，并依据此目标展开活动。那么，在活动的实施过程中是否达到了一定的目标？事先拟定的教育活动目标得到了多大程度的实现？活动的设计与组织是否合适？何处成功？何处失败？下一个活动如何展开？……学前儿童语言教育活动评价的意义，正是要对以上问题做出判断，并调节、控制整个教育活动过程，使之朝着预定的教育活动目标前进并最终达到该目标。学前儿童语言教育活动评价的意义主要体现在：

一、有利于诊断语言教育活动的设计和组织实施

在语言教育活动评价中，通过对收集到的资料、信息进行整理、分析，能够发现学前儿童在语言发展、语言教育活动中的优缺点和存在问题，从而可以诊断评价对象的基本状况。通过评价，可以诊断学前儿童在语言教育活动实施之前、之中、之后的发展状况。如可以诊断学前儿童学习语言时，在知识和能力上的准备程度如何，由此来决定活动的起点；也可以诊断本班儿童在兴趣、个性、才能等方面的差异，以便因材施教；还可以诊断学前儿童在教育活动后是否达到了教育目标的要求，由此来判断语言教育活动的效果如何。但是在整个活动过程中，需要了解教育活动目标制订得是否合适，有没有要求过高或过低的现象，学前儿童经过教育活动是否能够达到目标，目标内容的表述是否恰当等。这些也只有在活动过程中或活动之后，通过评价来诊断，即诊断内容与目标的适合程度，内容与学前儿童语言发展水平的适合程度，内容和方法与儿童兴趣点的适合程度。然后根据诊断结果，及时调整内容和改进方法。

二、有利于及时调整和改进语言教育活动

在诊断的基础上，可以对下一步工作提出有针对性的教育策略和建议。教师根据教育目标组织语言教育活动时，要想知道通过语言教育活动的展开是否达到了教育目标，只能借助于评价来获得有关的信息。因此，评价在语言教育活动中具有重要的反馈作用。

在语言教育系统中所谓的“反馈”，就是将教育成果的信息，返回给教师，用以调整、改进语言教育过程。评价作为一种“反馈-矫正系统”，主要判断语言教育过程中的每一步骤是否有效，如果无效，则必须及时采取改正措施，以确保语言教育的有效性。反馈的作用主要体现在对教育者和受教育者所产生的心理效应，具体说来有以下几种效应：

(1)确认效应。即确认教师的语言教育成果和学前儿童的语言学习结果是有效的。

(2)激发动机效应。语言教育活动的设计与组织通过评价被确认存在缺陷和不足时，评价中的反馈信息具有激发教师改进和调整语言教育活动的动机作用效应。反之，良好的成果一经确认，将会激起教师更大的努力。评价通常会直接或间接地影响到评价对象的心理活动，能够激发其成就动机，追求更好的语言教育活动结果。

(3)调整效应。教师根据评价信息，可以调整语言教育活动的设计与组织，包括内容、方法和时间分配，甚至于调整语言教育活动的目标。

(4)强化成功经验的效应。根据评价结果的信息反馈，可以强化教师所选择的成功有效的内容和方法，以及有关教具和学具的使用，并且迁移到同类活动中。

(5)消退失败经验的效应。根据评价结果的信息反馈，教师可以改正不适当的、经实践证明是失败的内容和方法，以避免再次失败。

三、有利于提升语言教育活动的科学性和有效性

评价是根据一定的价值标准进行价值判断的活动。它是以评价标准为准绳，与评价标准逐步靠近的过程，是一个不断完善、不断追求高质量教育的过程。明确评价的功能，可以帮助我们根据《纲要》和《指南》的要求，更加科学而准确地设计学前儿童语言教育活动评价的体系和评价指标，正确地开展评价工作，

避免在评价过程中出现不符合学前儿童发展实际的、不利于儿童可持续发展的过低或拔高的要求。同时,评价在语言教育活动整体运行中具有增效作用。若能做到在语言教育活动过程中每走一步都做出评价,并以此为基础再走下一步,就可能避免许多“无效劳动”,使教师和学前儿童的时间和精力花费在能取得实效的活动上。经常性的评价还可为学期或学年总评价积累素材,以便进行客观地归纳和总结。

在当前学前教师普遍感到语言教育改革比较困难的情况下,语言教育活动评价还可以作为剖析语言教育实践,形成语言教育整体结构和运行机制的一种手段。例如,园长或教师可用语言教育整体结构要素来对照本班或本园的语言教育实践,从中发现薄弱环节和不足之处,予以加强和改进;也可用各种评价工具对学前儿童的语言能力发展,对学前儿童语言教育活动的设计和实施,对语言教育目标和教育内容等进行检验,从而发现优点加以发扬,找出弱点加以改进。

第二节
学前儿童语言教育活动评价的内容与原则

评价本身不是目的,它只是一种手段与方法,旨在促进学前儿童语言教育活动质量的提高,促进教师的成长与学前儿童的发展。在对学前儿童语言教育活动开展评价时要全面涵盖评价的内容体系,并遵循相应的原则。

一、学前儿童语言教育活动评价的内容

学前儿童语言教育活动的评价涉及许多方面,但概括起来主要是两个方面:一是对学前儿童的评价;二是对活动本身的评价。

(一)对学前儿童的评价

教育活动评价是以学前儿童身上出现的变化或学前儿童在活动中的表现为着眼点。具体说,可以从两个角度来进行:一是从学前儿童学习效果的角度,对目标达成情况进行分析和评价,称为静态的评价;另一种是从学前儿童在活动中的表现角度,对学前儿童参与活动的程度进行分析和评价,称为动态的评价。

1. 对目标达成的评价

在对学前儿童语言教育活动目标达成情况进行分析和评价时,要有整体观念。要对照《纲要》中“语言领域目标”的规定,学前儿童的语言发展最终应达成以下四方面目标:①喜欢与人谈话、交流;②注意倾听并能理解对方的话;③能清楚地说出自己想说的事;④喜欢听故事、看图书。

语言领域的内容包括发展学前儿童的知识、技能、情感态度等,所以在对活动目标的达成情况进行分析时,一般涉及三个方面。

一是分析认知目标的达成情况，即了解学前儿童是否获得了目标所规定的语言知识，是否掌握了有关的词汇和句型，是否懂得了在什么样的语言环境下运用这些词汇和句型。

二是分析情感目标的达成情况，即了解学前儿童是否形成了耐心倾听别人说话的习惯，是否使用礼貌语言与人交往并乐意在集体面前讲述自己经历的事情和图片内容，是否懂得并遵守语言交往中的一般规则。

三是分析能力目标的达成情况，即了解学前儿童组词成句的能力和在具体语境下运用语言的能力，是否能根据活动中的语言情境来运用有关的词汇、语法和语调，是否能用连贯的语句说清楚自己所要表达的意思。从质的角度评价学前儿童语言交流行为的发展，有三个基本的评价指标：语言交流行为表达的清晰度、新的语言交流行为类型的生成以及学前儿童合作交流的行为水平。学前儿童的交往倾向表达越清楚，对交往情境的敏感度和交流双方的相互理解程度越高，儿童语言的功能性就体现得越好。

在对以上三个方面进行分析的同时，还应对达成的程度做出判断，一般分为完全达成、基本达成、未达成三个层次。经过这样两个维度的分析，就能对学前儿童经过语言教育活动后的变化有所了解。

【案例分析】

例 1 “树真好”（中班）

目标：①帮助儿童感受树与人类之间的关系。

②培养儿童亲近树木、爱护树木的美好情感。

例 2 “树真好”（中班）

目标：①运用自己喜欢的方式来表达对大树的喜爱与认识。

②在观察交流中，萌发进一步亲近、爱护树木的美好情感。

③产生对动物与树木关系探究的愿望。

分析：从以上目标表述中可以看到，例 1 的表述方式比较概括、空泛，缺乏可操作和可评价的特性；而例 2 的表述则相对比较具体，具有操作性、针对性和可测性。美国布卢姆的教育目标分类学理论认为，教师所期望的学生的变化就是教学目标或教学目的，阐述教学目标，就是要以一种较特定的方式，描述在单元或学程完成之后，学生能做（或产生）些什么，做到何种程度，或者学生应该具备哪些特征等。因此，教育活动的目标就应当以具体、可见的语言表述来反映儿童外在的行动方式，即行为目标的表述。而为了使教师对教育活动的关注点更多地放在儿童的“学”上，放在儿童的“发展”上，教育活动的目标制订比较提倡从儿童角度出发，用以儿童为主体发出的行为动词为主进行表述，而且这种表述应当体现统一性，而不是随意性的、混合性的目标表述。

2. 对学前儿童在活动中表现出来的独立见解的评价

对学前儿童在活动中表现出来的独立见解的评价，主要用于考查儿童对活动目标要求的理解程度以及自己独有的生活、学习经验与该活动中语言学习任务之间相互作用的情况等。需要列出某一学前儿童与其他儿童不一样的具体语言行为表现，如说出“跳跳糖很有趣，能在舌头上跳舞”，说出“核桃还可以用来给爷爷在手掌上面玩耍健身”等。

3. 对学前儿童参与活动程度的评价

对学前儿童评价的另一个方面，是对其参与活动程度的分析与评价，这是一种动态的评价。通过对学前儿童在活动中的表现，可以了解活动设计与活动组织的情况，也可以了解学前儿童语言发展的状况。因此，重视观察学前儿童在活动中的表现是关键。关于学前儿童参与活动的程度，可以分为三个等级：主动积极参与、一般参与、未参与。

主动积极参与是学前儿童参与活动的最佳状态。在这种状态下儿童有着强烈的学习动机，有着浓厚的学习兴趣。从外在表现看，学前儿童的注意力集中，对于教师的指导用语和同伴的发言都能专心倾听。当教师提问时，学前儿童纷纷举手发言，乐于在集体面前表述自己的观点或叙述一件事情。当分组活动时，学前儿童的情绪非常高涨，活动气氛异常活跃。如果某一个具体的语言教育活动在组织过程中，学前儿童能主动积极参与，就说明该活动从目标的制订到内容的选择都是恰当的，与学前儿童的语言发展状况有着高度的适应性。当然，也可以说明学前儿童的发展状况是良好的。

一般参与是学前儿童参与活动程度中的中间状态。在这种状态下儿童仍然进行着学习活动，但基本上属于被动学习。在教师的不断提醒下，能够集中一定的注意力倾听教师的话语和同伴的发言。当教师提出问题时，并不积极主动地举手发言，但是当老师点到名字时，也能站起来回答老师的问题，并且能够在集体面前表述自己的观点。在一般参与的状态下，通过教师的精心组织，儿童基本上可以达到教育活动的目标，教师也能够完成教育任务。但是，这种状态的出现说明活动目标的制订和活动内容的选择与学前儿童语言发展的状况还缺乏高度的适应性，还需要加以改进。

未参与是学前儿童参与活动程度的不理想状态。在这种状态下，儿童对于正在进行中的活动毫无兴趣，当教师发出指令或是同伴发言时，他们不能集中注意倾听，或是东张西望，或是与同伴打闹戏耍，或是昏昏欲睡。这种状态的出现说明教师事先在设计活动方案时，从活动目标的制订到活动内容的选择都是不恰当的，需要舍弃而重新设计。

（二）对活动本身的评价

对活动本身的评价也可以说是对教师教学工作和教学效果的评价。虽然通过对学前儿童的评价能一定程度上反映教师教学的质量，但是教学质量并不能在对学前儿童的评价中得到全部的体现。因此，为了科学、准确地评价教育活动的效果（包括教师教学的效果），除了要对儿童进行评价以外，还要对教师的教学（即活动本身）进行评价。主要涉及对教育目标、教育内容、教育方法、教育组织形式、教学环境材料的利用、教师与学前儿童之间的互动等方面的评价。

1. 目标的评价

考查语言教育活动时，首先需评价学前儿童语言教育活动的目标，即活动的目标是否符合《幼儿园工作规程》和《纲要》的保育教育目标；是否从本班儿童的实际情况出发提的教育要求；在目标中是否包含了认知、情感、能力三个方面的内容；整个活动的设计与组织是否围绕语言教育目标而进行。

2. 内容的评价

在评价语言教育活动的内容时，主要分析内容的选择与目标的要求是否相一致；活动内容是否符合科学性和教育性；内容的分量是否恰当，有无过多或过少的情况；内容的组织是否分清了主次、突出了重点，是否抓住了关键内容；内容的分布是否合理，各要点之间的衔接是否自然流畅；与学前儿童的发展状况是否适合。

3. 方法的评价

在评价语言教育活动的方法时，主要是看方法的运用是否太过刻板单一；方法的选择是否依据活动目标、活动内容及学前儿童实际情况而变化；各种具体活动的方法是否与儿童学习方式相适应；有没有采用有效的方式保障学前儿童积极参与教育活动。

4. 组织形式的评价

《纲要》中规定“教育活动的组织形式应根据需要合理安排”，以便为儿童提供多样化的学习机会和条件，提高效益。在评价教育活动的组织形式时，主要是分析在活动开展过程中，教师是否适当地采取了集体活动、分组活动、个别活动组合的活动形式，还是只采取了一种特定的活动形式；在活动的组织过程中，教师是否考虑到因材施教的问题；分组时是否考虑到儿童的知识、技能、情感以及社会交往水平，是否保证了学前儿童每天有充足的时间自主地进行活动。

5. 环境材料的评价

在对环境材料进行评价时主要分析：教师是否创设了一个自由、宽松的语言交往环境，并支持、鼓励学前儿童与教师、同伴交谈，体验语言交流的乐趣；是否选择了适合于活动内容和学前儿童实际生活经验的活动材料；活动材料是否有利于儿童的主动探索和孩子们间的交往；选择的材料是否便于学前儿童进行操作，是否适合于教育活动的展开；是否最大程度地发挥了环境、材料所具有的功能。

6. 师幼互动评价

在评价教师与学前儿童的互动关系时，主要分析：是否正确发挥了教师的主导作用；教师是否创造了条件使儿童成为语言教育活动的主体；教师与学前儿童在活动过程中的交往是否和谐融洽，是否积极主动地相互交往；学前儿童的注意力、兴趣、情绪、意志、性格等非智力因素是否得到充分的激发。教师应时时反思儿童在活动中的各种表现，寻找原因，制订策略；把握学前儿童的个体差异，用适当方式给予帮助和指导；变化谈话方式，不要一味地提问，也让孩子有主动质疑、反问的机会，倾听孩子的问题，并给予适当的解释和引导。

二、学前儿童语言教育活动评价的原则

从事语言教育活动评价的主体可能是执教者本人，也可能是幼儿园领导和其他同事。无论是谁来进行评价，都必须遵循以下原则：

（一）客观性原则

客观性原则是指实施活动评价必须采取客观的实事求是的态度，而不能主观臆断或掺杂个人的情感。这是进行活动评价的最基本的原则。实践证明，活动评价如果是客观的，就可以促进教育活动的展开与改进；反之则会产生妨碍作用，使得活动评价失去其真正意义。

要遵循客观性原则，首先，评价者要采用客观的评价方法和手段，依据由教育目标而确定的评价标准来实施评价，评价标准一旦确定，就不能任意改动。其次，制订的标准应适合于每一个评价对象，否则，就不能称为客观的标准。再次，在实施评价的过程中，要以客观公正的态度对待每一个评价对象，不能因个人好恶而使评价结果出现偏差。如果评价者不能以客观公正的态度对待评价对象，在评价过程中保有主观成见或个人情感，则会产生不良的后果。

（二）全面性原则

全面性原则是指要对语言教育活动的各个组成部分和各个构成要素进行全面评价。这就要求评价者既要对学前儿童的语言学习进行评价，又要对教师的教学进行评价；既要对语言教育活动的目标进行评价，又要对语言教育活动的内容和方法进行评价；既要对教具、学具的选择与利用进行评价，又要对教师与学前儿童之间的互动情况进行评价；既要对静态的活动要素进行评价，又要对动态的活动过程进行评价。只有这样，我们才能对语言教育活动有一个完整的把握。

拓展阅读

档案袋评价

在幼儿园中，最常见的一种评价方式就是档案袋评价。每个幼儿都是按照自己的大纲前进发展，有着属于自己的发展水平，而教师能做的就是尊重幼儿发展的独特性。通过档案袋的方式记录幼儿的成长，还能体现出评价的客观公正性原则以及连续全面性原则。如“语言”这一领域，教师就可以事先做一张“核心项目单”，然后对照着目标将幼儿的表现记录投放到档案袋中。详细内容见下表。

表11-1 核心项目单

课程领域:语言
发展目标:幼儿清晰地表达自己的意思并让别人了解
预设活动: ①猜猜我是谁 ②小小叶博士 ③我会穿衣服 ④冬天的食物
幼儿可能的作品/呈现方式: ●口语表达(录音笔或书面记录) ●绘画作品 ●立体作品如泥塑等(照片) ●角色扮演(录音笔或视频与轶事记录) ●表述故事(录音笔与书面记录) ●表格或练习单

(资料来源 谢慧琪.档案袋评价在幼儿班级中的实践探索[J].山东教育,2005(36).)

(三)参照性原则

参照性原则是指制订的评价标准要有依据。首先,要依据国家有关指导性文件,国家指导性文件确定语言教育活动评价的根本依据。其次,要依据学前儿童语言发展的基本规律。根据儿童在每个年龄阶段应有的水平做出恰当的规定,不可任意提高或降低标准。再次,要依据语言教育活动的目标。在评价过程中,脱离目标另制订标准的做法是万万不可取的,也是缺乏科学性的典型表现。

(四)针对性原则

教育评价的目的是改进教与学,所以对语言教育活动目标的达成既要有量的显示,也要有质的评定,这样不仅能看出达成目标的数量,还要能看出达成目标的各种具体情况,以便找到原因,针对性地进行教育教学。如对学前儿童普通话发音的评价,在新入园时用语音测查的方法来了解每一个孩子的发音情况,对未发准音的学前儿童做记录,分析原因,这样就能有针对性地进行练习和个别辅导。

第三节 学前儿童语言教育活动评价的方法

对教育活动进行评价，需要有一定的方法。根据学前儿童语言教育活动的特点，考虑到广大幼儿教师在实际工作中的可操作性，现提出三种简便易行的评价方法，即自由叙述法、观察评价法、综合等级评定法。

一、自由叙述法

自由叙述法是指把对语言教育活动的意见、判断、感想等自由地写下来，通过文字叙述对语言教育活动加以评价的方法。这种方法既适合于自我评价，也适合于对他人的评价。

自由叙述法最大的特点是不做定量分析，不需要专门的测量工具和复杂的评价程序。这种方法有利于综合反映语言教育活动过程中的情况，既可以对静态的因素（如目标、内容、方法、材料、环境等）加以评析，又可以对动态的因素（如学前儿童在活动中的行为表现）加以描述。不过，为了清楚地表述对某一活动的评价，在叙述时应该分类。可以有多种方法分类：可以按照活动的要素将叙述的内容分为对目标的评价、对内容的评价、对方法的评价、对师幼关系的评价等；按照活动对象可以分为对学前儿童的评价和对教师的评价。总之，可以灵活多样，自由评述。

二、观察评价法

在学前儿童语言教育活动评价中，观察是一种有效的评价方法。通过观察可以获得大量的评价信息，可以及时了解语言教育活动的运行状况，还可以根据通过观察获得的信息，随时调整活动的内容、方法和组织形式，从而使评价为语言教育活动服务。

观察评价法主要通过对学前儿童行为表现的观察，来对整个教育活动的效果进行分析，包括分析活动目标的达成情况，活动内容和方法与儿童的适合程度，以及儿童通过活动之后在语言方面产生的变化。观察评价法的具体运用可以有很多种途径。最常见的是在自然情境下的观察，即在日常教学活动中做连续性的观察。有时，教师可以借助提问，对回答问题的学前儿童的语言表述情况进行观察。在分组活动和个别活动中，教师可以通过与儿童进行个别交谈，来了解学前儿童的语言发展情况。还可以创设某种语言情境，让儿童在这种语言情境中进行语言交流，教师从中观察学前儿童是否了解与掌握有关的语言知识和语言技能。观察评价法是一种行之有效的评价方法，在实践中深受广大幼儿教师的欢迎。但在教学实践当中，要想取得较好的评价效果，还应该把观察评价法与其他评价方法结合起来使用。

三、综合等级评定法

为了在评价中获得对语言教育活动的总体印象，可以使用一种新的评价方法——综合等级评定法。这种方法既对语言教育活动的各种因素进行分析和评价，又对活动的各种状态进行分析和评价，从而能够得到综合的评价信息。

综合等级评定法从纵向和横向两个维度确定评价指标。纵向包括语言教育活动的各种因素，主要有目标、内容、形式、方法、学前儿童参与活动程度、材料利用情况、师幼关系。横向包括语言教育活动各因素在运行过程中的状态及其等级，如目标因素分为完全达到、基本达到、未达到三个等级；内容因素、形式因素和方法因素分为完全适合、部分适合、不适合三个等级；学前儿童参与活动程度分为主动积极、一般参与、未参与三个等级；材料利用因素分为充分利用、一般利用、未利用三个等级；师幼关系因素分为积极互动、一般配合、消极被动三个等级。根据这两个维度制成综合等级评定表（见表11-2），教师在使用时，只要在相应的位置打上钩即可，十分方便。

表11-2 综合等级评定表

<table>
<tr><td rowspan="4">目标达成分析</td><td>目标</td><td>完全达到</td><td>基本达到</td><td>未达到</td></tr>
<tr><td>目标1</td><td></td><td></td><td></td></tr>
<tr><td>目标2</td><td></td><td></td><td></td></tr>
<tr><td>目标3</td><td></td><td></td><td></td></tr>
<tr><td rowspan="4">适合程度分析</td><td></td><td>完全适合</td><td>部分适合</td><td>不适合</td></tr>
<tr><td>内容</td><td></td><td></td><td></td></tr>
<tr><td>方法</td><td></td><td></td><td></td></tr>
<tr><td>形式</td><td></td><td></td><td></td></tr>
<tr><td rowspan="6">活动因素分析</td><td rowspan="2">参与程度</td><td>主动积极</td><td>一般参与</td><td>未参与</td></tr>
<tr><td></td><td></td><td></td></tr>
<tr><td rowspan="2">材料利用</td><td>充分利用</td><td>一般利用</td><td>未利用</td></tr>
<tr><td></td><td></td><td></td></tr>
<tr><td rowspan="2">师幼关系</td><td>积极互动</td><td>一般配合</td><td>消极被动</td></tr>
<tr><td></td><td></td><td></td></tr>
</table>

（资料来源 周兢.幼儿园语言教育活动设计与组织[M].北京：人民教育出版社，1996.）

评价的方法实际上就是收集信息的方法。评价时，可以综合运用几种方法，收集多方面的信息，作为量和质评价的客观资料，为科学评价语言教育活动提供依据。

【本章小结】

学前儿童语言教育活动评价是语言教育活动过程中一个不可缺少的环节，它调节和控制着整个语言教育活动过程，使之朝着预定的活动目标前进并最终达到该目标。学前儿童语言教育活动评价具有以下意义：有利于诊断语言教育活动的设计与组织实施；有利于及时调整和改进语言教育活动；有利于提升语言教育活动的科学性和有效性。学前儿童语言教育活动评价的内容包括对学前儿童的评价和对活动本身的评价。学前儿童语言教育活动评价需遵循客观性原则、全面性原则、参照性原则和针对性原则。学前儿童语言教育活动评价的方法有自由叙述法、观察评价法和综合等级评定法。

思考与练习

1.结合自己的理解，谈一谈学前儿童语言教育活动评价的意义。

2.简述学前儿童语言教育活动评价的原则。

【考查要点】

学前儿童语言教育活动评价对学前儿童语言教育活动有着重要的意义，熟悉和把握学前儿童语言教育活动评价的意义、内容、原则及方式十分重要。本章在历年考试中所占比例较少，多以单选题的方式呈现。

【真题模拟】

一、单选题

对学前儿童语言教育活动的评价应考查(　　)。

A.儿童的语言学习行为　　B.教师的教学行为

C.相关环境的营造　　D.A、B、C三方面全面衡量

二、多选题

1.对学前儿童语言教育活动的评价应遵循哪些原则?(　　)

A.针对性原则　　B.客观性原则

C.全面性原则　　D.参照性原则

2.评价的主要功能有(　　)。

A.交际功能　　B.鉴定筛选功能　　C.教育功能　　D.导向功能

三、判断改错题

1.评价的唯一目的是：通过评价反馈，有利于进一步完善学前儿童语言教育活动课程的设计，提高学前儿童语言教育活动的质量。

2.评析性倾听往往产生于对所倾听内容的赞美态度，并能够促使倾听者在听的过程中油然而生一种愉悦感。

四、简答题

1.简述学前儿童语言教育活动评价的原则。

2.简述学前儿童语言教育活动评价的内容。

【思考实训】

思考：

通过本章的学习，我学到了什么？什么是学前儿童语言教育活动的评价？学前儿童语言教育活动评价有什么意义？评价的原则有哪些？评价内容包括什么？有哪些评价方法？我还有哪些困惑？我还想了解什么？

实训：

1.每位同学课后搜集学前儿童语言教育活动评价的案例，课堂中进行交流分享，提升对学前儿童语言教育活动的兴趣。

2.观摩一个学前儿童语言教育活动视频，分组对该语言教育活动进行评价，并学习教育专家是如何对学前儿童语言教育活动开展评价的？

3.课后分小组开展语言教育活动现场教学示范，小组同学间进行互评。

【推荐阅读】

[1]Dorothy H. Cothen, Virginia Stem, Nancy Balaban，等.幼儿行为的观察与记录[M].马燕，马武希，译.第5版.北京：中国轻工业出版社，2013.

[2]Ellen Weber.怎样评价学生才有效——促进学习的多元化评价策略[M].陶志琼，译.北京：中国轻工业出版社，2016.

[3]玛格丽特·卡尔.另一种评价：学习故事[M].周欣，周念丽，左志宏，等，译.北京：教育科学出版社，2016.

[4]玛拉·克瑞克维斯基.多元智能理论与学前儿童能力评价[M].李季湄，方钧君，译.北京：北京师范大学出版社，2015.

[5]鄢超云.学前教育评价[M].北京：高等教育出版社，2010.

【小憩驿站】

扫描二维码，聆听黄豆豆老师为大家讲述《子儿，吐吐》。

真题模拟参考答案

第一章

一、单选题

1.D　2.B

二、多选题

ABCD

三、简答题

（1）促进学前儿童语言的发展；（2）促进学前儿童认知与思维能力的发展；（3）促进学前儿童社会性的发展；（4）促进学前儿童美感的发展；（5）促进学前儿童情绪情感的发展。

第二章

一、单选题

1.D　2.C　3.A

二、名词解释

整合语言教育观念意味着把儿童语言学习看成一个整合的系统，充分意识到儿童语言发展与其他智能、情感等方面发展是整合一体的关系。

三、简答题

1.（1）加深和巩固儿童初步形成的概念。

①借助词来命名，即用词表示事物的名称、形态、习性等。

②借助语言发现事物之间的异同点，即通过语言描述、比较，发现认识对象的不同点和相同点。

③借助语言获得新的概念。

（2）指导并参与认知加工过程。

①言语的产生和发展丰富了儿童认知的范围。

②言语的概括和调节作用使儿童的认知加工逐步具有随意性和自觉性。

2.整合语言教育观念意味着把儿童语言学习看成一个整合的系统，充分意识到儿童语言发展与其他智能、情感等方面发展是整合一体的关系。离开了儿童发展的其他方面，语言学习是不可能成功的。包含（1）语言教育目标的整合；（2）语言教育内容的整合；（3）语言教育方式的整合。

第三章

一、单选题

1.C　2.A

二、多选题

1.ABC　2.ABCD　3.ABD

三、简答题

（1）“视”是指让学前儿童观察直观且具体的事物，帮助儿童获得视觉感知；（2）“ 听”是指教师用语言向学前儿童描述物体或是对他们进行语言提示和暗示，从而启发学前儿童，引导他们获得听觉感知，领会学习材料；（3）“讲”是指在学前儿童感知理解后，教师引导儿童表达其观点、认识等；（4）“做”是指教师为学前儿童留有一定的想象空间，儿童开始参与或独立地进行操作活动，在教师的引导下表达出更丰富和完整的语言。

第四章

一、单选题

1.A　2.D

二、设计题

参考设计请扫描二维码

第五章

一、单选题

1.D　2.D

二、多选题

1.ABC　2.ABCD　3.AB

三、活动设计题

参考设计请扫描二维码

第六章

一、选择题

1.B　2.C

二、多选题

AC

三、判断题

1.错。将"规范性"改为"针对性"。

2.错。日常交谈无计划性，它是随机的。

四、简答题

1.(1)注意倾听、理解和执行生活常规以及成人的指令性语言；(2)学会运用礼貌语言与他人交往；(3)学习运用语言向他人表达自己的需要和要求，对他人提出的要求做出恰当的应答；(4)学习运用恰当的语言解决与同伴之间发生的冲突。

2.(1)创设谈话情境，引出谈话话题；(2)学前儿童围绕话题自由交谈；(3)教师引导学前儿童逐步拓展谈话范围。

五、活动设计题

参考设计请扫描二维码

第七章

一、多选题

1.ABC　2.ABC　3.ACD

二、判断改错题

1.错。将"独白语言"与"对话语言"的位置互换。

2.错。将"看图"改为"描述性"。

三、简答题

1.(1)培养学前儿童的表述能力；(2)锻炼学前儿童的独白语言能力；(3)帮助学前儿童掌握认识事物的方法；(4)发展学前儿童思维和想象能力。

2.(1)感知和理解讲述对象；(2)运用已有经验讲述；(3)引进新的讲述经验；(4)巩固和迁移新的讲述经验。

四、活动设计题

参考设计请扫描二维码

第八章

一、多选题

1.ABD　2.CABD

二、判断改错题

1.错。将“渗透”改为“专门”。

2.对。

3.错。将“不应该”改为“应该”。

三、名词解释

听说游戏活动是为培养学前儿童倾听和表述能力而专门设计的，用游戏的形式组织的语言教育活动。

四、简答题

（1）双重性；（2）规则性；（3）丰富性；（4）针对性。

第九章

一、单选题

1.D　2.D

二、多选题

1.ABCD　2.ABCDE　3.ABC

三、简答题

（1）制订必要的规则；（2）观察记录学前儿童；（3）整理分析信息；（4）把握指导的时机；（5）运用正确的方法；（6）鼓励学前儿童积极参与。

第十章

一、单选题

1.C　2.D

二、多选题

1.ABCD　2.ABCD

三、简答题

（1）教师是活动的准备者；（2）教师是活动的组织者；（3）教师是活动的观察者；（4）教师是活动的参与者。

第十一章

一、单选题

D

二、多选题

1.ABCD　2.BCD

三、判断改错题

1.错。将“唯一”改为“最主要的”。

2.错。将“评析性”改为“欣赏性”。

四、简答题

1.(1)客观性原则;(2)全面性原则;(2)参照性原则;(4)针对性原则。

2.语言教育活动评价涉及许多方面,但概括起来主要是两个方面:一是对学前儿童的评价;二是对活动本身的评价。

(1)对学前儿童的评价。

教育活动评价是以学前儿童身上出现的变化或儿童在活动中的表现为着眼点。具体说,可以从两个角度来进行:一是从学前儿童学习效果的角度,对目标达成情况进行分析和评价,称为静态的评价;另一种是从学前儿童在活动中的表现角度,对儿童的参与活动程度进行分析和评价,称为动态的评价。

(2)对活动本身的评价。

对活动本身的评价也可以说是对教师教学工作和教学效果的评价。这个内容的评价主要涉及教育目标、教育内容、教育方法、教育组织形式、教学环境材料的利用、教师与学前儿童之间的互动等。